国家社科基金西部项目"中西书写体系的认知效应研究"（项
获中央高校基本科研业务费资助（项目号：CDJSKCB01）

中西书写体系的
认知效应研究

余志为——著

科学出版社
北 京

内 容 简 介

　　本书对比研究中西书写体系，即中国象形文字书写体系与西方拼音文字书写体系。具体包括两个文字系统的形构方法、媒介形态、书写款式，分析其在不同主导媒介时期的艺术观念和认知效应。本书借鉴认知科学领域的研究成果，讨论了不同文化环境中的书写体系的脑认知表现，揭示了书写体系影响感知和观念的深层原因。本书还研究了中西书写体系在当代的发展和应用，包括电子书法、电子水墨等新型书写形态，影视新媒体文化中的"次生口语文化"，以及中西影视文化中的视频字幕表现及其认知效应。全书围绕作为媒介的书写体系如何影响中西认知思维模式这一主论题展开。

　　本书适合于媒介研究、艺术研究等领域的学者，也可供对媒介环境学感兴趣的学者参阅。

图书在版编目（CIP）数据

中西书写体系的认知效应研究 / 余志为著. —北京：科学出版社，2023.9
ISBN 978-7-03-075707-4

Ⅰ. ①中… Ⅱ. ①余… Ⅲ. ①书写规则–研究–中国、西方国家
Ⅳ. ①H023

中国国家版本馆 CIP 数据核字（2023）第 103515 号

责任编辑：常春娥　赵　洁 / 责任校对：姜丽策
责任印制：吴兆东 / 封面设计：润一文化

科 学 出 版 社 出版
北京东黄城根北街 16 号
邮政编码：100717
http://www.sciencep.com
北京厚诚则铭印刷科技有限公司印刷
科学出版社发行　各地新华书店经销
*
2023 年 9 月第 一 版　开本：720×1000　1/16
2024 年 1 月第二次印刷　印张：15 1/2
字数：269 000
定价：**98.00 元**
（如有印装质量问题，我社负责调换）

目　　录

第二编　书写、大脑、创意

第三编　电子时代的书写文化和口语文化

第四编　视频字幕与认知效应

导　言

　　作为当今世界上仅存的仍在广泛使用的象形文字系统，中国象形文字书写体系与西方拼音文字体系形成一种鲜明对比。西方拼音文字原则上是依据"词语是通过语音表达出来的"这一理论创造出来的，而中国文字是基于象形文字而形成的。中西传统上的书写体系的语言特性和文字排列方式有很大不同，读者通过象形文字系统感知意义的方式与通过其他书写体系感知意义的方式存在较大差异。

　　在象形文字之上加表音元素这一方式，只用于区别形近字和义近字，中文系统的表音元素并不具备西方拼音文字的字母词根本身代表的意义。从字形对应语音的角度看，中国汉字遵循字形与语素/词素（语言中最小的音义结合体）对应的原则，西方拼音文字则是字母词素（字母或是字母的组合）与音素（语音的最小单位）对应。西方拼音文字的字形与意义毫无关联，但中国汉字形象却与意义直接相关。

　　中国传统文字的书写形式是竖排左行，而主要使用的书写工具为笔头软质的毛笔。西方则采用硬笔书写的横排右行形式。西方拼音文字如英语有一套非常严格精确的语法系统，但是中国文字在这方面却具有更多的灵活性。比较这两套书写体系的特点：中国象形文字书写体系是中国众多语言和汉语方言（至少有 123 种）相联结的纽带；而西方拼音文字却相反，每一种语言文字如英语、西班牙语、法语等都各自独立，其语音和文字都各自不同，尽管它们在源头上共享一套希腊罗马拼音文字体系。这两套体系有各自不同的文字形构方法、媒介形态、书写行款等。这些特点对感知方式、艺术观念等产生了重要影响。书写体系经过书写（手抄）媒介、印刷媒介、电子书写媒介三个时期，在不同时期又形成了新的感知方式和认知效应。

　　马歇尔·麦克卢汉（Marshall McLuhan）的"媒介延伸论"认为，人类创造工具以表达我们的所思所想，但是，这些工具的使用已在不知不觉中形塑着我们的思维方式（麦克卢汉，2011）。在此基础上，媒介文化与技术关系研究学者德里克·德克霍夫（Derrick de Kerckhove）（de Kerckhove，1997）和罗伯特·洛根（Robert Logan）（洛根，2012a）等认为，书写体系形塑我们理解世界的大脑思维方式，这意味着作为人类最原初媒介形式的语言文字塑造了我们的大脑思维方式，同时也影响人类后来创造的多种媒介形式：它们既包括传统书写工具如硬笔、毛笔和刷子等，也包括电报出现以来的电力媒介和网络等新兴电子媒介。

有学者批评，我们正在面对一个转变中的媒介环境，即从书写文化环境到视觉形象日增和数字媒介的超链接化媒介环境，我们正在失去大脑在阅读方面的再生能力（Wolf，2007）。具有开放式结构的阅读大脑如何适应新的媒介环境，即遨游网络时大脑如何适应同时多项任务和持续的散点式的注意力，将是我们必须面对的难题。

认知是人在认识世界的过程中加工信息的心理过程。认知过程包括感知觉、记忆、思维、想象和语言等。本书的"认知"更多的是在讨论其所包含的"感知觉"。感知是外界信息作用于感官时，人脑认知系统对这些信息形成的整体看法。认知科学将其看作获取、理解、筛选、组织信息的一系列过程。

本书所指的认知，一方面主要讨论感知及思维方式，感知方式集中体现在艺术观念中；另一方面是指认知神经科学领域对脑神经系统的研究。本书借鉴认知神经科学领域的研究成果，对媒介与认知进行综合分析。近年来认知神经科学领域的研究表明，大脑可以被不同的书写体系所塑造。这些书写体系包括中文的象形文字系统、西方的拼音文字系统，以及日本的由片名和假名两套符号组成的文字系统。已有证据证明，书写语言引起大脑内在的根本的适应性调整。这些能力包括适应性变化和在认知过程中发展新的路径的能力（Cohen et al.，2000；Bolger et al.，2005）。近年来，许多大脑造影研究试图找出字词辨识所活化的大脑皮质区域，一般以英文、中文、日文作为对照组来研究，尽管脑神经科学领域的研究尚属初级阶段，但是，该领域目前的一些研究成果可以有力地佐证"媒介形塑大脑"的理论假说。

在认知研究的领域，英文的研究成果远比中文成果多，其中，唐纳德·J.博尔格（Donald J. Bolger）等（Bolger et al.，2005）的分析研究（包含9篇中文、5 篇日文与 35 篇拼音文字研究）指出，中文读者在进行词汇辨识时，其颞顶叶皮质的活化区域会因阅读不同的语言文字（如中文与英文）而有左右半脑的差异，确认了两种书写文字引起的大脑反应的差异，说明人类不同的书写体系在很大程度上影响了人类阅读脑的形成和发展，这为研究脑与书写的关系以及书写体系的认知效应提供了科学研究的基础。

其他的则从书写系统入手研究教育问题（林昱成、林沛颖，2010）。中西学者以往的研究，从中国古代书写工具的演变到阅读的脑认知机制，分别从不同视角探讨了中西书写体系，对我们了解中西书写体系的发展以及脑认知贡献良多。

阅读实践带来的生物和大脑调整可以给我们提供一种相对有效的测量方式，它可以测量我们的思考方式是如何形成的。这对于研究大脑认知和文字媒介的关系至关重要。这种探索需要一种跨学科的视角，包括媒介研究、认知神经科学、认知心理学、语言学、历史学、文学和艺术学。

本书所指的"认知效应"是指书写体系影响下的认知倾向在不同的主导媒介时期所带来的影响和效果。大量认知神经科学领域的研究表明，媒介的使用塑造人的大脑，进而形成相应的认知思维模式。认知思维方式并非一成不变，在媒介环境改变的作用之下，大脑会发生生理性的变化，认知思维方式也会随之而调整。本书所讨论的这些影响是指在新媒体环境下书写体系的新发展所形成的脑认知效果和文化效应。这些深入讨论的认知效应包括：对传统书画艺术时期的艺术形式和艺术观念的影响；对手抄、印刷乃至电子时期阅读的不同表现、对新媒体时代的创意思维的影响；对电子媒介时代的口语文化的影响；新媒体影视文化中视频字幕的不同认知效果。

斯蒂文·费希尔（Steven Fischer）所著的《书写的历史》（*A History of Writing*），何九盈等所著的《中国汉字文化大观》等文献讨论了中国和西方文字的起源、发展、对比等，中国象形文字体系与西方拼音文字体系各自有独特的发展轨迹和文化特征。在文学艺术研究及中西文艺比较研究的文献中，宗白华关于中西艺术的视点比较有代表性。包括蒋彝的《中国书法》、朱青生的《艺术史在中国——论中国的艺术观念》等在内的文献也为研究中国传统艺术观念提供了理论参考。对媒介技术与文化之间关系的研究，见诸麦克卢汉、哈罗德·伊尼斯（Harold Innis）、沃尔特·翁（Walter Ong）、德克霍夫、洛根、约书亚·梅罗维茨（Joshua Meyrowitz）等媒介研究学者的相关文献，学者们普遍认为，媒介技术的发展影响了人的思维方式和文化的形成。计算机领域侯增选、徐颂华、郭丽、许鹏等学者的研究提供了关于电子书画、电子水墨、新媒体艺术等书写的新技术及其艺术研究的相关研究文献。学者陈佩真的著作《电视字幕对语言理解的影响——以"形系"和"音系"文字的差异为切入点》深入研究了中西两种书写体系下对电视字幕的认知，为研究电视字幕的认知效应提供了有价值的参考。

本书的方法论主要为由"延伸论"和"冷媒介"等概念组成的麦克卢汉"大媒介理论"，以及在同一媒介理论范畴内，媒介理论家德克霍夫的"文化肌肤论"。前者提出了媒介对人的影响的著名论断，后者对于中西书写体系与认知神经学领域的综合分析研究开创了媒介研究与书写体系关联的研究方式。

麦克卢汉将语言、文字、书写体系、印刷媒介、电子媒介等都作为媒介看待，媒介不仅由人制造，也在潜意识领域里形塑了我们对世界的认知方式，不同的媒介形塑不同的认知思维方式。如果想要深入理解当前的电子媒介环境并促进跨文化传播的发展，就需要追溯中西文化环境中媒介发展的源头，而文字及其书写体系将是最深层也是最重要的媒介认知问题，因此这是本书的理论基础。

同时，鉴于媒介研究方法曾一度陷入分割、孤立和概括的见树不见林的困境，我们需要更多的理论或者科学的视角。认知神经科学正是从大脑反应来分析行为的科技综合领域，将其应用于深层的媒介认知问题将使媒介领域的研究获得新的灵感和启发，也可避免媒介研究落入不切实际的圈套中。本书结合认知神经科学领域内对大脑阅读神经机制的最新研究成果，并以艺术学和历史学等跨学科视角，综合分析书写系统在何种程度上影响了中西方的大脑思维认知方式，并进而影响我们的艺术观念，形塑我们的媒介认知方式。

本书共分为四编，共十四章，立足书写体系这种较少被关注的媒介，采用较为宏阔的总体设计思路，采取中国为主、西方为辅的中西比照分析的方式，讨论了书写在印刷技术前后的手抄、印刷、电子等不同主导媒介阶段的认知效应，分析了作为媒介的不同书写体系在各自文化语境里形成的艺术感知、认知倾向、思维模式。

具体来说，本书从以下几个方面来探讨中西书写体系的认知效应。

其一，书写系统影响下的艺术观念。中国文字书写体系与西方拼音文字体系形成一种鲜明对比。这种对比表现在如下方面：构字方法和原则、书写行款、书写载体等。中西书写系统各自拥有一套语言处理方式，两者各自发展出了独特观念，在多个艺术领域如书法、诗歌、绘画、音乐等方面都具有可对照观察的形式。本书第一部分将对比分析两个书写系统，探讨不同书写媒介环境下发展出的不同艺术样式，特别是书画艺术的表现及其背后的艺术观念，从感知层面分析媒介与艺术之间的关系。

其二，书写与大脑认知。结合认知科学与媒介研究的思路，采取跨学科的研究路径，从脑认知机制的角度探讨书写媒介演变过程对人类认知思维的塑造，通过电子阅读、视频观看等新媒体认知行为，讨论新媒体认知视角下的创意认知机制，分析如何创造性地使用新媒体来提升媒体文化中的创新能力。

其三，书写文化与口语文化之间的关系。作为书写体系在新媒体时代的认知效应之一，新媒体时代的书写文化是掺杂了口语文化的书写文化，或者可以说是掺杂了书写文化的口语文化。翁等学者认为电子媒介时代的口语是区别于原生口语的受到书写体系及其文化浸染过的次生口语。因此有必要对口语文化的技术及其与书写文化之间的关系进行充分讨论。

其四，书写体系在新媒体视频字幕文化中的认知效应。视频字幕从传统的语音转文字的字幕，发展到了今天流行于各种媒介、多种视频节目中的多种字幕形态，包括常规字幕、花式字幕和弹幕，已经更新了视频制作、观赏、分享的固有观念。不同的文字体系，也潜在地影响了观者的认知思维方式。研究聚焦于不同文字形态的不同视频字幕的认知效应。

今日中国在国际社会扮演越来越重要的角色，通过对比两种文字媒介和认知方式的关系，深入理解中国人感知世界的方式对跨文化传播和全球媒介研究很有必要。对西方文化背景的大量研究指出了这种研究路径的重要性和相关性。然而，在中文世界里类似的深入研究很少，有的是单个领域如认知科学领域对于阅读机制的大脑研究，其主要基地在中国香港和中国台湾，但作为一种跨学科的媒介研究，其研究成果还并不多见。在英语世界里有一些学者在研究英语语言文学时也以中国书写体系作为一个参照系，但并未对中国书写体系作详细考察。随着全球化文化和全球化媒介过程中不断出现新的跨文化传播问题，这一领域的研究正在引起关注。

然而，从媒介研究、脑认知机制研究、艺术研究、中西书写史研究等跨学科视野研究书写工具的媒介认知效应，国内尚属空白。更为重要的是，自麦克卢汉、伊丽莎白·爱森斯坦（Elizabeth Eisenstein）、德克霍夫以来，中西方媒介发展研究已对很多相关人文社科的研究产生了重要影响，而在中文世界里，从中西书写体系的视角入手研究媒介发展以及媒介生态还并未真正进入传播学、媒介研究或艺术研究的视野，在该议题上缺乏中西方对话的平台。本书所做的研究即是这方面的尝试。

第一编

中西书写体系及其文化效应

正如麦克卢汉所言，艺术往往能够预见未来社会的形态趋势。艺术是一种既准确又超前的知识，它告诉我们如何应对即将到来的技术在心理上和社会上造成的后果。艺术家是觉察感知变化方面的专家（麦克卢汉，2011）。本编内容将对中西不同媒介阶段的书写体系进行对比分析，探索书写媒介在不同技术发展阶段的应用，以及通过书画等艺术形式所反映出来的艺术观念。中西书写体系的媒介形态可分为书写（手抄）媒介、印刷媒介、电子书写媒介三个时期。本编内容的第一章从两个体系的发展演变轨迹、文字形构的方法及其内涵、两种文字的认知机制方面梳理了中西方书写体系，对二者的书写工具、载体、行款及其感知机制进行了比较。从书画艺术中时空感知观念讨论了中西书写体系的文化效应。第二章分析了中西印刷技术的发展演变、不同类别印刷媒介的内容与排版，并从印刷体系对感知思维方式影响的角度探讨了中西印刷技术的文化效应。第三章研究了书写体系在电子媒体时代的认知效应，包括电子时代书写体系新的发展——电子书法和电子水墨，讨论了这两者的技术和艺术探索及其形成的认知倾向。

第一章
书写媒介及其文化效应

第一节　中西书写体系

一、中西书写体系的发展演变

　　古代世界曾经出现了两个主要的书写体系，即象形文字书写体系和拼音文字书写体系。象形文字的造字原则都是以象形符号记录对象，有代表性的书写体系包括古埃及的象形文字书写体系和两河流域的楔形文字书写体系，以及中国的象形文字书写体系。在这两种体系分别演化成各具独特风格的文字之前，它们都是记录对象的图形象征符号。接下来，这两个体系分别发展成为当今世界上两个主要的文字书写体系：中国的象形文字书写体系和希腊罗马的拼音体系（phonetic Greco-Roman system）。中国汉字尽管在不同时期发展出了不同的字体，以及包含发音原则在内的六种造字规则，但是总体上保持了连续而稳定的发展，并形成了一套庞大而稳定的象形文字书写体系。

　　西方书写并未沿着象形的方向发展，自从古埃及人发明一些辅音词符（logo-consonantal signs）来代表开头辅音的图形和两河流域出现了数量较少的形音（logosyllabic）文字体系之后，表音符号随之发展起来，逐渐衍生出音节和字母书写体系，作为脱离外在世界的客观现象有了独立的意义，并且在使用过程中被规范下来，经过不同族群的借鉴和改写，包括由古埃及、腓尼基到希腊的演变，发展出了希腊罗马的拼音文字书写体系（费希尔，2012）。西方拼音文字书写体系在当今西方世界得以广泛运用。

　　中国文字体系最为独特的地方在于它的稳定性，这一体系自从它出现以来 5000 年内都没有太大的变化。虽然到目前为止仍然需要进一步的考古学证据证明它的起源，但是有证据表明，商朝的甲骨文就已经是一个比较成熟的文字体系（Gelb，1963；许进雄，2010）。自此以后，中国文字一直保持同样一套象形文字体系，它是世界上仅存的我们现在无须解码即可理解的文字体系（Gelb，1963）。

希腊罗马拼音文字体系是后来好几种语言文字的最初模板，这后来的语言体系包括如下：英语、西班牙语（印欧语系）；芬兰语（乌拉尔语系）、土耳其语（阿尔泰语系）和越南语（华澳语系）。它们在字母文字组成、横向右行排列方式、硬笔书写这三方面共享一套表征方式。希腊字母表被看作是最早的真正的字母体系。古希腊人创造他们的字母表，大约在公元前 8 世纪，他们将腓尼基人的左行书写方式改变为右行书写，这种排列方式在西方一直延续至今，也部分地影响了当代的中文排列方式的改变。从传统上来看，中国文字书写版本是竖排左行，而主要使用的书写工具为软质的毛笔。西方文字书写版本是横排右行，主要的书写工具为硬质的鹅毛笔等。西方拼音文字如英语有一套非常严格精确的语法体系，但是中国文字在这方面却具有更多的灵活性。比较两种体系的特点，中国书写体系是 130 多种不同语言相联结的纽带，而西方文字却相反，其中的每一种语言和文字如英语、西班牙语、法语等都呈现出各自独特的面貌，其语音和文字都各自不同，尽管它们在源头上分享同一套体系。

中国文字萌芽于约 6000~8000 年前的新石器时期，汉字起源地域较广，包括黄河流域及长江流域的一些地区。在山东、陕西、湖北以及甘肃等地出土的一些陶器上，出现了不同程度的刻画符号，这被认为是中国最初的文字。萌芽时期，文字便具有了记事的功能，但只是作为象征符号，还不能算是真正意义上的文字。这些符号只有形成了较为稳定的形、音、义，成为既定的记录语言的书写文字符号，才会被广泛使用（刘渝生，1994）。关于甲骨文之前的记录是属于象征符号还是书写文字这个问题，学界仍有诸多争议（马显彬，2004）。到了龙山时代，中国文字结构才稳定下来，同时开始被广泛使用。

在公元前 16 世纪的商朝时期，中国出现了刻在龟甲和兽骨上的文字——甲骨文。这些早期用于仪式作用的文字，是中国及东亚已知最早的较为完备的文字体系。甲骨文主要记录的是占卜用的"卜辞"，也用于记事。大部分的甲骨文以象形、会意作为造字原则。甲骨文是汉字发展的关键形态和基础。出于国家统一和文字交流便利的需要，秦朝开始对文字进行简化和统一，产生了较为规范、工整而且便于书写表达的隶书，此后汉字在发展演变过程中变得越来越规范。最初的汉字主要由象形和指意规则来构成，也就是以图形来代表记录对象。后来由于实际表达的需要，文字、词语和意义不断扩展，逐渐出现了合成字，在象形的基础上也产生了标音的形声等造字规则。甲骨文中的形声字约占汉字的五分之一。中国完整文字经过三千多年的使用，其文字体系基本上没有改变，但是字形的发展经历了从甲骨文、金文、篆书、隶书、楷书、行书到草书的演变，中国人以楷书作为中国文字的定型，楷书成了标准字体而被世界上最多的人口使用。

关于各个书写体系诞生之间的关联，大多数的学者普遍认为，"世界上各个地区的书写是独立产生的，因为每一个社会文明的兴起和进步都需要通过书写来表示。然而，并不是社会发展了，书写就能自动产生。书写的发展是一个不断精细的过程，是随着社会进步的需要，经过长期的演变而来的"（费希尔，2012：24）。张垣帛认为，从中西方书籍的发展脉络来看，"物质存在决定意识选择。地理位置决定气候条件，人们在发明书写材料时要遵循'就近原则'，就地取材使各地区文字载体呈现出明显的区域特征。因此才有了中国的竹简、印度的贝叶、两河流域的黏土板、埃及的纸莎草、古希腊的羊皮等"（张垣帛，2022：51）。因此，受到各自不同地理条件和社会文化发展等因素的影响，中西方发展了各自不同的书写体系。

二、文字形构的方法及其发展历史

前文字时期的符号交流方式主要是图画和简单符号，这些图画和符号虽然简单但表达非常生动，沟通效率较高，人们基本上能够一眼辨识出传播者想要表达的意思。随着时间的推移，人们开始追求更高的沟通效率，开始追求简化的图形，使其从绘形和理解的随意性转变到约定性，文字具有约定的意义，使其更容易被大多数人使用和读懂，相对来说比较复杂的图画逐渐开始简化，人们希望通过简单而易掌握的笔画勾勒出想要表达的内容。于是图画开始脱离原来对事物形象的描述，转而用事物的一般意象来表示，逐渐演变成字符。不同于"文字画",文字性符号是象征符号,属于文字的孕育时期。

文字体系至甲骨文时期已经成熟,虽然不再算作是图画,但还是可以看出其图画的源头。在西周时期,中国汉字慢慢走向成熟,文字能够反映较为简单的字、词、句。很多史书上都有记载,说仓颉发明了中国文字,关于这一点至今仍有诸多争议。普遍的意见认为,文字的诞生是时代发展的产物,并非一个人便能发明的,而是众人的创造,仓颉不过是整理了文字,使其形成了一个规整的文字库。之后又经过秦始皇对文字的统一,汉字变得更加简化,其规范程度也更高。

中国文字造字规律传统上分为象形、指事、形声、会意、转注、假借等六种,即"六书"。汉字与世界上最早流传于两河流域的文字体系拥有不同的演变轨迹,西方文字由早期的象形规则逐渐发展成抽离了形象的拼音文字,与汉字体系属同一类型的文字体系早已退出历史舞台,不再被日常使用。中国文字是发展最稳定的体系,汉字始终是以代表事物形象为基本造字规则,虽然有六种造字原则,但是这些造字方法也是基于象形的不同组合,或者即使是代表不同发音的形声字,形意也是其造字基础。

两河流域苏美尔人发明的楔形文字是西方文字的源头,同时也是西方历史上第一个完整的文字体系(de Kerckhove,1997)。苏美尔人把楔形符号文字刻在泥板或石头上,由早期的记录账目发展到表意文字体系,从图形向文字逐步发展。文字笔画形似一个个"钉头",故名"楔形",同时期许多古文明都使用这种文字。埃及文字也是象形文字,其能够描述自然形态,同时也具有表意的记号和表音的符号,这些符号最终成了声音符号的源头,对腓尼基字母表的形成产生了影响。

在对西方书写体系的研究中,一种观点是,只有经过标准化和抽象化的表音符号才算是完整的书写。在可辨认物体形象的象形图符和不可辨的符号之间的转换,苏美尔早期的黏土板出现了这样的符号。一直到系统的拼音字母出现才算是完成了书写体系的发明。西方学者普遍认为,语音化是西方书写发展过程中的关键一步,实现了由图形符号到音符的转变(Coulmas and Ehlich,1983)。古埃及人从他们的象形文字中提炼出来了世界上最早的辅音字母表,该字母表包括约 26 个单辅音,与其他符号同时使用。直到大约公元前 2000 年古埃及人开始遵循辅音字母书写原则,并且影响到了迦南及其他地区（费希尔，2012）。大约 1000 年之后，古希腊人从迦南人的后代腓尼基人那里继承发展了这套系统，在辅音字母的基础上发明了元音字母，从而逐渐形成了今天被世界广泛使用的完整的字母表。

古希腊人发明的元音字母成为西方字母文字发展过程中的一个里程碑。腓尼基人与古埃及人在商业上有往来，象形文字在腓尼基人的改造下形成了字母文字。现在西方所有的字母表都是由腓尼基字母表派生出来的（费希尔，2012），字母文字开始成为以发音为主的文字。古希腊人在音节文字的基础上，借用了腓尼基人创造的非图形的流线形字母表，发明了表达元音的文字，作为发音的辅音和作为携带意义的元音音节一起使用，历史上第一次在书写体系中创造了体现口语的文字。

公元前 2 世纪，古罗马与古希腊发生了战争，古罗马有机会接触到古希腊文化，借此古罗马人吸纳并改进了希腊字母。古罗马人将复杂的希腊文字进行简化，分解成了单纯的发音。到公元 4～8 世纪时盛行抄本，为了提高效率，带有圆形趣味的大圆体字及半圆体字应运而生，即沿用至今的希腊-罗马拼音字母文字体系。

三、两种文字的认知机制

文字的使用深刻地影响了人们的认知思维模式，文字的出现，使人的大脑逐步发展出了针对语言文字的思维能力。媒介研究学者伊尼斯、麦克卢汉、翁等都曾在其著作中断言，文字对于思维的影响至关重要（洛根，2012a）。伊尼斯较早研究了文字对思维模式的影响，指出文字大大提升了抽象思维的能力。翁对此问题也提出了类似的观点，他指出，如果文字没有出现，识字的人的大脑就不会具备现有的思维能力。因此，文字在对于思维模式塑造方面具有至关重要的作用。

不同文字体系在塑造不同思维模式上也具有较为明显的差异。中国书写是象形文字体系，注重形象，虽然也有表音的音形字，但是总体而言，象形是其造字法的基本规则。西方则主要是拼音文字体系，脱离事物形象，注重语词的表达。

视觉形象代表语词的发音，这时的字母表是为了表现语音；当字母表代表书写时，音素成为语词的基本组成部分。文字大多都是由字形、字音、字义三部分组成的，作为记录语言的符号，它们都是作为记录声音或含义而存在的。汉字具有明显的表意性，但不代表其不具有表音性。拼音文字的表音性是其较为明显的特征，同时其也具有表意性。虽然汉字和字母文字代表完全不同的两种文字，但实际上世界上任何一种语言都既具有表意性又具有表音性。汉字的表意性极为明显，通过文字的外形便可大概知晓其代表的内涵。

汉字的具象性更多地塑造了中国人的形象思维特征，字母文字易于通过代表意义的音素进行记忆，更容易培育抽象思维。何九盈等学者认为，汉字是以具体图形代表抽象意义的（何九盈等，1995）。汉字大部分由声旁和形旁组合而成，多数情况下，声旁决定着字的发音，形旁主要负责区分语义。有时候由于假借或者引申的关系，形旁表示含义的特点会消失。例如"桔梗"，从形旁看来其表示一种树木，其实它代表一种草本植物。此外，仅仅根据声旁来判断汉字的读音，有时候也是不准确的，就会出现"秀才识字读半边"的情况。这些特性使得汉字具有一定的模糊性，而这种模糊性正是具象思维的重要特征。因而，汉字使得中国人的思维更趋向于具象思维。字母表文字书写时，每个单词由音素来构成，音素的代表符号主要有 20～30 个字母。对于文字的记忆，汉字需要结合至少两部分的符号，即形象的和会意的，而字母文字只需记住每个单词的音素。对于汉字来说，对其进行分类或排序较难实施，但对于字母文字来说却容易得多，只要根据字母的顺序进行排列即可。

中国文化注重具体和归纳，而西方文化以抽象和演绎为根本。这也是诸多学者认为的实验科学没在中国近代发生的原因。中国传统的经验科学发达，但现代实验科学却发展相对缓慢。著名的"李约瑟难题"提出，尽管中国古代对人类科技发展做出了很多重要贡献，但为什么科学和工业革命没有在近代的中国发生？中国是著名的四大文明古国之一，同时也是最早发明指南针、火药、造纸术以及活字印刷术等技术的国家，然而为什么在科学领域却没有出色的表现呢？李约瑟曾在《中国科学技术史》（*Science and Civilisation in China*）（2018 年）中表示，具象思维对于科学发展具有抑制作用，中国的文字对科学的发展具有一定的抑制作用。再抽象的科学术语，在中国也会有专门的（具象的）文字来表示，这在一定程度上阻碍了科学的发展。科学的发展需要抽象思维能力，而中国的汉字却代表一种具象思维模式。相较于中国，西方的字母文字反映的抽象思维，有利于科学的发展。

象形文字培育出的思维注重具体和归纳，而拼音文字的逻辑模式则以抽象和演绎为根本，这与传统上中西思维模式的差别有关，即汉学家葛瑞汉（Angus Graham）、比较哲学家安乐哲（Roger Ames）和郝大维（David Hall）等学者指出的"关联思维"与"因果思维"，用来描述传统中国思维与现代西方思维特征的主要区别。在他们看来，关联思维是非逻辑的，它对逻辑分析不感兴趣，表现出同形象和隐喻相联系的多义性、模糊性和不连贯性。进行关联思维的人研究的不是因果导向的科学，而是种种具体的、直接的感觉、知觉和想象，它们是以美学的和创作神话的用语联系在一起的（郝大维、安乐哲，2005）。

洛根在其著作《字母表效应：拼音文字与西方文明》（*The Alphabet Effect: A Media Ecology Understanding of the Making of Western Civilization*）中认为，文字的不同，在一定程度上使得思维模式存在差异。中国文字是方块文字，其以形表义，这无形中为具象思维的建立创造了条件，使得中国人更擅长具象思维模式。西方文字则是在音、义统一体的基础上，强调语音，然后通过仔细的分析创造出了一套音素体系，用该体系中的音素字母去构建词语。西方文字在分析过程中创建了造字法则，因而此种文字作用于人的思维便呈现出一种善于分析的思维模式。中西方文化对文字产生影响，反过来，文字也对文化及其内在思维方式具有形塑作用，产生深远影响。洛根在书中列出了中西方文化的特征（表1.1），较直观地对比了中西方的思维模式。

表1.1　中西方文化特征对比

中国	欧洲	中国	欧洲
语标文字	字母表	空间导向的	时间导向的
右脑导向	左脑导向	传统的	进取的
非线性	线性	循环时间观	延续时间观
声觉的	视觉的	代数型的	几何型的
类比的	逻辑的	具象科学	抽象科学
归纳的	演绎的	秩序和模式	自然规律
具体的	抽象的	手工艺	技术
神秘的	因果关系的	发明	开发

中国	欧洲	中国	欧洲
知觉的	理性的	技艺	系统
通才型的	专门化的	风俗习惯	典章化法律
非集中化的	集中化的	自然和谐	一神教
局部型的	普适型的	相对性	绝对性
整合的	分解肢解的		

资料来源：洛根．（2012b）．理解新媒介——延伸麦克卢汉．何道宽译．上海：复旦大学出版社．

第二节　媒介形态与书写款式

一、中西方主要书写工具比较

伊尼斯认为，处于一种文明中的人，想要对其他文明有所了解，在很大程度上有赖于这些文明所用的媒介的性质（伊尼斯，2021a）。麦克卢汉更是简明扼要地提出了"媒介即讯息"的论断，强调了媒介形态对塑造社会结构及人的行为和思维模式所起的重要作用。中西方文字体系的发展表现不同，媒介形态也各异，对不同书写工具的梳理有助于更深刻地理解书写工具对于各自文化的影响。

（一）中国的毛笔

从普通意义上看，传统上西方的硬笔和中国的毛笔分别是主要书写工具。书写工具出现时正是文字发明时期。在中国传统的书写工具中，毛笔的地位极为重要。一般的毛笔都是用禽兽类的毛或羽做成的，如猪毛、鹅毛、鸡毛、狼毫、兔毫等，而最通用的是羊毫与兔毫两种。根据甲骨文"笔"字形态"𦘒"能推测毛笔的笔头绑上兽毛的大致样态轮廓，但是最早的毛笔发明时间尚缺文献记载。出土最早的战国楚墓中的一批竹简和毛笔实物显示，战国时的毛笔之笔管和笔套均为实心竹竿，笔头为长约 2.5 厘米的兔剪毛（何九盈等，1995：37）。汉字里"笔"字的最早字形是书写者握住带着毛笔尖的笔杆，这可以从 6000 年前的半坡文化里找到证据。经过几千年，汉字书写体系几经发展，其赖以生存的文化体系也从未中断发展，而其他文明体系都相继消逝。

毛笔柔软而富有弹性，使用时能轻易实现笔画的提、拉、顿、挫。毛笔的笔触表达是欧洲人用鹅管笔、钢笔、铅笔等硬笔以及油画笔所无法相比的。柔软的毛笔锋让书写者能自主控制其动作。书写者的力量控制随笔尖流动，力量感在书写者、笔触、笔画之间形成张力。由于灵动的毛笔与书写者身体力量之间的互动，千姿百态的书写作品便出现了。书写者书写时的心神状态直接反映于纸上，读者可通过书写作品感受到书写者的心志状态。

中国汉字发展过程中，毛笔作为书写工具的作用至关重要。在笔画形态和结构上，不同时期的汉字发展演变出不同的书写样式，如：行书、草书、隶书、篆书、楷书等。这些不同字体的形成基于毛笔本身具有的书写特质，毛笔由修削整齐的兽毛制作而成，在历代不断完善的过程中，毛笔发展出圆润的笔头、超强的弹性、尖锐的笔锋等特点。如篆书所呈现出的盘曲灵动的笔画特征，隶书的蚕头燕尾和用笔轻重的变化形成的动感等，都是毛笔的潜力使然。

（二）西方的鹅毛笔

西方的鹅毛笔作为西方传统的主要书写工具，适用于硬笔书写。它是用大型鸟类的羽毛制成的，其中多数以鹅的翅膀羽毛来制作。经过脱脂、硬化处理后削切笔尖而成。鹅毛笔的笔尖粗细不一，这也形成了不同的书写效果。相对毛笔而言，鹅毛笔缺乏弹性，难以表现更加丰富的笔势变化，在造型结构的运动感上也受到限制。据史料记载，罗马人用鹅毛笔写于莎草纸上，而用钢笔写于羊皮纸上。鹅毛笔是传统西方书写的主要使用工具。鹅毛笔由手工切割而成，笔尖十分尖锐，也根据不同用途被切割成不同的宽度和角度，以适应粗体字和细体字的书写。鹅毛笔书写工序比较简单，较容易被书写者所掌握，是写较小文字再适合不过的用具。19世纪，西方人研制出了更好使用的钢笔，钢笔拥有坚硬的笔触，更适合表现线性书写风格。鹅毛笔和钢笔等硬笔都无法表现毛笔的笔锋劲力带来的动态变化感，因此较少用于发展艺术，而更多地发展其实用效果，从而广为人使用。

作为传统书写工具的毛笔与鹅毛笔，代表了两种不同工艺和媒介使用习惯，从而对书写方式产生了影响。毛笔因其柔软和弹性而具有变化无穷的特质，不仅成为中国人书写沟通的主要工具，而且形成了独具特色的中国书法书写工具。毛笔还是中国传统绘画的主要工具，用于勾勒线条、调墨、调色和渲染等，形成了中国艺术的独特风格，并培育了中国人特有的艺术表达方式。西方的鹅毛笔则相对更为坚硬，写出的文字线条粗细大致相同，形式也较为规整，加之字母文字是由抽象的符号叠加构成的，因而失去了象形文字所包含的世界事物丰富的形象，抽离了对文字的想象空间。

二、中西方书写载体比较

（一）中国的竹简与宣纸

作为书写的载体，中西方的文字承载者与书写工具一样各有其特性。中西方根据当时各自的地理位置和物资条件等选择了不同材质的书写载体。中国的书写载体经历了甲骨、铜、竹木、绵帛、石刻、玉、铁、陶器、铅、蒲和羊皮等多种材料和阶段的演变。竹简、木牍是我国记录文字使用时间最长且最广泛的材料，在秦代开始被大量运用于书写过程中。我国最早的图书便是用竹简、木简汇编而成的。

在纸发明之前，简是我国书写材料的主要载体。竹简、木牍很容易获取，这奠定了其作为书写材料被大量使用的基础。将竹子剖成两半，仔细将表层的青皮用小刀刮掉，放到火上烤制，当竹子表面出现一层汗汁时，便可用毛笔在上面书写。如果中间出现字迹错误，小心削掉薄薄的表层即可，剩下的竹简还可以继续使用。竹简因为简便的使用方式，得到了大范围的使用。在竹简上书写，对于书写者与书写工具之间的配合度还没有太高要求。然而随着纸的出现，对于书写者与书写载体的配合度要求开始倍增。

纸张是记载文字最合适的载体，相比之前的书写载体，纸张的出现是集之前载体优势之所成。纸张不仅便宜、体积小，而且质量上乘，不容易损坏。相比于之前的羊皮，其造价便宜许多，同时它也没有金属等载体那么笨重，写在上面的文字能够清晰地展示。纸张出现后，之前的书写载体开始慢慢退出历史舞台。小小一卷纸可以代替整车的竹木简，更重要的是便宜，连穷人也开始用得起纸张。

纸的种类极为繁多，宣纸是其中一种，主要作为书法和绘画用纸。由于宣纸具有极强的吸水性，并且渗透性极强，蘸了墨汁的毛笔挥于宣纸之上会形成一种别样的艺术效果。横撇竖捺跃于纸上，随着时间的消逝，墨水在宣纸上慢慢晕染开，其艺术特性展露无遗。正由于这种特性，笔墨跃然于宣纸之上，需要书写者具备极强的控制能力。笔触速度稍微慢了些，墨水便会在纸上晕染开；稍快些，墨于纸上又显得枯燥。使用宣纸时，书写人对书写速度的掌控极需技巧，对书写节奏感的掌握要求也较高。行笔快时，字于纸上显得实；行笔慢时，字于纸上流于虚，因此出现虚实相间的效果，使得笔画线条流动形态千变万化。笔墨、宣纸的这些特点被中国书法家深深领悟，他们透过枯湿浓淡、轻重缓急等多种艺术手法，将内心想要表达的生命万物的内在形态展现得淋漓尽致。

（二）西方的莎草纸

西方承载文字的载体和中国一样，材质也是多种多样的。西方的书写载体历经了石刻、纸草、碑刻、树叶、树皮、蜡板、铜和羊皮与犊皮几个阶段的演变。虽然历史上出现过多种书写载体，但莎草纸是西方文字的主要载体。莎草纸是西方古代流行最广泛的书写材料，英文、法文、德文、西班牙文都是在莎草纸上书写的过程中孕育出来的。

莎草纸是古埃及人的主要书写材料，作为生长于尼罗河岸的子民，古埃及人善于从当地寻找材料来制作自己所需的物品，莎草纸便是如此。聪明的古埃及人从尼罗河上游就地取材，摘取了一种叫作灯芯草的植物，将这种植物稍作加工后制成了纸张，称为"埃及纸"。由于纸张材料容易获取，且制作工艺较为简单，这种纸张在当时大受欢迎。同时，莎草纸也存在着一些难以避免的缺陷。由于材质较为粗糙且只能于单面进行书写，因此大大地限制了文字记载量。与当时能够在正反面同时进行书写的羊皮纸和牛皮纸相比，莎草纸明显逊色了许多。但羊皮纸和牛皮纸同样存在不可忽视的弊端，它们价格十分昂贵，普通人基本用不起，因而它们主要被用来记录权威的文字内容。从这个角度来看，莎草纸因方便且实用的特点而更胜一筹。因此，莎草纸比羊皮纸、牛皮纸得到更多人的喜爱，同时得到更广泛的使用。西方人从此摆脱了石头这种沉重媒介的束缚，可以轻快高效地表达思想。

三、中西方书写款式对比

（一）汉字书写竖行而左的形成原因

汉字书写体系开始于周代的甲骨文（大约公元前 11 世纪至公元前 3 世纪），主要的书写工具包括竹制毛笔和墨水，以及书写载体竹简和丝帛。如果追溯书写方向的源头，有种说法是，一个人以右手执笔，左手托起窄长的竹片，当由上而下完成一片竹片的书写时，以左手将竹片置于原先已写好的左边，以此类推，形成了从右至左的排列习惯。虽然汉代发明了纸张，唐朝发明了雕版印刷，宋代发明了活字印刷，但这些发明并没有完全取代手工书写，毛笔依旧是古代中国人的主要书写工具。

西方文字的书写以字母体系为主。希腊字母表被普遍看作是最早的、真正的带有元音的字母体系，古希腊人创造了他们的字母表文字。大约在公元前 8 世纪，西方人将腓尼基人的左行书写方式改变为右行书写，改变后的书写款式一直延续至今。此外，西方的书写款式在一定程度上也影响了中国当代汉字的排列方式。

中西方书写体系存在差异，对应的书写款式有所不同。根据史料记载，书写工具与书写载体的选择对书写款式具有重要影响。文字依靠一定的工具和载体才能发挥作用，没有工具和载体就没有文字。因为书写工具与书写载体受材料等因素的制约，中国最早的书写款式——自右向左、自上而下，应运而生（吴思佳、白云，2019）。

对于这种独特的从右向左行的排列方式，有一种解释是因为书写的材料，毛笔和由竹子制作而成的竹简是最早排向形成的原因（许进雄，2010）。其他学者的看法主要可以从两个方面来考虑。一方面，单字的构成习惯是影响直行的最基本的因素（杨秋生，2007）。最早的汉字可以分为两类：一类为数字，另一类为表图腾的象形文字。通过对这两类文字进行研究发现，古人擅长用叠加的方式来进行排列，例如一至三，古人喜欢用累加来表示数目的增加。另一方面，书写工具、材料是影响直行的物质因素（杨秋生，2007）。人类文化的传播总是离不开对物质材料的依赖。研究发现，写于甲骨、铜器上的文字比写于竹帛上的文字早出现。其实不然，竹帛作为书写材料早于甲骨。据史料记载，殷商时期竹子的存在较为普遍，因而为其成为书写载体提供了充足的物料基础。

殷商时期家具匮乏，专门用于写字的桌子更是鲜见，条件的限制使得古人不得不想办法来应对。对于古人来说，最有可能的书写姿势便是一手拿简，一手拿笔。游顺钊先生曾推断，写简的人一手按着简的顶部，腹部顶着简的另一端，以便更好地稳定；另一只手则用来执笔，从简的上部开始向下书写。久而久之，自上而下的行款便成为一种书写习惯。竹简的使用自商、周以至汉，持续了相当长的时间。东晋末年才把使用竹简的风气改正过来。这么长的使用时间足以看出竹简作为书写载体在当时十分受文人的喜爱，这与其实用性高也有关系。竹简的广泛使用，进一步巩固了文字自上而下的书写款式。

竹简的长时间使用，显示了古人对于书写材料特性的依赖。从书写舒适度方面来讲，文字自右向左书写，右手拉简，这样的操作更容易翻阅。大部分人右手书写，左手展简。从阅读方面来考虑，左手展简，右手可空出来在简上圈画重点，这是左行极为重要的一点。深入研究发现，在中国传统绘画艺术中同样存在着汉字竖行而左的书写款式，其为"题跋"。"题跋"即为文人墨客交流的一种方式，透过绘画来传递自己的思想以及对作品的赏鉴。不同的文人对于书画的理解不尽相同，通过这种方式，大家可以进行深层次交流。虽未谋面，但同样可以达到文墨及精神上的沟通。

（二）希腊罗马书写横行而右的形成原因

字母文字的书写行款则与汉字书写完全相反，其盛行横行而右的书写样式。据史料记载，希腊字母表在创造之初就已经相当完整，然而，其书写方式却始终非常"原始"。连续几百年间，希腊文都未曾出现标准的正字法，依旧和发明之初没有太大区别。大小写字母之间没有区别，没有标点符号，字与字之间不留空，而且各地都有各自不同的书写规范，有时甚至使用本地发明的字母。这种混乱的字母书写方式，不禁让现代的文字研究者咋舌。

与中国的象形文字书写行款相比，西方字母文字的书写行款则由语言的内在结构决定。希腊字母表最开始是以从右向左的形式书写，之后又演化为牛耕式，最终才选择了以从左到右的款式来书写。造成字母表文字最终选择从左到右的书写形式的最主要的原因，是元音字母开始加入字母表文字中。

元音字母的出现迫使字母文字的书写不得不随之改变方向。根据资料记载，公元前 1 世纪以前，腓尼基文中都没有元音字母。当时文字的书写方向不定：或从左向右，或从右向左，甚至隔行换一次。直到公元前 800 年以后，腓尼基文才选择从右向左的书写顺序。公元前 1000 年至公元前 900 年，字母文字从腓尼基人那里传到了希腊人那里。于是公元前 850 年至公元前 775 年，字母文字便在希腊人中流传开来。从音节文字发展到字母文字，元音便开始越来越多。

希腊字母文字的书写方式彻底发生改变，是由于全套的元音字母加入到了原本仅有辅音字母的文字中。公元前 6 世纪，大多数的书写者都习惯每行从左向右书写。虽然他们借用的腓尼基文字体系都是一种断断续续的符号线，完全依靠被连贯起来读而不是按顺序读。但是元音字母的出现逐渐使字母顺序连续起来（德克霍夫，2020），按上下文关系组合字母的阅读过程，同样决定了字母文字选择自左向右的形式。

"希腊人是历史上最早系统而一致地记录元音音素的人……希腊人还把每一个元音都用一个符号来代表，像辅音一样，他们把这些符号或单独或组合地与辅音字母写在一起。通过这种方式把元音和辅音一起使用，他们就比古往今来的任何一套系统更忠实地再现了口语"（费希尔，2012：110），实现了比以往任何语言更口语化的特点。这一字母的发明远远超出了书写者原本的预期，他们原来只是想用新的文字来记录自己的语言，殊不知最后却创造了一种稍作修改便成体系的高效的字母文字系统，被西方世界乃至全世界广泛用来记录语音，表达意义。上世纪以来，中文拼音的注音方式也借鉴了罗马字母发音的规律，被用来作为中文标准发音，在一个"十里不同音"的广阔的中文方言世界里，标准化的拼音大大提高了中文世界的语言文字的沟通效率。

四、书写行款的视觉系统感知机制

书写体系如何影响人感知的问题，可以从脑认知科学领域找到依据。人的左右半脑以及左右视野对文字识别和阅读的功效是有所差别的，不同排列方式和走向的书写款式培养了相对应的阅读习惯。德克霍夫调查发现，所有的表音文字体系都是横向书写的，而所有的表象文字体系都是纵向书写的，如中国的表意文字或埃及人的象形字，而且，表象文字体系的排版方式都是竖形，读向是从右至左（德克霍夫，2020）。用不同语言文字和排列方式的读者，他们的"阅读脑"功能区域不完全一致。汉语读者在阅读时，除了左脑阅读功能区被刺激，更多的右脑也参与了深度加工（袁曦临，2016）。右脑的主要功能之一是对图像进行处理。汉字是方块形的，由图画简化而来，因而其表意功能十分丰富。由此可知，汉字的视觉空间对阅读脑的功能具有重要影响。

视觉信息是人类的主要感知来源，通过视觉阅读，人们可以获得 80%左右的信息。首先，眼睛感受到外界信息的刺激；其次，大脑通过运作将这些刺激加以诠释；最后，这些刺激形成了视觉阅读。人们习惯于对到达眼睛的可见光进行分析，并利用获得的信息来进行计划和行动，这是从心理学的角度来对视觉进行的解释。通常，我们会把眼睛接受到刺激后，大脑接受和辨别的过程称为视觉阅读。这是比视觉层面更深入的一项功能。

德克霍夫从大脑与视觉系统的视角，对书写体系的顺序和阅读进行了研究，研究表明：汉字数量众多，为了提高视觉的速度与效率，让一个个表意的字依次出现在视网膜中央，只有迅速地辨识出语言符号之间的明显差异才能最大限度地提高效率，这也是竖着写的原因所在。研究从对人眼工作方式和如何组织视域的分析当中发现，中文读者更擅长于左视域的运用。中文传统版式正是文字以自上而下、从右到左的方式排列，这让双眼视域保持高度的敏捷性，右眼视域促进大脑更快更好地处理和分析所看到的事物。中文读者在迅速且准确识别出文字符号之后，接下来需要做的便是识别文字符号周围的其他符号。通过研究发现，眼睛的左视域比右视域更擅长这一任务。从这方面考虑，中文读者不管是出于视觉动力还是出于舒适度的需求，其左视域比右视域明显更强一些。

字母读者要想提高阅读效率就要尽可能快地看清字母出现的顺序，而要想在短时间内看到尽量多的字母，横向书写是最便捷的方式。在人眼视域的广阔度方面，横向比纵向空间辽阔度更大，因为人类的两只眼睛是一起运动的，而不是眼睛一只在上一只在下。在环视记忆方面，左视域要比右视域好很多。但在一个接一个看字母时，右视域会更好，在德克霍夫看来，这就是字母体系朝右书写的原因。

第三节 中西书写体系的文化效应：书画艺术中时空感知观念

一、媒介技术与艺术之间关系问题的提出

对于媒介技术与艺术之间的关系问题，麦克卢汉等学者认为媒介技术的发展对艺术的发展具有重要影响。任何一种媒介的出现会改变人们的思想、思维和感知方式，进而影响审美意识。

伊尼斯在《传播的偏向》中认为，媒介是我们了解其他文明的重要途径，这些文明主导媒介的性质在很大程度上影响了人们感知世界的方式（伊尼斯，2021b），艺术亦如此。要想对西方的绘画艺术或者中国的书画艺术有所了解，必先了解其技术环境，包括语言和整个书写体系。伊尼斯认为，一种媒介经过长期使用成为社会的主导媒介以后，会在一定程度上决定它传播的知识的特征（伊尼斯，2021b）。艺术媒介亦是如此。如果一种艺术形式长时间使用同一种媒介，则这种媒介会在传播时对这种艺术的特性产生长远影响，包括会对它的创作以及接受方式产生影响。

在伊尼斯的基础上，麦克卢汉认为，人类历史上每一次技术的变革都深刻地影响着艺术的发展，每一种媒介都是人体的延伸。比如印刷的书本是眼睛的延伸，广播延伸了耳朵的功能，等等。从主体的角度说，媒介通过改变和塑造主体的观察方式、感知方式、思维方式和情感方式来改造审美和艺术（杜书瀛，2008）。这与麦克卢汉的观点在某种层面上形成了契合。

隋岩在其论文《媒介改变艺术——艺术研究的媒介视角》中认为，媒介对艺术的影响是显著的。他认为，媒介是艺术的形式，同时它也是艺术的内容。艺术的呈现方式与媒介工具有着直接的关系，同时艺术的表现方式又对艺术的形式产生影响。由此可以得出，媒介对于艺术形式具有至关重要的作用。其以小说和电视剧举例说明，小说以印刷为媒介，而电视剧以电视为媒介，就算两者拥有相同的故事情节等，但是因为两者媒介形式不同，它们拥有了不同的艺术形式。同时，隋岩在论文中还指出，媒介改变着艺术的内容（或者说讯息）。承载于媒介之上的内容是讯息，同时媒介本身也是一种讯

息。这与麦克卢汉的"媒介即讯息"理论相契合。此外，隋岩还说媒介会对创作过程产生影响。如果在艺术创作中，媒介突然发生了变化，其最终的艺术作品的呈现方式也会随之发生变化。

正是技术的不断发展，引起了媒介的不断变化。宗白华在《近代技术的精神价值》（载于《美学散步》）一文中认为，技术使真理的追求者逼迫"自然"交出答案，技术使艺术家的幻想具体化（宗白华，2015）。由此可见，在技术的支持下，艺术能够更好地被创作。宗白华还指出，技术是介于科学知识与经济生活之间的东西，是根据科学的知识来满足人类经济及社会需要的。艺术也可以说是一种技术，但它是介乎哲学与宗教之间的东西。艺术与技术原是不可分的（宗白华，2015）。在宗白华看来，受物质条件的影响，艺术的表现范围和表现力都不同程度地受到了限制。艺术门类之间无法相互取代，也没有必要互相取代，由此各种艺术形式之间存在着一种无形的界限，这种界限使得各种艺术有着自己的生存空间，无形中一直在强调技术对于艺术的影响，这种影响并非偶然，不仅仅存在于一种艺术形式中，而是存于大多艺术表现形式之中。

也有学者并不认同"技术对艺术有显著影响"这一观点，楚小庆在其论文《技术进步对艺术创作观念与审美价值取向的影响》中提出了相反的看法，"在中国古代数千年艺术发展历程之中，技术进步对艺术创作的影响和改变并不明显"（楚小庆，2016）。楚小庆认为，技术的发展对于艺术的影响微乎其微，这是一个很有意思的说法。但是纵观其前后文，作者并未充分论证，因此也难以判断其观点的科学性。如果技术的发展对于艺术的影响不大，那么在哪个层面上讨论就需要具体分析了，不适合一概而论，毕竟媒介技术的变化对艺术及其观念的影响向来都是基础性的。如果讨论宏观性的中国艺术观念问题，艺术史上某些时期艺术观念的变化的确显得不那么明显。

对于汉代到魏晋时期的绘画艺术来说，艺术观念的形成并非只受技术的直接影响，它还受到政治等社会因素的左右。我们在讨论中国的传统艺术观念时，通常会较多地涉及书法艺术，因为其是最早成为个人的自觉纯粹的精神活动的艺术形式的（朱青生，2011）。元代时，赵孟頫将书法艺术和绘画艺术统一到一起，形成了"书画同源"的说法。同时赵孟頫还创作了一幅画作，旁边用文字加以注释，表明书法和绘画是同根生，自此书画的笔墨构成艺术的最高代表。然而在此之前的汉代到魏晋这段时间内，绘画艺术虽与书法艺术一样在向独立发展的方向转变，但并未达到书法所体现出的艺术高度。朱青生在《艺术史在中国——论中国的艺术观念》一文中认为，自汉代到魏晋的转折期的绘画艺术仍旧没能摆脱教化等政治因素的影响，同时"对于绘画的评价也没有脱离宗教和意识形态宣传以及服务性的商业活动，画家在某种程度上是一个被动的'奴仆'，还远未达到绘画本身的独立和自觉"（朱青生，2011）。从宏观的艺术观念来考虑，同一时期，媒介形态相同，然而艺术观念表达却出现了差异性。从这一点上来看，技术对于艺术观念的影响并非是唯一直接的，艺术观念的形成同时还受到其他因素的影响。

二、书画艺术的美学观念

美学观念与思维模式的关系是相互的，美学观念影响思维模式的同时，思维模式也对美学观念起到重要的作用。中西方的美学观念存在明显差异，这与其各自具有不同的文化及哲学观念有一定关系。

笼统而言，西方美学追求理性感知，而中国偏向于感性。西方的思想和哲学追求的是"求知"。西方人把世界看作一个认知对象，并通过对世界的认知过程和认知结果不断探究世界，从而实现知识的系统化。对于中国的文化和哲学来说，"处事""做人"是研究的根本。中国的文化及哲学观影响中国的美学思想，宗白华认为，中国文化所形成的思想特点是重感受而不重分析、重联想的丰富而不重逻辑的推论，直观感性的欣赏多于理性思辨的论证（宗白华，2009）。由此看来，在各自文化和哲学观的影响下，西方对于美学观念追求更多的是理性感知，而中国由于受到儒学思想的影响，美学观念的形成更偏向于感性认知。

受到文化和哲学观等因素影响的中西美学观，体现在各自的艺术形式中。书法艺术是在汉字书写的基础上发展而来的，书法艺术的产生和发展与汉字的产生和演变密切相关。汉字自定型以来，一直延续方形轮廓，字大都由多笔画构成，加上汉字的象形特征的造字基础，是对世界万事万物形象的抽象描摹，物象居于字中，图形意味的本质奠定其美学韵味的基础。正是汉字具有的这些特性，为书法艺术的发展奠定了基础。

中国艺术有"书画同源"的说法，书法艺术与绘画艺术关系极为密切，追溯源头，书写是在绘画的基础上发展而来的。中国画的用笔与书法的用笔极为相似，用笔的方式是两者得以展现内在韵味的重要造型语言。中国画中体现的书法精神包括线条的造型和笔墨韵味，这些特点表现出了抽象之美的美学价值。中国画中的文人画则更加注重对笔墨的追求，突出绘画中用笔的独立审美价值。

在书法艺术中，书写者借文字来传达自己内心的感情，将浓浓之情融于充满力度的笔画和多变的结构中。更确切地说，是透过毛笔字，书写者将书写时的情绪和意趣等更好地传达给观者。孙过庭曾指出，在不同的客观条件下，创作者可以创作出不同感觉的作品，如王羲之写《乐毅论》则情多怫郁，书《东方朔画赞》则意涉瑰奇。借书法表达情绪和意趣，是中国书法艺术的一大特性。于绘画艺术，则借人物、山水、草木、花鸟等图景，将内心的感情融于其中。

不管是书法还是绘画艺术，线条都起着极为重要的作用。伍蠡甫认为，对国画来说，线条乃画家凭以抽取和概括自然形象而融入情思意境，从而创造艺术美的基本手段（伍蠡甫，1983）。线条除了具有造型的功能，还具有表现的功能。通过线条的不规则变化，流动性被展现得淋漓尽致。透过不同的线条流动性，画家的艺术风格在无形中表现出来。线条的这种特性在书法艺术中同样存在。唐代张彦远在《历代名画记》中写道："书画用笔同矣。"

书法和绘画艺术具有气韵之美。不同于西方把物质和精神完全分离开来理解，传统中国的思维方式是将物质与精神结为一体，认为这就是宇宙、世界和人的本来状态，即所谓"天人合一"。书法和绘画艺术与这一状态密切相关。所谓"气"对于人来说是必需的，有了"气"才有生命的存在。笔画的笔势与力度决定了书画艺术的生气。笔势和书写时动作的连贯性紧密相关。用笔得势，作品便可以一气呵成，就好像人呼吸一样顺畅，创作出的作品会由里及外地形成一个生命的整体。"气"最终落在笔力的运用上。笔力是通过押于纸张之上的力量，形成深深的虚像感觉。同时就笔力线条而言，它是一种线的立体感和体积感（彭吉象，2014）。

中西绘画艺术具有不同的审美追求，因而它们的艺术风格迥异。与西方的绘画艺术注重写实不同，中国的绘画艺术讲究写意，具有写意之势。对于山水、花鸟画，中国画之大家并非通过仔细而翔实的线条来展现，而是采用较为简单的笔画，所画之物仅作为承载画家情感与意志的媒介。要明确的一点，写意并非完全脱离现实之物原型，而是讲究神似，好比象形造字的原则。古代的文人喜欢通过所画之物来进行隐喻，例如借梅、兰、竹、菊等来暗喻人所具有的优良品质。齐白石画的虾和现实生活中的鲜虾像吗？很显然并不很像，但就在这像与不像之间，如齐白石自己说的"作画妙在似与不似之间，太似为媚俗，不似为欺世"（彭锋，2021：132）。彭锋认为，"之间"的状态就中国画而言体现在对象与笔墨之间。构成"之间"的两种元素指的是绘画对象与媒介。"中国艺术家让自己处于自然、心灵和文化的相互牵制中，在复杂的矛盾交织中寻求和解。正是在这种意义上，我认为'写意之意，不是形而上的终极意义，而是肉身化的、交织着的、表达中的意义'。"（彭锋，2021：135）

相比于中国，西方的绘画艺术追求形状的逼真性，形似才算得上艺术作品，这是西方人的审美观念。西方的绘画作品常以"焦点透视"为准则，创作出的作品犹如照片似的实物。这种追求真实、崇尚逼真的特性，反映的正是对于理性的表达。达芬奇的《蒙娜丽莎》的绘制运用了自然科学原理，人体结构得到了完美展现。画作运用了"焦点透视"法则。整幅作品欣赏下来，好似与真实的人物打了个照面。

追溯西方艺术的发展史，可以看出其写实的风格追求占主导，但 20 世纪初以来，西方抽象艺术也受到了中国书法的影响，抽象画表现得尤为突出。随着抽象艺术的发展，西方甚至出现了一种叫作"书法绘画"的艺术。当代华人艺术家徐冰的作品《析世鉴-天书》（简称《天书》）很好地诠释了这一艺术风格。徐冰《天书》中的"汉字"，看起来是汉字，却全部是用偏旁元素组合的"字"，如果仔细观察便会发现无法阅读。对于观众来说，原来可辨识的"字"忽然完全看不懂，难免产生惶惑、茫然，甚至恐惧。徐冰的这一作品颠覆了常人对于汉字的常规认识，同时，这幅作品也反映了一些深层次的含义。这些看不懂的"汉字"暗指了当代人与中国文字之间的一种矛盾和冲突感。另外一位华人艺术家蔡国强，同样以烟花爆破等形式颠覆了传统的艺术创造形式，但是又保留了传统艺术的审美元素。蔡国强的爆破后火药燃烧留在纸上的烟，像汉字书写里最难理解的"墨"，营造出了类似水墨的意境。

三、书画艺术的空间感知

中西美学观念中的空间意识体现，与各自的文化和哲学相关。西方人在文艺创作时，是以个人为中心向外扩展的，其美学思想更加注重"追求无穷"，中国则完全不同。中国古代是农业性社会，封闭自足是中国古代社会的重要特点，哲学中主要将人与世界的关系理解为相依相生的关系，追求一种"无往不复"的宇宙观。

在宇宙这一生命体内，时空是一切事物存在的形式，然而由于思维偏向和审美取向的差异，中国更加注重空间性，而西方则更注重时间性（王文斌，2013），但究其本质，二者都具有连接、延续的特性。无往不复是中国空间意识的重要表现。这种空间意识在艺术领域的体现，用宗白华的话来说，可以用一个"舞"字来概括。"舞"不仅代表着节奏、韵律、理性，其更蕴含着运动、生命以及力量。用"舞"字来概括中国的空间意识可以说恰如其分。中国传统美学的时空观念在书法与绘画艺术中表现得尤为突出（彭吉象，2017）。

运动的美是中国书法美的核心，中国书法的美在于动而不在于静，动态美是其存活至今的重要原因。书法的笔势、笔力影响其动态美。正是有了笔力，书法才具有了空间性。笔力能够使得线条呈现一种立体感。中国的毛笔笔头是圆锥形的，笔头柔韧，执笔者运笔的力量能够通过线条外晕内实的立体感展现无遗。当这种立体感不断延伸时，便形成了体积，因而便具有了空间性。除此之外，舞蹈贯穿于书法书写整个过程，通过肢体有节奏的舞动，阴阳明暗、高低起伏的文字于宣纸之上构成了节奏化的空间。唐代书法家张旭便是通过观看公孙大娘舞剑，而悟出了书法书写之道。"书法的用笔是从无有存在变现为笔迹的最充分和直接的方式，但是在我—我、我—他、我—它、我—祂关系中，每人各自分有品性，分量不同，各自动用人性的三个方面（理性、神性和情性）的比重各异，所以各自表述，变化无穷。"（朱青生，2021）正是因为人的情志各异，中国书法艺术才迸发出无尽的生命力。

一件有生命力的书画作品具有空间感。中国汉字是象形的，因此具备了成为艺术的先决条件。如果汉字写得好，一件成功的艺术品便就此创制出来。写得好的字便是富有生命力的，好似舞蹈和音乐般具有了韵律。宗白华认为，书画都通于舞。它的空间感觉也同于舞蹈与音乐所引起的力线律动的空间感觉。书法中的气势和结构，都表现着书法的空间意境（宗白华，2017）。一件有生命力的作品必不可少的元素便是空间感，空间是动作的条件。

书法是绘画的基础，绘画的空间构造正是基于书法的空间意识。空间感在中国绘画艺术中被运用得炉火纯青，更甚者上升至哲学层面。中国古典绘画观念认为，人站在任何一个位置，他对世界的感知都是以自己为宇宙中心来进行的，其他都是围绕"我"来进行的。宗白华认为中国画中的空间意识是基于中国特有艺术书法的空间表现力。中国画里的空间构造，既不是凭借光影的烘染衬托，也不是移写雕像立体及建筑的几何透视，而是显示一种类似音乐或舞蹈所引起的空间感型（宗白华，2015）。对于西方来说，透视法的运用正是空间意识的体现，空间感被展现得淋漓尽致。固定视点的由近及远，无限延伸至远方。中国画则更多地提倡由远及近，最终到达画家自身内心。由此便可理解中西对于空间感知的差异：西方渴望对于未知远方的探知，而中国则恰恰相反，最终回归人的本源。正如朱青生教授所言："书法的笔墨本质由汉字而诞生并滋育，但最终超越了汉字，成为人类艺术的一个普世原则，即通过人为痕迹和人造手迹，完全彻底地宣泄和表达人本身。"（朱青生，2021）

西方绘画自文艺复兴以来的主流就是讲究透视法则，固定视点观察事物，遵循的是复现自然的科学法则来展示事物的细节。"焦点透视"法则以几何透视为基础，将科学法则融入艺术，根据近大远小的视眼规则来表现所描对象的细节和立体感。这与西方传统上认识事物总是以科学性为准则相关。因而西方在书画艺术中的空间意识上与中国形成了不同的表达方式。西方人习惯于站在固定的一点上看事物，然后将观察到的物体细节进行再现。这一特点运用于绘画艺术当中，便是透视。"焦点透视"在西方绘画艺术中普遍存在，艺术家们在"焦点透视"法则的指引下绘制作品，绘制出的作品具有逼真性，作品真实而自然，同时展现出极具深度的视觉效果。

中国传统绘画普遍不讲究固定视点，因而它可能是流动的，也可能是俯瞰式的。宗白华曾说道，中国画的透视法是提神太虚，从世外鸟瞰的立场观照全整的律动的大自然，人的空间立场是在时间中徘徊移动，游目周览，飘瞥四方，集合数层与多方的视点谱成一幅超像虚灵的诗情画境（宗白华，2015）。人与世界形成一个整体，而非主体与客体的关系。这无形中与中国的"天人合一"观念产生了契合，意境的展现是中国绘画的追求。

除此之外，"留白"在书画艺术作品中普遍存在，其对空间塑造具有重要影响。书法艺术中每个字都是独立存在的，因而书画作品的空白处与文字笔画具有同样的艺术价值。只有文字与空白兼备，才算是一件完整的艺术品。大书法家邓石如曾提及书法就要"计白当黑"，无笔墨的地方更为绝妙。中国书法经历了篆、隶、真、草、飞白等不同的表现形式阶段，相同的一点便是对于空间塑造的讲究。

　　在绘画艺术中，"留白"同样具有韵味。中国画主要由浑厚的笔墨和适当的空白构成，笔墨与空白相互协作使得绘画作品更显生机。同时，笔墨在空白的衬托下更显空间层次感，在中国传统的山水画中体现得尤为突出，画中的"留白"看似是画卷未画出某些内容，实则通过卷面的空白空间，营造出内心无限的心理空间。杜甫对画家王宰的山水作品进行了赞赏性评价："尤工远势古莫比，咫尺应须论万里。"通过这些大家的言论，不难发现对于中国绘画艺术的理解不能仅仅停留于画面表层，而应透过画卷的"留白"空间生发自己更深刻的理解。

　　相较于中国的"留白"，在印象派画法出现之前，西方绘画艺术作品的空白处更多地被理解为一种缺失，这与中西方不同的哲学观有千丝万缕的联系：中国传统艺术更多地追求气韵生动，而西方追求的是科学精密和符合透视逻辑。中国美学所提倡的"生动之气韵笼罩万物，而空灵无迹"给予了"留白"以完美解释。西方绘画正式创作之前最基本的一步是先用颜料铺满背景色，在此之上进行线条勾勒和涂色。如有空白画布露出，则被认为此画未完成。这也是印象派绘画如塞尚之风景画尝试东方的"留白"给西方艺术界带来巨大观念冲击的原因。这种讲究铺满的传统，使得西方绘画一开始便失去了存有"留白"的机会，进而难以体悟出中国绘画般的虚实意境。当然，印象派之后对东方艺术观念进行研究，西方绘画也在这方面做了多方面的尝试，从尊崇写实转向追求自我表达和意境呈现。

　　"留白"更多体现的是书写绘画者内在的气韵。"留白"的运用并非易事，空白之处乃生命之气的流动之处。宗白华曾指出，能够将"留白"熟练运用，并非一件容易的事。能够做到的艺术家，其必然有高尚的品格、坚贞的性情以及不因世俗扰乱心志。他们能够潜入事物的核心，从中得到无限乐趣，用庄子的话说，他们就是能够在天地精神之间轻松往来的人，因而他们能够娴熟运用此种技巧。

四、书画艺术的时间感知

中国人的时间和空间感与生命意识紧密相关，且中国人将时间和空间作为一个整体进行感知而不是将其割裂开来。宗白华认为，中国人从屋宇中得来空间意识，从屋宇中出入劳作生活，从而形成时间意识。时间和空间构成人的宇宙，这个宇宙自有其节奏，时间与空间不能分割（宗白华，2015）。

对于时间感知的理解可以与艺术的连续性和延续性联系到一起。音乐和舞蹈是典型的代表时间的艺术，连续性和延续性在这些艺术中得到了很好的诠释，书法亦如此。但书法与音乐、舞蹈又不完全相同，其节奏的把握并非真实时间的体现，而是由空间形式体现出来。当毛笔的笔触所绘制的线条在书法作品上有所反映，并对整个空间的流动起到作用时，时间和空间之间建立了新的关系：空间在时间的流动下获得了生命。这是书法的一个至关重要的特点。

书写汉字是一个连续的过程，时间感在书法艺术的创作中得到完美诠释。从写第一个字的第一笔开始，注定其于时间中展开。中国书法的书写，从开始到结束，都是在一个连续的时间流程中进行的。当字写完，书写的连续时间流程也就自然地被记录并呈现在所写的字迹中，纸上笔画的形态及其连接组合就像是书写的时间所留下的轨迹（刘纲纪，2006）。同时，眼睛在欣赏书法作品时追随文字的顺序而移动，从右至左、从上至下，其中自然而然也会生成一种时间感。此时如果空间不存在，字的出现也就没有了任何意义。此时，时间和空间的关系不再是附和的、顺序的，而是相互依存的。抽掉时间，空间立刻消失；拿掉空间，时间也不复存在。时间和空间之间相互制约，以致不会超越各自的边界线。这也很好地诠释了时间与空间的不可分割性。

时间在绘画艺术中比在书法艺术中体现得更为灵活。由于受到汉字结构以及书写笔画顺序的制约，书法的空间处理远不如绘画自由，因此在二维空间节奏的变化上，在二维空间与实践关系的变化上，绘画可以演变出更为丰富的形式（邱振中，2005）。在空间的处理方面，中国绘画注重多层、多段或连续空间的表现样式，时间感的呈现正是以空间的存在为依托。例如，中国早期主题为宗教和政治类的绘画，大多描绘较为完整而连续的故事情节，这样的连续故事非常适合卷轴型绘画作品，故事可以随着卷轴的打开而徐徐展开，使得画面和故事表达都形成一个动态的连续过程。如东晋顾恺之的《洛神赋图》很好地使用了这样连续的空间，讲述了曹植和洛神这一对人神恋爱的情景。这一系列的画面并未被切割，而是一气呵成。其他类似这样的作品如北齐杨子华的《北齐校书图》、唐张萱的《捣练图》、唐孙位的《高逸图》，以及敦煌壁画里的《佛本生图》等也都使用这样的方法将时间与空间结合起来进行艺术表达。

相比于中国书画艺术中的时间展现，西方绘画艺术家特别擅长绘制某一时刻的作品。在伦纳德·史莱因（Leonard Shlain）看来，东方艺术家很少创作西方美术中常见的表现某一时刻的作品（史莱因，2001）。中国书画艺术家的作品，其主题方面大都不具有时间性，然而西方在这方面却很擅长，例如《最后的晚餐》正是绘制的晚餐特定时间点的定格画面。同时，西方书画艺术中的时间更为自由。艺术家可以随时停止手中的画笔，修改之前画过的部分，设计接下来的画面布局等。通过现代技术对西方古画进行研究时发现，西方画家经常就自己的一幅作品进行反复修改。这恰恰与中国绘画艺术中的时间观念相违背。中国绘画艺术讲究时间的连贯性以及不可逆性，一经落笔，无法改变，因而中国的书画作品更加注重一气呵成。

五、观赏者与书画艺术的对话

题跋作为文人之间的一种交流方式，自唐朝时便已出现，宋朝时达到繁荣。欧阳询的《题诸家帖》是初唐书法题跋的代表，到宋朝时以苏轼和黄庭坚为大家，影响力最大。通过研究题跋的发展，我们发现其大概可以分为两种：一种是用来分辨文籍、书画的真假，还有一种便是为了记录与作品相关的人、事，以此来达到抒情达意的效果。题跋，是中国文人交流所特有的方式。为什么古代文人喜欢通过这种方式进行交流呢？一个原因是创作者欢迎其他文人参与到作品中来；另一个原因则是通过题跋可以实现文人间的交流。

中国书画以题跋来鉴别真伪。题跋的一个极为重要的作用便是检验前人作品的真赝。其实作品的真与假与题跋没有太多的关系，但在研究时一些学者往往会提及这一问题。从某个层面来说，题跋确实又可以为作品的真伪提供一定的证据。作者在以耳闻目睹的事实，或者在具有丰富的资料基础上给予作品评价，使观者能够得到可资借鉴的艺术见解，也使后人在使用这些作品时减少错误的发生（黄国声，1980）。历史上《东坡志林》这本书曾引起真伪的讨论。钱谦益认为这本书是后人模仿而成的，因为其中掺杂了其他人的作品。黄庭坚从笔法、语言等方面，给出了翔实的证据，证实了这本书是伪造的。

以书画来鉴别真伪是极为复杂的，其复杂性多表现为大家早、中、晚年的风格往往会发生很大的变化，即使在同一时期，其书写绘画风格也不一。例如八大山人之书法作品，早年学董其昌，几可乱真。到晚年则变成精韵内含，不露锋芒，笔质圆滑而有力量，与早年的风格完全不同。就算在同一时期，大家的作品也往往表现出迥异的风格。

中国书画创作者通过题跋来相互交流。题跋多见于书、画等艺术品的尾部，其形式是多样的，格式不受任何束缚，作者的艺术内涵、审美趣味都能通过所题的跋书窥见一斑。题跋也为研究文人和艺术家提供了素材。"扬州八怪"的代表人物郑燮，他的字画在当时可以说享誉一时，但对于他个人生活的记载却少之又少，研究者通过对其书画作品以及题跋的研究，了解到了一些事迹。例如，他在作品《竹石图》跋书中写道："昔东坡居士作枯木竹石。使有枯木、石，而无竹，则黯然无色矣。余作竹作石，固无取于枯木也。意在画竹则竹为主，以石辅之。"透过这则跋文，画者的画作意图清晰地传达给了观者。另外文人常常喜欢在题跋里提出自己的创作理论、艺术上的经验等。除此之外，书画中的题跋很好地实现了观赏者与书画本身的深入交流。通过跋书，书题者对待书题的态度可以一览无余。这种态度有时候体现于与其他书题者之间的竞争、对比上，有时候这种对比不是在跋书间进行的而是在原作品之间进行的。因而，跋书的质量可见一斑。好的题跋，悠然而随意，楷书严谨而不呆板，草书轻盈而不草率，充满了题跋者内心的愉悦。同时，好的题跋使书画作品更具魅力。题跋架起了观赏者与书画艺术之间沟通的桥梁，给予了他们充分可能的交流空间。

第二章
印刷媒介及其文化效应

第一节　媒　介　形　态

一、中西印刷技术的发展演变及其相互影响

印刷术作为中国古代四大发明之一，对世界文化产生了重要影响。印刷术的发明使原本的手写时代被代替，印刷物进而可以大批量、快捷地对图文进行承载，印制的书本更便于传播与长期保存。据史料记载，中国的刻书事业开始于唐朝，兴起于五代，在宋元时期达到鼎盛，明清时期得到进一步的完善。

中国古代的印刷术由雕版印刷术和活字印刷术构成。雕版印刷术是将文字反刻在木板或者其他材质的板子上，制成一张张版，需要的时候在反刻的文字上涂墨印制即可。活字印刷术则是由一个个单独的反刻字构成，这一个个单字被称作活字。依照需要印制的内容，将需要用到的字按照顺序排列，凑成一块版，用的时候在版上加墨印刷便是。古代的活字印刷术对于现在印刷工业具有重要影响。现在我们看的印刷品大都是用活字印刷而成。雕版印刷术先于活字印刷术存在，因此可以说活字印刷术是在雕版印刷术的基础上发展而来的，这两种印刷术都是中国古人智慧成果，它们也对世界文化的发展起到了重要促进作用。

印刷术的发明是在一定条件具备的基础上产生的。只有笔墨等物质材料具备了，同时人们又懂得了印刷的技术，积累了一定刻制的原理，才有可能发明印刷术。此外，中国文字经历了甲骨文、金文、小篆的历史演变过程，形成了"书同文"的一统局面。汉朝流行隶书，草书也在这一时期出现。楷

书在魏晋以后颇为盛行,其易写、易认的特点,使我国的文字自此长期稳定下来。因这一特点,匠人在刻石和刻木时省了好些气力。这也为雕版印刷的发明创造了条件。

雕版印刷相比手抄印本方便了很多,同时错误率直线下降,但要想刻一本大书,就要雕一块足够大的版,这往往要花费大量的工夫,且成本极高。于是聪明的人们又发明了活字印刷术。中国的活字印刷术比西方谷登堡发明的活字印刷术早了约四百年。活字印刷相比雕版印刷,发展较为迟缓,究其原因是多方面的。从社会方面考虑,不屑于探讨自然规律的儒家思想在封建社会占统治地位,重农抑商、重理轻技的观念深入人心,人们不喜欢轻易地改变,墨守成规。从文字的方面考虑,中国的汉字繁多,常用字有四五千个,还有大量的生僻字,要想将这些字全部备全是极为困难的。同时,中国汉字笔画较多,无论是雕刻还是捡排都极为困难,这极大地降低了印刷、排版的速度。

谷登堡创制的活字印刷术在原理上和毕昇发明的活字印刷术极为相似。然而,谷登堡的主要发明并不是印刷机,而是铸字机以及活字生产冶金技术(巴比耶,2005)。谷登堡采用铅、锌、锑合金做活字材料铸字,用脂肪性油墨代替水性油墨,并创制了手扳印书机,从而奠定了现代印刷术的基础(郑如斯、肖东发,1987)。印刷术的发明改变了世界文化的发展,且在政治、经济、文学、艺术及科学技术等的影响下不断壮大。

我国的活字印刷术发明之后,很快便传到了国外。中国的印刷术对世界上其他国家的印刷术产生了重要影响。从日本、朝鲜、越南,到伊朗、菲律宾,再到欧洲、非洲,这些国家和地区的印刷术发展都与我国的印刷术有关。

二、中西主要印刷工具技术

手抄本的精确度受到质疑,是印刷术发明的促使条件,除此之外,纸张、墨水等物质条件的具备也为印刷术的发明提供了先决条件。中国汉字众多,组合排列序列复杂,印刷起来有一定难度。对于西方的字母文字来说,其字母数量极为有限且已稳定和标准化,因而可以轻易排列,组成大量的词语,所以相比中国的汉字,西方文字极为适合大批量地生产。这一点恰巧与

中国的情况相反。

中国的雕版和活字印刷技术由刻板和印刷两部分构成，最早的雕版印刷的印版都是由手工刻制完成的，在正式雕刻之前，匠人会用毛笔先在上面写上字样，由此可见毛笔对于印刷术的作用也是至关重要的。在书写工具部分，本书已详细地介绍过毛笔的历史渊源，在此不再赘述。毛笔对于印刷术的影响是不容忽视的，首先，毛笔在刻板上为其提供易于书写、镌刻的规范文字；其次，毛笔是印刷上版的工具。

字样具备之后便需要雕版工具进行雕版。中国最早的雕刻技术是从新石器时期开始的，该时期出土的陶器上具有明显的符号和图案。由于受制于当时社会的技术条件，其刻制技术极为简单，刻制用具一般为动物的牙齿或者石头等物体。到了殷商时期，冶炼技术开始盛行，因而金属制品的刀具开始用于雕版技术的发展中。金属刀具运用到雕版印刷中后，对于刀具的原料及制作技术开始慢慢有更高的要求，以此来适用出现的不同雕刻原料。雕刻工具不断发展，必然会引起手工雕刻技术的不断改进，因而雕刻技术逐渐变得成熟。

刻版完成后，印刷成为顺理成章的工序。印刷的过程实际上就是将刻板上的内容，通过印刷工具的使用，印刻到承印物上。其实印刷在中国原本被称作"刷印"，顾名思义，"刷印"便是用刷子等工具，在承印物、印版上扫拭，以此来达到印书的目的。这些刷子或者类似于刷子的工具被称为印刷工具。此技术不光适合雕版印刷的印制过程，同样适合活字印刷。一直以来，印刷用的工具没有太大的变化。

相比中国，西方在印刷工具的使用上则更工业化。西方具有成熟的金属冶炼技术，因而生产大量字钉并不是问题。字钉的制作需要先在冲床上冲出毛坯，然后经过硬化，最后将金属外框压入其中，以此形成字钉。字钉具有不同的型号，长度和高度是相等的，只是宽度不一。排字盒可以根据不同的宽度进行适当的调整，由于长度和宽度都是相同的，所以不同型号的字钉都可以放入其中，从而能够实现高效排版。字钉的材质一般选用铅锑合金，因为其熔点较低且加热时不容易收缩和膨胀。此外，在画家用作油画的底彩上添加亚麻油、灯油，这些混合后便形成了印刷用的油墨。最后，印刷的机器选用螺旋压力机。该机器能够让纸张在与油墨接触后快速松开，机器快速地升降，进而实现印刷的低成本。如果印刷一本大型的书籍，仍旧需要对材料和机器进行大量投资。

第二节　印刷内容与排版

一、印刷术对书籍内容与排版的影响

印刷术发明后，大批量复制读本成为可能。纵观中西方印刷业发展初期，读物的内容大都与宗教相关。这些读物的广泛传播，使得读者数量增加，相应的宗教信仰得到传播，知识的传播不再如以往那般垄断。

中国文字作品的传播经历了口语、手抄、雕版印刷、活字印刷等阶段，其中雕版印刷阶段对于文学作品的影响是最为重要的。宋代时，雕版印刷的文字作品发展繁荣，在很大程度上取代了之前的手抄文学作品，雕版印刷从而成为最主要的文字作品传播方式。据史料记载，雕版印刷最早是用来印制佛经。手抄本对于文学的广泛传播来说，具有一定的局限性，并不能满足文字作品爱好者越来越多的需求，此时雕版印刷才被慢慢应用于文字作品传播当中。

宋代注重文学作品的摹刻，前人的文集、时人的作品等都会被及时地进行雕刻印刷，以便于广泛传播。此外，雕刻的内容还包括经史、医书等。雕版印刷的发明对于宋代文化的传播至关重要，对文学作品最直接且有效的影响便是加快了其在社会上的传播速度，扩大了传播范围。

元代，雕版印刷文学作品继续盛行，但其更倾向于通俗文学，通俗文学包括平话、杂剧等以说唱为主的作品。这种文学在元代大受欢迎，其受众数量巨大。明代经济繁荣，虽然已出现活字印刷技术，但文学作品仍以雕版印刷为主。明代主要刻印的作品包括文学著作、书画作品等，大量印刷本的出现使得这类文学作品的传播在明代后期达到顶峰。明清两代虽已出现活字印刷，但文学领域仍以雕版印刷为主。清代学术繁荣，坊间大多刻印学术著作、文集等。刻书家们以保留古籍为主要目的。清代前期的著作大都仰仗刻印本，以此来传播和留存，鲍廷博为蒲松龄刻印的《聊斋志异》便是很好的佐证。正是有了这些刻本，前人的优秀文学作品才流传至今。雕版印刷的传播方式使得宋代以后的文学作品传播范围更加广泛，此外，这种传播方式对中国的文学和文化产生了重大的影响，意义重大。

在中国的印刷行业，雕版印刷始终占据主要地位。活字印刷技术出现于雕版印刷之后，其技术的成熟度与高效性要比雕版印刷好很多，然而却没能超越雕版印刷成为主流的印刷方式，分析原因发现，雕版印刷的技术模式和中国传统的书籍供求方式有一定的关系。钱存训曾明确指出，中国传统书籍每次印制的数量极为有限，人们更提倡"少印多次"的出版方式。这样的印制方式可以避免书籍因印刷数量过多而无法销售出去的弊端，从而减少不必要的损失。活字印刷在每一次印刷完毕后，版会被全部拆除，无法再次使用。如果想要再次使用只能再次排版，然而中间所消耗的人力和财力都不少。中国汉字量非常大，准备齐全一套活字所需要的成本也是极高的，从长远来看，活字印刷相对雕版印刷来说，并非最好的书籍出版方式。因此，书籍的印刷方式并未因活字印刷术的出现而发生颠覆性的变化，中国传统书籍的形式也没有发生太大变化。从这一层面来讲，书籍印刷方式的选择并非完全由技术的变革而决定的，这同时也说明了中国传统社会中被一贯维护稳定的价值系统的牢固性和持久性（赵健，2010）。然而，活字印刷技术对于传统书籍印刷的影响，并不能从整体上代表技术对媒介变化的影响。技术的发展对于媒介具有重要影响是肯定的。

中国书籍的装订方式是许多张单页累加在一起，然后装订成册。受中国古老书写传统的影响，原本于竹简上书写的形式得到继承。书籍都是自左边翻阅，每页纸中的文字自右向左竖行书写，且每行之间设有特定栏线。一般情况下，每页会有 5 到 10 行，每行有 10 到 30 个字。这一排版方式一直持续到近代，受到西方印刷术的影响后，我国书籍的排版方式才变为现在的自左向右横向排版。中国书籍的版式是天头大于地脚，这与古代文人的精神与审美息息相关，这样也便于读者阅读和记录。如果阅读时有书写错误或因书中内容引发感想，人们可将这些内容写于书的空白处。"留白"对于中国的书法和绘画等来说，是一种意境和美感。

相较于中国书籍，西方书籍一般都自左向右横向排版，且地脚大于天头，整个页面的版心偏上。这样做，一是为了迎合读者的视觉中心，版心偏上会给人一种稳定感；二是为了读者的阅读需求，和中国版式一样，空白处读者可以自由进行批注。西方书籍是横向排版的，阅读时手握书籍的下方会将部分内容挡住，影响阅读的流畅性，较大的地脚留白可以有力地规避这一缺点。

西方字母表是固定的，并不像汉字这般繁杂。16 世纪末，欧洲各国文学到处可见通俗语。因为字母表和印刷术的灵活性，西方文明开始出现分裂。《圣经》被翻译、印刷成不同的语言版本，各国的通俗语由此得到了加强，使得西方语言文化变得更加多元。现代国家引进纸和印刷机之后，宗教垄断被俗语的垄断取代。印刷术着力于通俗语，降低思想的深度，分裂欧洲人的统一的宗教思想（伊尼斯，2021a）。

《圣经》最初都是手抄本，然而印刷术出现之后，印刷本开始随之出现。《圣经》是谷登堡发明印刷术后出版的第一本"伟大的书"，因此其传播范围变得更加广泛。钦定本《圣经》更是使得散文文学受欢迎度超过了诗歌和戏剧。散文的增加得益于印刷术的出现，其广泛的影响加深了读者对科学的认识与兴趣。人们的兴趣由以前的哲学更多地转移到了科学，此时，社会上提倡从客观真理中得出结论，而非仅仅靠书本。哥伦布发现新大陆、吉尔伯特发现电磁现象等，无形中都说明了科学的意义，也验证了并非所有东西都来自书本。

对于出版，西方曾实施高压政策，这在一定程度上限制了出版业的发展，文学作品受到影响。罗伯特·沃波尔（Robert Walpole）实行严格的印花税，但版权法的实施保护了大部头书的出版。庆幸的是，沃波尔快下台时，可以出版的书籍种类已经繁多。1740 年，塞缪尔·理查森（Samuel Richardson）的小说《帕梅拉》（Pamela）出版，自此开启了小说的出版之路。然而 1790 年之后，通俗文学开始盛极一时。女性作家的地位越发重要。19 世纪前后，英国读者对于浪漫主义文学的喜爱已经达到很深的程度。之前出现的散文文学，地位开始降低，甚至消失。

英国文学的广泛传播，曾是政府宣扬政治的一种手段，殖民地的文学受英国文学影响很大。英国和荷兰的书籍曾大量地进入殖民地。曾经作为英国殖民地的美国因受"新闻自由"理念的影响更适合发展新闻报纸。美国作家在报纸上找到了生存之路。文学作品在欧洲大陆上根深蒂固，而新闻报纸则在美国得到深入发展。

二、印刷术对报纸内容与排版的影响

中国是世界上最先有报纸和印刷报纸的国家（方汉奇，1992；斯蒂芬斯，2014）。虽然中国近代化的报刊出现时间晚于西方，但中国的新闻业历史悠久，是世界上任何一个国家都无法比拟的。

中国唐代便有了报纸，到宋代时，报纸得到充分发展，那时的报纸更像是现代的报纸。宋代的进奏院状报是中国新闻史上最先出现的比较有权威性的中央封建官报，又称为邸报。虽然关于邸报是否真正意义上的报纸尚存争议（廖基添，2010），但大部分中西方学者都认为它是最早的报纸（迈克尔·埃默里等，2009）。这种封建官报一方面为读者提供朝廷的政事信息，向读者们教忠教孝，另一方面也灌输封建纲常思想。可见这种官报从出现之时起，就是封建统治者的喉舌，是传播统治阶级政治思想的绝好工具，并以此为封建统治者的利益服务。

宋代的邸报是否开始印刷？关于这个问题史料并没有明确的记载，但至少有一部分邸报或邸报中的一部分是用雕版印刷的（方汉奇，1992）。《中国新闻事业通史（第一卷）》中推测，其理由有三。第一，宋代的印刷技术已经得到了很好的发展。除了雕版印刷存在外，活字印刷的技术在当时也已发明。当时全国已经存在很多出版中心，这些出版中心除了印刷书本以外，还广泛印制试卷、纸币和纸牌等，由此可见印刷报纸并非不可能。第二，宋代政府部门颁发的法令等文件，已经普遍使用雕版印刷。第三，上级会拨发印刷资金给负责邸报传发的部门。由此可以推断，邸报已经部分使用雕版印刷而成。至少其中的法令条文等文件，已经在用雕版印刷。

由于没有宋代的邸报留存下来且无文献记载，关于其排版内容无从而知。但可以肯定的是，宋代用开封或者实封的方式将邸报装在信封内，向全国下发。一期的内容有的多有的少，页数不定，其中包括雕印的内容和手抄内容等。报纸发展到清代，版面设置开始出现较大的变化，其形式更加接近现代报纸。在内容方面，清代的报纸与宋代没有太大区别，都是刊发利于统治阶级的内容，进一步宣传统治者的政权。清代的报纸有手抄、印刷的形式，中期以后大多数的报纸以印刷为主。

清代民间报房盛行，乾隆时期之后的民间报纸基本上都是采用印刷形式。报纸全部为竖排，一行一般有 22 个字，一页一般有 14～18 行。由于行数不同，每面最终的总字数也不尽相同，少则 1000 字，多则达到 5000 字。鸦片战争之后，中国的封建政权瓦解，随之很多方面得到了改变。封建报纸开始逐渐被近代化的报纸类型替代，古代报纸时期结束。

　　中国封建社会的报纸为什么没能发展成近代报纸？根据新闻史相关书籍介绍，原因大概有三：其一，受封建君主专制制度及其对出版的文化政策影响（方汉奇，1992）；其二，中国古代，人们安于自足自乐的生活，墨守成规；其三，印刷技术受到一定的限制。中国古代的报刊印刷主要以雕版印刷为主，活字印刷一直没能替代雕版印刷成为主要的印刷方式。德国的谷登堡在 15 世纪中叶发明的活字印刷技术，为近代报纸的出刊创造了极为有利的条件。在封建统治阶级的封闭状态影响下，中国古代的印刷条件一定程度上也受到了阻碍，这很大程度上阻挡了中国古代报纸向近代报纸演化的过程，至此导致中国的近代报纸出现时间比欧洲（17 世纪初）晚了近两百年。外国人创办的中文报纸打开了中国近代报纸的大门。

　　新文化运动兴起之后，国人普遍接受汉字书写由之前的竖版改为横版。清朝末期，中国的一些知识分子开始接触西方的文化，在他们书写的文章里经常会引用外文、新标点符号以及阿拉伯数字等，竖排书写汉字便变得极为不方便。自此，知识分子们开始提倡改变传统的书写方式，变为从左到右的横排书写版式。

　　1955 年 1 月 1 日《光明日报》首次采用横排版，自此近代报纸结束了竖版的时代。郭沫若等学者撰文表示了文字横排的优势，认为人的眼睛本就是横向的，眼睛横着扫视的时候比竖着时要空间广阔很多，且阅读时眼睛和头部转动幅度较小，省力的同时更是便于一些公式、外文等的书写。此外，还可以提高纸张的利用率。《光明日报》率先实施横排后，《人民日报》也改为横版，全国的多种报纸之后也随之改版。报纸横排一直延续至今，已经成为固定形式。

　　18 世纪下半叶，欧洲国家如德国、法国、英国的社会大众对战争新闻的需求日益增强。随着传播技术的不断发展，日报的市场也变得更加广阔。报纸在 19 世纪末的欧洲成为大众媒体。

　　报纸版面开始变得越来越大，美国大都市廉价的小报慢慢变得具有竞争力。这些小报着重关注吸人眼球的新闻。在英国，小版面的报纸可以不用收税，因此一时受欢迎程度极高。美国报纸发展便是很好的例子。相比于欧洲，美国更倾向于报纸的发展。"新闻自由"促使报纸发展更加迅猛，美国历史上曾有总统很支持利用报纸的影响力开展政策宣传，西奥多·罗斯福（Theodore Roosevelt）总统便是其一。安德鲁·杰克逊（Andrew Jackson）总统也曾借助《环球报》等报纸的支持而连任，自此杰克逊总统成为第一位通过报纸宣扬其治国理念的总统。

美国报业在印刷技术的支持下不断地迅速发展。美国的报纸在不断地向其他英语国家传播，伊尼斯认为，这种传播不仅引发了不同地区间语言的冲突，还进一步成为第一次世界大战的原因之一（伊尼斯，2021b）。报纸确立了英语在全球范围内的地位。

在版式方面，早期的西方报纸与图书十分相似。从 18 世纪开始，报纸的版面尺寸扩大，因而报纸摆脱了图书的样式。虽然版面增大，但报纸在排版方面依旧没有大的变化，这一现状一直持续到 19 世纪中期。1845 年，理查德·霍（Richard Hoe）将印刷机器进行了改进，垂直式排版开始占据主要地位。该类排版以竖栏为基本样式，文字从报纸的顶端贯穿至底端，字号小，图片小而且少，标题的重要性通常通过标题的厚度来决定。然而 1898 年，英美报纸以竖栏排版为主的传统被打破。水平排版同样存在栏的概念，同时可选择的字体样式变得多样，横跨几栏的图片开始出现，甚至有的标题也出现了跨栏。

此外，报纸的版面视觉冲击中心也发生了些变化。版面的视觉冲击中心由报纸的左上角转为右上角。因为售卖时，报纸总是摞在一起，只有报纸的右上角露在外面。编辑们为了吸引读者，于是将重要的新闻内容放于报纸的右上角。美国《华盛顿邮报》（*The Washington Post*）便是如此。1908 年，其将头条新闻放于左边，然而 10 年之后，重要的信息移到了右边。在西方，这种版面设计一直延续至今。

三、中西杂志中印刷术对内容与排版的影响

杂志最初在中国出现的时候并非叫作"杂志"，而是被称作"统纪传"。中国历史上出现的和现在杂志含义相同的刊物是《察世俗每月统纪传》，1815 年 8 月 5 日在马来西亚创刊，采用木板雕刻印刷而成。这是一份宗教刊物，主要用来宣传宗教信仰，其中也涉及一些新知识以及新闻报道等。真正在中国境内创刊的第一本中文杂志《东西洋考每月统纪传》，其在 1833 年创办。这本杂志也是一本宗教类型的读物，除了宗教宣传，杂志上还会刊发政治、

科学和商业方面的信息。

中国第一次出现"杂志"命名的刊物是《中外杂志》，1862 年创刊。这本杂志同样是一本宗教刊物，除了刊登宗教、新闻外，杂志上还会出现一些和科学、文艺相关的内容。当时社会对于"报纸"和"杂志"的区别相当模糊，在很长一段时间内是含混的。当时的一些学者已经能够将新闻性强、刊期短的内容与新闻性不强、刊期长的内容区别开，这已经触及到了报纸与杂志的本质性差别。但是，对于报纸与杂志的认识还完全不够，很多方面仍表述不清。

学者们慢慢厘清报纸与杂志两者之间的关系，同时两者也在朝着不同的方向发展。报纸主要用来刊登新闻、时事，其要求报道准确，且文字语言简练，能够快速传播。杂志则主要倾向于教化、阐释和宣传，内容有政治思想阐述的，也有新闻时事信息报道的，还有宗教观念传播的，但也有部分学术研究交流与新书出版介绍等（龚维忠，2008）。

在排版方面，杂志与书籍、报纸一样，文字都是由自右向左竖向改为自左向右横向排版。受西学东渐的影响，晚清时进行的洋务运动便是以学习西方先进的科学技术为目的，中间大量翻译了西方的科技图书。在科技图书大量出版发行的敦促下，晚清时的第一本科学杂志《格致汇编》于 1876 年问世了。该杂志首期的第 2 页由英文刊名、刊物的定位文字和版权信息组成，这一页的所有英文字母都是采用从左到右横向排版的。整本杂志出版期间，只要是英文或者图示文字，便采用横向排版，而其他的汉字则运用自右向左的横排。

在此之前，杂志内容排版都为竖行。科技类杂志难免会遇到数字、数学公式、符号等，与《格致汇编》同时期出版的科技类期刊遇到类似问题会将阿拉伯数字转译为相对应的"一二三"或"甲乙丙"等，遇到英文单词则会将其翻译成汉字，或者直接使用英文，顺时针旋转 90° 后竖行排版。

新文化运动之后，接受过西式教育的中国知识分子开始倡导科学与民主，报刊的出版逐渐活跃。1915 年出版的《科学》，便是第一本横向排版的杂志。它是由在美国留学的中国学生编写，杂志第一期发行时解释了该杂志横向排版的原因——为了能在中文中插入便于推演的相关公式，使其更利于阅读。受《科学》杂志的影响，之后创刊的《园艺》《新技术》等科技期刊都是以横版印刷。科技类杂志中不得不出现的公式、符号等元素，促使中文杂志的横向排版逐渐增加，同时实现了汉字印刷读物"由竖到横"排版的平稳过渡。

在西方，与当今社会定义的"杂志"概念类似的读物最开始产生于法国，它以小册子的形式存在，17世纪初在欧洲的书店随处可见。"杂志"这一词，在西方第一次被称为刊物，是指1731年英国人爱德华·凯夫（Edward Cave）创办的《绅士杂志》（*The Gentleman's Magazine*）。开始时西方与东方一样，杂志和报纸的区别微乎其微，后来慢慢找到了各自适合的发展方式。在内容上，报纸主要用来刊发新闻，而杂志主要发表具有娱乐性的文章；在形式上，报纸的版面变得越来越大，一般是两版面对折，而杂志则需要装订，有封面，与书的形式有些类似。

在美国，杂志的出现比欧洲晚了70多年。美国最早出现的杂志是1741年发刊的《美洲杂志》（*American Magazine*），这本杂志都是主要刊发政治新闻，同时也会发表一些文学、诗歌等内容。然而由于美国对于这种新型阅读刊物的接受程度不高，杂志很快夭折，但它的出现开启了美国杂志的新纪元。

随着杂志的不断发展，其版面设计也更加合理。杂志的排版中出现大量留白，且图片相比之前明显增大。在西方，阅读杂志是一种消遣、娱乐方式，因而其版面设计更突显一种舒适感，大量留白的出现让读者能够感受到呼吸感的轻松休闲的氛围。

四、印刷内容与排版的思维模式认知机制

自从发明了印刷技术，中西方书籍、报纸和杂志上的内容和排版相应都发生了一些变化。相较西方，中国在汉字印刷版式方面出现过一次大的改变——自右向左竖行变为自左向右横向排版。西方在这方面则较为统一，自印刷术出现以来一直遵循从左向右横向印刷的规则。

受传统书写模式的影响，中国的印刷书刊自唐代到清代早期都是从右到左竖行排版，晚清时受西方影响，我国的文字版式发生变化，改为如今的自左向右横向走势。从那之后，人们的阅读习惯发生了改变。阅读刊物时眼睛的运动是最基本的动作，眼睛运动的轨迹直接反映阅读者的阅读习惯和视觉

规律。从喻国明教授 2006 年运用眼动仪进行的中文报纸版面的实验研究结果可以看出：①人在阅读报纸时是以从左到右、从上到下的顺序来进行的；②版面中左边位置的内容往往关注度高于右边，上部的高于下部，同时版面的左上部分通常是读者的第一视觉落点，而右下则通常称为阅读时视觉的盲区（喻国明等，2007）。这样的实验结果证明了读者的阅读顺序正好与如今的文字印刷版式相契合。在一定程度上可以说，长期阅读从左到右横向排列的印刷品，使得读者大脑中形成了无形的定式。

除了报纸版面遵循基本的阅读顺序，书籍、杂志同样如此。中国传统的书籍、杂志一般是由左侧打开，阅读时视线通常是从右上方到左下方，书刊都是按照这一顺序来引导和设计阅读视线移动的。

中国传统的思维模式表现出一种含蓄的图形式。中国的文字与西方的拼音文字存在不同，拼音文字由字母构成，而中文采用字形。中文字由笔画构成，每个字的笔画和字之间还存在另一个层面：部件。中文中 80%以上的字由至少两部分组成，且为形声字。例如"琳"，由"王"和"林"构成，其读音正是和"林"相同。这种形、声、意等多种构成元素和原则组成的文字体系，使中国文字从出现开始便具有了复杂性、含蓄性。唐代雕版印刷术出现，很长一段时间内印刷物的文字排版依旧和之前的文字书写体系相同，采用从右向左竖向排版。直到清代的西学东渐，中国印刷物的版式变为与西方相同的自左向右横向排版。随着西方字母、公式、数字的引进，横向排版可以更为清晰地表述引自西方的科学知识与思想。

从脑阅读机制来看，中文阅读时，左脑中的额中叶区域最为活跃，其主要负责视觉空间处理（与空间工作相关），图形式思维模式在大量印刷品出现时更"根深蒂固"。汉字由"音"和"意"构成，大脑在对汉字进行处理时，活跃区域相较字母文字更为复杂。林昱成和林沛颖在他们的研究中对阅读脑研究成果进行了梳理和总结，2000 年有学者开展了实验，要求被试者根据被测试的字词的意思，念出与被测字（词）意思相仿的字（词）。在 2000 年实验的基础上，2006 年学者继续设置对照组，就"阅读中文或词时大脑的哪些区域受到影响"进行实验，探究发现左脑额中叶最为活跃，其次是左脑前额下叶。由此可知，对中文语义处理时，左脑额中叶是重要的区域。此外，学者们还对同音字判断进行了探究，结果发现受影响脑部区域与语音处理实验中十分类似。阅读时，大脑最为活跃的区域同样是左脑额中叶。有趣的是，在字母文字阅读实验中，大脑活跃部分从未出现额中叶区域，而在中文阅读时，这一区域成了最为重要的部分，正说明中西方在文字处理方面存在差异。学者就这一现象给出了解释：汉字是方块结构，处理汉字时需要视觉空间的运算来对左右部首和笔画空间位置做分析组合（林昱成、林沛颖，2010）。左脑额中叶具有处理视觉空间和空间工作记忆的功能，这一区域相当于一个高度集中化的机制，同时负责认知"工作"的协调。中国人图形式思维模式的形成与人脑对汉字处理时的活跃区域密切相关，左脑额中叶的空间协调功能至关重要。

西方的思维模式则更多表现为直线式。西方在印刷文字排版方面不同于中国，一开始便实行从左向右横向排版的汉字版式。自谷登堡发明印刷术以来，这项技术大量地用来印刷读物，其中包括书籍、报纸和杂志等，印刷物的印刷文字排版都是自左向右横向的直线排版。印刷术的发明，使印刷文字变得更为精练、标准化，以笔直线性来排列，这使得人们从印刷品中获得的信息更加规整、有逻辑，更加清晰。由此，麦克卢汉曾在其著作中表述，正是这种直线排版印刷方式，促使西方人的思维模式更倾向于直线性和逻辑性。

林昱成和林沛颖在其研究中介绍，从大脑的内部机制来看，西方人阅读时大脑中的颞枕叶区域最为活跃，其主要负责字母串整合，横向排版（直线式）的印刷刊物便于字母串快速辨识。有研究表明，小学阶段阅读能力正常的儿童相较于有语言障碍的儿童，上面提到的三个脑部区域均处于显著活跃模式。有语言障碍的儿童随着年龄的增长，其额下叶出现明显能力不足，这时后部的颞顶叶和颞枕叶会主动进行替补。阅读能力正常的儿童，随着年龄的增长，其后部区域的活化程度同样会出现差异。因此，有认知科学家认为阅读障碍者的颞顶叶与颞枕叶等区域的活化程度有明显的减弱，尤其是左脑的颞顶叶。其他学者的研究进一步对上述结论进行了印证。西方人脑部处理文字的区域功能借以印刷品的横向排版表现出来，促使直线式思维模式形成（林昱成、林沛颖，2010）。

此外，中西方在内容表述方面也印证了彼此间的思维模式不同。古代中国的文章内容多侧重于描述，通过对细节的阐述，举例说明，最后给出结论。文章内容结构呈现一种螺旋状。段落间常缺少明显的一句主旨性语句，只有在读懂了文章内容后才会自行给出总结。这是中国典型的委婉、含蓄的思维模式。西方的文章，特别是知识性和学术类的文章一般会在每个段落清晰明了地给出本段所要论述的主要内容，然后围绕这一主题进行阐释。当然，这基本上也是今天这类写作的通用要求和标准。这也是受到西方文化影响的缘故。

第三节　中西印刷技术的文化效应：印刷体系对感知思维方式的影响

一、印刷媒介强化人类视觉感知

印刷术的出现，强化了人类的视觉感知。麦克卢汉曾指出，不同的媒介造成不同的感知偏向，这是麦克卢汉媒介理论的核心。麦克卢汉将人类历史分成了三个媒介阶段：口语时代、书写时代和印刷时代。口语时代，获取信息的方式主要是通过人与人间的直接交流，口和耳朵是主要的感知器官。文字出现后，信息传播与获取的方式由直接变为间接。文字大都承载于纸上，以书面的形式呈现。文字出现前倚重听觉获取信息的方式渐渐转向了文字出现后的倚重视觉。书写时代，手抄时依旧需要通过朗读、口耳的配合来进行，因此这一时代并未完全摆脱口语时期的媒介感知方式。麦克卢汉认为，只有等到大量生产经验的出现，等到单一种类的事物可以重复生产，视觉才能够从其他感官中分离出来（麦克卢汉，2014）。其中提到的"大量生产"便是指印刷时代的到来。印刷时代的到来，使得大量而快速地复制信息成为可能。获取信息时，对于视觉的倚重在印刷术发明后达到了巅峰。整齐、统一、完整的视觉特征，强化了印刷术的视觉感知功能。

麦克卢汉认为，印刷术发明后，视觉与理性之间的关系变得紧密。印刷媒介具有连续性、统一性和序列性，强化了西方"理性"观念，将视觉、印刷和理性三者有机结合，通过印刷时期印刷与视觉间的关系论证，西方社会的视觉理性观念被强化。

印刷术的发明对于人类的益处不仅仅停留在可以大量而快捷地印刷书本这一个方面，其对人类思维模式的塑造更值得关注。线性、划一、可重复的铅字，以匪夷所思的速度复制了大量信息，保证了眼睛在人类感官系统中的绝对支配地位（麦克卢汉，2021）。印刷术最开始应用于书籍复制，慢慢扩展到报纸、小册子等的出版。无论中国还是西方，自现代印刷术出现，书籍都是以线性方式排版的。现代印刷术的出现使得大批量生产读物不再是问题，且印制的读物在形式及内容上也都是固定的。现代印刷术的连续、统一、线性的特点，使得印刷读物在潜移默化中塑造了读者线性的思维模式。

二、印刷媒介巩固了透视法则在绘画艺术中的地位

印刷术是艺术发展的重要工具，印刷术的出现，使得科学、文化、艺术等领域取得了重大进步。这些领域的信息传递都是依靠准确、可重复的视觉方式来实现的。印刷远远不是艺术领域中微不足道的旁枝末节，而是处于现代生活和思维中最重要、最强大的工具之列（麦克卢汉，2014）。印刷技术使得艺术成为信息的传递者。印刷术的发明强化了视觉感知器官。在印刷品中广泛应用了固定视角和透视法的感知习惯。西欧人对于画作逼真性的执着，促使透视法应运而生。自此，欧洲绘画最大的特点便是逼真。准确可重复性的表达方式，使得透视法具有一种符合逻辑的空间关系。

中西方思维模式的差异造就了各自绘画艺术中不同的构图法则。象形文字培育下的中国思维模式强调事物的整体性和综合性，而西方拼音文字体系培育下的思维模式更加偏向于切分的、序列的、逻辑思维，在艺术观念中，透视法就是很好的体现。透视法就是画家取一个固定视点，以近大远小的透视法则，来观察和描绘所见事物，重视立体感和空间感。

印刷术的发明巩固了透视法则在绘画艺术中的地位，透视是组织视觉和空间信息的一种模式，而且是思维自身的一种组织模式。然而印刷术的统一和可复制等特点却是图像空间、图像统一和"透视"的基础。中西绘画艺术中对于透视法的运用不尽相同。通常意义上，中国绘画艺术注重散点式，而西方则注重焦点式。散点式绘画在视觉上打破了边界，多视角呈现画面，景物平列且大小同等。画面主体与周围的一切互为一体，画面有一种无边的自由感，《清明上河图》便是一个很好的例子。焦点式则强调视域的有限性，模仿眼睛看物体的固定、单一，物体自近向远呈放射状，且体积越来越小。

如图 2.1 所示,《最后的晚餐》运用焦点透视法绘制,主体突出且空间纵深感强,画面内容的冲突性展现得淋漓尽致。

图2.1　达芬奇《最后的晚餐》壁画

资料来源:列奥纳多·迪·皮耶罗·达芬奇.(2019).达芬奇作品集.新世纪剧坛,(1):2,81-82.

　　中国的散点透视法绘制的画面以写意为主,而西方的焦点透视法则注重写实,透视法的不同一定程度上反映了中西绘画不同的审美导向。中国画以写意为主,通过时空的灵活处理来表现画面的主题思想。中国绘画艺术作品中往往都存在大量"留白",以此彰显"此处无声胜有声"的意境。齐白石画虾,仅仅用水墨将各种形态的虾留于宣纸之上,背景不着一点儿笔墨,在观者看来也是惟妙惟肖,这正体现了中国传统的审美趣味。此外,在空间表现上,画家的位置和视点不固定,可以前后、上下来回移动,观者同样以一种运动的方式来欣赏画作,空间的限制被打破。如图 2.2 所示,《清明上河图》这一画作,淋漓尽致地展现了北宋繁荣的景象。一幅画作囊括了从郊外到城里各种店铺、行人车马等生活原貌,这是西方的焦点透视法难以完整呈现的。焦点透视法是文艺复兴时期的许多艺术家通过大量的艺术实践,探索、总结出来的。焦点透视法从出现到之后的很长时间,对西方绘画界的影响都是重要的。焦点透视法以固定的视点来观察对象,更多的强调一种写实,追求画面的逼真效果,以"再现"为主要特征。

图 2.2　《清明上河图》画作局部

资料来源：陈婧莎.（2018）.《清明上河图》的版本与声名. 美术观察，（10）：25-27.

视觉感知能够在艺术中、社会生活中占主要地位，印刷术具有不可忽视的作用。印刷术使得信息接收由部落化变为个人化。印刷术出现之前，人类强化听觉-触觉的感知方式，最典型的时期便是口语时代。口语时代，人类主要以部落化的形式存在，信息的传播主要是通过语言，信息的接收依靠耳朵。这一过程需要与他人接触才能实现，但当印刷术出现，信息接收变得个人化。信息转化为文字，印刷于纸质载体之上。想要获取信息，只需独自阅读需要的印刷读物即可。印刷术的出现，使得社会群体开始逐渐变得去部落化。

三、印刷版式影响了诗歌艺术的表达

诗歌作为一种信息，其传播同样需要借助一定的媒介。诗歌最开始以身体为媒介，通过口语来进行传播，并且诗歌初期是以表演的形式进行传播的，伴着音乐、舞蹈等展现。这种形式让诗歌的传播简单、灵活且高效。在口语媒介阶段，诗歌是口与耳的互动，听觉至关重要。文字发明后，部落化的听觉-触觉感知开始慢慢衰退，书写和印刷使得视觉的重要性大幅提升。但对于诗歌的传播，口头传播仍旧是主要的方式之一。口语传播伴随了诗歌传播很长一段时间，就算在当代社会也十分普遍，但其中的不可靠性和不稳定性不可忽视。一首诗歌从一个部落流传到另一个部落，很多细节会发生误传，诗歌原本的含义很可能发生改变（李颖娟，2008）。

印刷术促使诗歌逐渐从强化听觉感知转为强化视觉感知。印刷术的出现让诗歌的传播变得准确，传播范围更加广泛，但也使得诗歌的词与乐发生了分离。此时，无韵诗应运而生。弥尔顿在无韵诗中引入了"视点"，印刷媒介的视觉化、透视性开始在诗歌中出现。印刷媒介使人们发现"视点"，并把此"视点"应用到诗歌写作之中，从而影响了现代诗歌的模式（李昕揆，2015a）。这时候的诗歌变得慢下来，不再仅仅强化听觉，更多的是感受其中的内涵。诗歌开始借助印刷媒介实现由强化听觉向强化视觉感知转换。麦克卢汉和翁曾指出，印刷术对文学甚至精神的影响都是以"感知"为切入点，由此可知，印刷术的发明对于诗歌的感知具有重要意义。

印刷术影响了人们的感知方式。印刷媒介将人类原本的强化听觉为重的感知偏向转为以强化视觉为重，人类的思维模式随之发生改变。在印刷术的影响下，中国人的思维模式向着图形式发展，而西方则向着直线式发展。此外，在艺术领域，受不同思维模式的影响，相应也发展出了不同的透视法则。中国强调散点透视，而西方则注重焦点透视。印刷术对诗歌的影响，使得人类对诗歌的感知由强化听觉-触觉转变为偏重视觉。

"印刷空间"促进诗歌的创作与传播。印刷媒介不但控制着文本的形成，而且控制着文本在页面上的具体呈现位置，此即为"印刷空间"。法国诗人斯蒂凡·马拉美（Stéphane Mallarmé）、美国诗人爱德华·埃斯特林·卡明斯（Edward Estlin Cummings）等人的诗歌中常常出现大量的留白，留白与文本共同构成诗篇。这样的诗歌印刷方式往往能够更好地达到传播效果。在卡明斯的诗歌中，"印刷空间"被认为承载着一种视觉隐喻。以卡明斯的《沉默》（"Silence"）[①]（节选）为例。

silence

. is a

looking

bird: the

---

① http://cummingsarchive.org/?page_id=586.

turn

ing; edge, of

life

(inquiry before snow

　　这首诗中存在大量的留白，在读者的内心勾勒出一个广阔而安静的画面。作者希望看过它的人能够产生与诗歌表达相契合的意境。同时，人类应该好好地与大自然和谐共处。此外，作者希望读者能够抛弃生活中的种种束缚，少一点世俗，自由做自己。像鸟儿一样，尽情自由翱翔。这首诗歌表现出的"印刷空间"，将内容与形式无形中实现了统一。正是类似"印刷空间"的运用，使得诗歌更具灵性。

　　印刷术的出现，使得诗歌永久地"存活"下去成为现实。与口耳相传的时代相比，印刷时代的到来使得诗歌的传播速度越来越快。诗人变得永生，他们写下的诗歌经由印刷术得以保存。永生的诗人永远活在印刷的文字中，也就是说印刷的文字对"永动机的缔造者"做出了永恒的承诺（麦克卢汉，2014）。然而仅仅为了保存经典，诗歌会停滞不前，广泛的传播才能真正凸显诗歌的价值。对于中国来说，雕版印刷术的发明促使宋代诗歌实现了繁盛的发展，且传播途径变得多样化，其中包括官方传播、商业传播和民间传播等方式（张锦辉，2013）。官方传播是诗歌通过中央或地方政府等途径进行传播。统治者对于诗歌等文集极为重视，宋孝宗曾为苏轼的诗文集撰写序。商业传播主要是通过书商以盈利为目的来进行传播。宋代时，苏轼的诗文集因被书商大量刊刻，在当时尤为著名。民间传播是目的性最低的传播方式，其是民间的一种自发的传播方式，它的主要目的是保存经典，弘扬文化。诗歌的这些传播方式，不光使得作品得到广泛传播，还为文人们提供了很好的切磋机会。

第三章
电子媒介及其文化效应

第一节　书写的电子形态

一、电子媒介融合书写媒介

文字时代主要以手写为媒介，强调触觉和听觉。中国的文字最开始写于甲骨、铜、石刻、简牍等物体上，受载体材料的限制，其对于书写款式、思维方式等方面的影响在书写过程及事务处理过程中显现出来。中国文字进一步发展便形成了传统书画艺术。书画艺术融合了艺术家对于生活的感悟，宣纸之上，提、拉、顿、挫间尽显中国汉字文化的深厚底蕴。

印刷时代以印刷为媒介，强化视觉感知。印刷术的发明让大批量、统一的印刷品出现，改变了手抄时代费时费力的局面，印刷效率大大提高。报业在此时得到快速发展。印刷术发明后，获取信息时，视觉的地位达到巅峰。印刷术的统一和可复制等特点是"透视"的基础。透视法在强调视觉的绘画艺术中，表现得尤为突出。中西方不同的透视法进一步巩固了各自的思维模式。

电子时代以电子技术为媒介，强调多感官融合，媒介间开始慢慢出现融合。在信息技术的推动下，新媒体得到快速发展，"媒介融合"变得普遍。媒介融合的前提是数字技术，在此基础之上，通过不同媒介形式的相互整合，文字、图片等以一种数字技术的形式展现。换言之，媒介融合从某个视角上来说也是技术融合。电子时代是之前媒介形态的融合，各种媒介在这一时代的新技术滋养下，充分发挥自己的优势。

从口语时代、书写时代到印刷时代再到电子时代，新技术的出现促使媒介发生更迭。麦克卢汉曾提出"媒介即讯息""冷热媒介"等理论，这在电子时代得到了极好的印证（余志为，2014）。尼尔·波兹曼（Neil Postman）指出，电子时代让人们变得没有秘密，儿童很早便失去了童年（波兹曼，2011）。翁则认为，电子时代同时存在书面语和口语，人类的意识得到平衡（翁，2008）。梅罗维茨在其著作中指出，电子媒介促使的"地域的消失"，打破了传统场景之间的界限（梅罗维茨，2002）。

媒介的变化给人们的认知、思维带来一定影响，"媒介即讯息"理论的出现，改变了原本仅仅关注呈现于媒介之上的内容而忽视媒介本身的境况。大多数人会认为媒介并不是能够影响人的技术。然而恰恰相反，麦克卢汉认为媒介本身便是一种可以传递的信息，出现一种新媒介，便意味着人类社会将会出现新的尺度。从口语时代到书写时代，从书写时代到印刷时代，中间经历了几次媒介的变化，每一次都对社会发展产生了一定影响。如今的电子时代，以信息技术为依托的新媒体崭露头角。具体说来，新媒体是继电视之后新兴的电子媒体，以计算机技术为基础，以计算机技术发展为主导，以互联网的兴起作为重要标志。

媒介融合使得各种媒介向着更适合自己的方向延伸。电子时代，新媒体融合了之前媒介阶段的媒介形式，形成了新的媒介形态。麦克卢汉认为，媒介是人的延伸。麦克卢汉将电子媒介比作是中枢神经系统的延伸，人的感官在这一时期达到了平衡，各种媒介间的相互融合得以实现。两种媒介杂交或交汇的时刻，是发展真理和给人启示的时刻，由此而产生新的媒介形式（麦克卢汉，2021）。麦克卢汉的这一论断表明，媒介融合能够实现媒介功能的最大化。例如，传统纸质报纸以手机、网络为载体发布电子版本，传播速度大大提升。此时印刷媒介与电子媒介产生了融合，同时达到了更好传播的效果。

新媒体技术的突破是媒介融合最直接的体现。所谓媒介融合，除了媒介间的融合外，其实也包含媒介与技术之间的融合。麦克卢汉曾提出"地球村"理论，该理论在当时被认为不现实，但运用于当代社会，已再贴切不过。新媒体出现之前，大众传播主要依靠印刷读物，新媒体出现后，网络、手机等取代了印刷品成为主要的传播途径。我们现在普遍使用的手机社交软件，正是基于信息技术的发展而出现的。以网络技术为载体，这些软件实现了多媒介间的融合。使用者于手机屏幕上打字时，就好比手在纸质载体上"书写"，该过程相当于书写过程。当文字显现在屏幕上时，字体的显示如同印刷物般统一、一致，该过程好比印刷过程。正是在以上媒介融合的基础上，诸多社交软件得以存在并被广泛使用。这些软件也很好地证明了在信息技术的协助下，媒介融合实现了各媒介间的共生、互补。媒介融合有对传统媒介可取方面的保留，也有对新媒体的创新，二者之间实现扬长避短。

新媒体艺术将技术与艺术进行了结合，形成了新的艺术形态。电子时代，在媒介融合的基础上，一种新的艺术形态出现，即新媒体艺术。从纸质书画艺术到电子书画艺术，不仅媒介载体发生了变化，而且新的艺术形式产生了。数字技术的出现，影响了艺术的传播方式，促使艺术的创作、欣赏方式发生变化，艺术思维方式随之改变，进而形成了具有时代特征的新媒体艺术。什么是新媒体艺术？到目前为止，对于新媒体艺术的定义仍有分歧。大多数的学者从信息技术的层面来考虑，认为在当今新技术背景下所产生的新媒体艺术，是以数字技术为核心支持创作的媒介艺术形式，是数字化的交互媒体艺术。也有一些学者认为，新媒体艺术应该包括两个方面的内容：从广义上讲，所有以新媒体技术为基础的艺术性的事物都属于新媒体艺术，大量被数字化处理、传播的传统艺术作品同样被包含在内；从狭义上讲，以新媒体技术为基础，创作、传播等都以新媒体技术为载体，且拥有新的感知方式、思维模式以及审美方式的艺术形态。这里从狭义的角度来认识、讨论新媒体艺术。电子书画艺术正是以数字技术为基础发展而来的，其具有自己独立的艺术形态、审美方式，因而属于新媒体艺术。

新媒体艺术具有什么特征？数字化呈现、交互式过程和沉浸性体验是新媒体艺术的主要特性（童岩、姜申，2013）。数字化呈现是指，计算机技术对信息进行数字化处理，包括存储、加工、呈现和传播，新媒体就是数字化信息传播的载体。新媒体使传播从广播时期的单向传播变成点对点传播。传统艺术是艺术家创作出作品，观赏者进行欣赏；而新媒体艺术则打破了艺术家与观赏者之间的界限，新媒体艺术正是需要观赏者的参与、互动，方能完成。新媒体艺术很重要的一个特点便是交互性。正如麦克卢汉所提到的"冷""热"媒介。"冷""热"媒介最大的区别便是互动性的强弱。从这个意义上来说，新媒体属于"冷"媒介，因为其具有较高的参与度与互动性。

此外，新媒体艺术与传统艺术并非同一事物，其在形态方面有着根本性的不同，新媒体艺术是一种全新的艺术。当一种新的因素被导入一种旧的环境中时，我们所得到的并非该旧情景加该新因素，而是一种新的环境（梅罗维茨，2002）。新媒体艺术摆脱了对于物理载体的依赖，其主要以一种虚拟的、数字化的形态存在。书画艺术正是在数字技术条件下，其存在形式由原先纸质笔墨承载的物理形态走向了交互式电子虚拟形态。

二、电子书写的技术呈现

以信息技术为依托，不仅书画作品能用毛笔、宣纸来实现，键盘、鼠标和电子画笔等输入设备同样可以形成交互式的艺术效果。作为中国书法和绘画艺术中最基本的绘制工具，毛笔在中国传统书画中的地位不可动摇。传统书画艺术的表现力通过毛笔进行展现，毛笔的提、拉、顿、挫间能够表达书画者的某些内在思想。电子时代到来后，人们将毛笔与先进技术进行了融合，形成了一种新的艺术形态——电子书画艺术。为了更好实现毛笔于电子媒介上进行创作，国内外学者对毛笔模型的构建进行了研究。他们从各自不同的角度出发，构建了特色鲜明且各异的电子毛笔模型。

电子毛笔模型根据模拟效果可以分为基于经验模拟的毛笔建模和基于物理模拟的毛笔建模（侯增选等，2015）。侯增选等（2015）在《虚拟毛笔建模研究现状与展望》一文中解释到，以经验模拟而建造的毛笔模型是在大量书画创作经验的基础上，同时结合大量的实验，通过调整基于经验得到的参数来改变接触区域的形状，以实现不同效果的模拟。这种建模方法的特点是运行简单且迅速。以物理为基础的模拟，则更多考虑了毛笔本身的特性，例如笔头的形状、笔头的形状变化等。以此为根基，毛笔的运动变化还结合物理定律等来控制。这种建模方法使得创作较为逼真，但计算较为复杂，实时交互性差。

1986 年，美国麻省理工学院媒体实验室的史蒂夫·斯特拉斯曼（Steve Strassmann）研制出了第一支虚拟毛笔——电子"毛笔"（Hairy Brush），自此开启了毛笔模型领域的先河。斯特拉斯曼的毛笔模型基于物理模拟，他提出毛笔在书写和绘画的过程中主要涉及四个方面：毛笔、笔画、蘸墨和纸张。毛笔是由若干笔毛构成的集合；笔画表示毛笔在使用时运行的路线；蘸墨表现笔画的不同效果和毛笔的最初状态；纸张用来显现毛笔留下的信息及绘制效果。毛笔在使用的过程中，其包含的信息会适时进行更新。一旦毛笔中含有一定的墨水，当毛笔与纸张进行接触时，更新后的毛笔信息会通过水墨传递给纸张，纸张收到暗示后会随之将墨水信息显现出来。斯特拉斯曼构建的这个毛笔模型虽然能够较为逼真地还原毛笔绘制感，但计算量巨大且运行速度慢，在交互性方面无法达到实时性。此外，其无法模拟笔头分叉等情况的呈现效果。

国内也有研究组对毛笔模型构建进行过深入研究，徐颂华等通过实体造型技术构建了一支虚拟毛笔，该模型同样基于物理模拟。在书写、绘制过程中，研究人员将一束笔毛看作一个基元，每个笔头由多个基元构成，这样使得模型的真实感大大提升。如图 3.1 所示，每个基元主要具有四个特征：中轴控制曲线、顶部控制圆、中部控制椭圆、尖端控制直线（徐颂华等，2004）。模型在初始状态时，中部控制椭圆、中轴控制曲线和尖端控制直线分别退化为圆、直线和点。模拟书画书写、绘制的过程，除了顶部控制圆外，其他三部分都会做出相应的变化，墨水分布也会随之进行调整。当笔头的形状变化超过一定程度后，其又会产生许多个小基元。这一过程又好比是模拟毛笔分叉的过程。徐颂华的这一毛笔模型，使电子书画作品在创作过程方面与现实创作没有太大差别，较为逼真。同时，无须使用者设定大量参数，较为便捷。缺点便是交互性不强，且笔头出现分叉后自我修复能力较差。

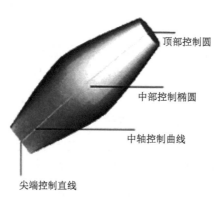

图 3.1　毛笔基元及主要造型特征

资料来源：徐颂华, 徐从富, 刘智满, 等.（2004）. 面向电子书画创作的虚拟毛笔模型. 中国科学 E 辑：信息科学, 34（12）：1359-1374.

此外，郭丽等基于经验和书写习惯等方面建立了笔压感毛笔模型。电子笔的压力与笔画显现宽度的关系并非呈线性。该模型改进了常规软件以圆形作为封闭图形，选择用贝塞尔函数法将控制点进行连接形成的封闭平面曲线（郭丽等，2002）。通过封闭平面曲线的平移、旋转等方式，我们能够获得所需的毛笔笔画。该毛笔模型最大的特点是使用者能够获得与实体毛笔相同的真实感。但该模式基于经验而建立，必然与真实效果存在一定的差异。

在毛笔模型建构中，研究者不光从毛笔模型这单一方面考虑，还包括笔与纸的交互、纸与墨的交互以及人机交互设备等方面（侯增选等，2015）。纸与笔的交互是指在书画绘制过程中，毛笔与纸张的交互与接触以墨水的扩散形态表现出来。斯特拉斯曼构建的虚拟毛笔模型中充分考虑了这一点。当毛笔与纸张进行接触时，毛笔信息会通过水墨传递给纸张，纸张收到信号后将墨水信息显现出来。纸与墨的交互直接就是墨水在纸张上扩散、传输的过程。孙济洲曾在其专利《基于毛笔和宣纸的水墨传输模型与仿真算法》中指出了一种墨水在宣纸中的传输路径模型，以此来实现水墨扩散的仿真效果。人机交互设备在毛笔模型构建层面主要涉及鼠标、键盘或者电子画笔（孙济洲等，2006）。郭丽等建立的笔压感毛笔模型涉及的输入设备正是压感笔。此外，徐颂华等构建的虚拟毛笔模型系统，同时具备两种输入方式。一方面可以使用压感笔输入，另一方面可以用鼠标、键盘控制。使用压感笔会让使用者体验更为舒适，利于专业书法绘画者用此媒介创作精良的电子书画作品（昆明理工大学，2002）。相较而言，鼠标与键盘相结合的输入方式对于普通大众来说操作性更强一些，便于满足无纸化电子创作的好奇心与乐趣。

第二节　电子书写的艺术形式

一、电子水墨与电子书法

电子水墨、电子书法与传统书画艺术一样，都具有同构性。水墨艺术经历了传统水墨、现代水墨等阶段的发展，到了电子时代，在数字技术的支持下，电子水墨艺术应运而生。电子水墨和电子书法是在传统水墨与书法的基础上，借助数字技术的发展而出现的。在表现艺术理念、表达创作者的内在状态等方面，其与现代水墨与书法类似，都依靠技术与材料的特质来实现。电子水墨和电子书法同样注重对人性的反思与批判。在一山、徐冰等艺术家的电子书画作品中，中国水墨的意境被展现得淋漓尽致。同时，借助电子媒介，书画艺术家的思想和情感得到了更好的表达。

（一）电子水墨

21 世纪之后，新媒体快速发展，虚拟的技术与纸质的水墨状态形成了互补。水墨艺术涵盖水墨的元素并扩散到抽象水墨、表现水墨、水墨行为、观念水墨、水墨装置、水墨新媒体，以及现代书法所呈现的抽象、墨象等形态，水墨艺术有了宽泛的环境（王天德，2010）。新媒体水墨将传统水墨与科学技术进行融合，形成了一种新的艺术形态。传统水墨的载体主要是宣纸，水墨的呈现效果如晕墨、水痕等，与宣纸的性质息息相关。电子时代，新媒体水墨以数字技术为载体，一种新的视觉形态出现了。

电子水墨作品的呈现样式并非单一的，电子水墨作品的形式主要包括以下几种：传统水墨作品在数字技术的加工下以电子的形式呈现；直接于电子设备上绘画；将传统水墨作品进行处理，借助数字技术拍摄进行呈现等。其中最为常见的电子水墨作品则是直接于电子设备上进行绘制。一山先生借助"电子媒介"对水墨进行了全新的探索。2016 年 10 月，一山先生具有代表性的 12 幅电子作品，如《几何》《运律》等作品于"灵境·一山电子抽象实验展"中展出，如图 3.2、图 3.3 所示。画展展出的所有电子水墨作品皆为直接在电脑上用手绘制的。这些电子水墨作品无不透露出作者对于生活的感悟与反思。一山先生借助依托数字技术发展而来的绘图软件，实现了人手与电子设备的交互。人手的触摸，使得电子水墨作品具有了人的温度。相比于在电子设备上通过图像生成软件直接制作的图像，手绘的电子水墨作品拥有了一种奇妙的"触感"。手绘的电子作品不再死板，拥有了属于自己的绘画"呼吸"。此外，电子水墨作品于电子屏幕上进行绘制时，电子系统拥有无限的画笔色彩选择以及各种不同的辅助功能，这比传统的绘画媒介更为便捷。

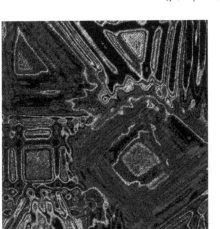

图 3.2　《几何》

资料来源：姚凤.（2016）.水墨通过电子表现触发的"新视界"——观"灵境·一山电子抽象实验展".天津美术学院学报（10）：30-41.

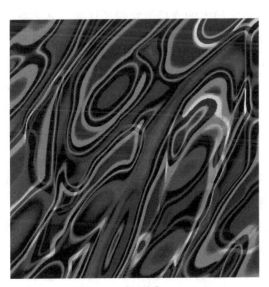

图 3.3　《运律》

资料来源：姚凤.（2016）.水墨通过电子表现触发的"新视界"——观"灵境·一山电子抽象实验展".天津美术学院学报（10）：30-41.

　　数字技术的广泛应用，使得大量绘图工具出现，"手绘"软件的出现使得电子水墨作品创作成为可能。电子时代，原本大师级别的绘画技巧对于常人来说不再无法企及，通过数字技术的协助，已经可以轻松达到。同时，绘图工具还可以对图画对象进行多种功能的处理，例如放大缩小、拉长缩短以及旋转等。经过一定的绘图软件使用技巧训练后，绘制出的图像甚至可以比用手在非电子设备上绘制的作品还要精美。此外，对于颜色的把控更加便捷，省掉了调制颜料的烦琐过程，颜色的选择也更智能化。同时，对于绘画作品的修改也很便捷。如果觉得前一笔呈于作品之上的感觉不是自己想要的，那么只要轻点撤销键便可轻松解决，为创作者提供了更多表现空间。

Sketch Master 是手机端的一款绘图软件，其能够很好地模拟毛笔触感进行绘画。绘制时，可以根据自己需要选择笔触的粗细程度以及颜色。同时，该软件还具有"橡皮擦"功能，能够满足使用者更好的绘图体验。这款绘图软件同样具有新媒体艺术最主要的交互性特点，绘制完成的作品可以通过分享、上传、评论等功能，实现与他人的互动，赋予作品新的意义。

（二）电子书法

书法艺术在数字技术的支持下实现了转变。文字是中国文化极为重要的一部分，书法正是在汉字的基础上创造出来的。电子时代之前，文字与书法融为一体、共同发展。随着电子时代的到来，书法文字在互联网、手机等媒介上被"冷落"，但这并不意味着书法消逝，而是以新媒体艺术的形态出现。电子书法与电子水墨一样，以数字技术为依托，在现代书法和现代水墨的基础上发展而来。同样，电子书法作品也能够反映创作者对于生活的一种感悟与反思。

电子书法存在两种类型：第一种是直接于电子书法软件上书写所得的书法作品；第二种是将传统书法作品通过数字技术处理，产生虚拟的书法作品。第一种形式产生的电子书法作品是较为常见的。在数字技术的支持下，大量与书法相关的软件在电脑端、手机端等出现。技术人员通过对字法、墨法、虚实、节奏等水墨特点的把握，对书法作品进行数字化处理，结合历代书法家的作品开发成软件。传统书法插上了现代科技的翅膀。Ougishi 是一款由日本某团队研发的知名电脑端书法软件。这款软件主要可以实现使用者通过鼠标写字，在软件的运作下形成不同字体形式的书法。该软件可以实现：草书，将书写的字变为草书形式；笔脉，让笔画向着原先方向进行延伸；轻笔，用笔时省略掉某些笔画；连绵，控制字与字之间的连接；宽度，书写时笔画的浑厚度；抑扬，笔画间的粗细程度；飞白，模拟书写速度很快时笔画间出现的虚部。这款软件很有趣的地方是，软件会根据随意输入的字转换成相应的字体类型，实现了使用者与软件之间的互动。

"书法字库"是手机端一款使用感较好的书法软件。使用者可以直接通过该软件在手机屏幕上进行书法练习，同时使用者可以根据自己的喜好选择想要练习的字体。这款软件主要的功能包括：使用者使用时可以根据所要临摹的字体选择合适的毛笔粗细；可以选择使用不同的模拟书写工具进行书写，例如，毛笔、圆尖、扁尖等；此外，还具有撤销单笔画以及同时删除整张练习字帖的功能等；允许选择自己喜欢的大家的作品进行临摹，临摹时还可根据自己的习惯对作品进行横竖排版；允许将自己练习的成果保存为图片，进行分享。"书法字库"能够真实地反映书写时的水墨浓淡，练习时出现的田字格更是让使用者更好地了解了字体的间架结构。此外，使用者可以设置自己的书法字体，还可以亲自为自己设置手写的个性签名。此款软件很好地融合了书法练习与生活，是一款有趣的手机书法产品。现在市面上出现了许多类似的手机端书法软件，例如"约字""翰墨兰亭"以及一些绘画软件也会涉及书法练习的部分。

二、电子水墨形态对传统水墨形态的传承

传统艺术形态为新媒体艺术提供了充足的"养分"，以计算机、手机等电子设备为载体的电子水墨艺术是新媒体艺术，其是不同于传统水墨艺术的艺术形态。有一点必须明确，新媒体上的艺术品不等于新媒体艺术品，这就如同画在纸上的图形不等于绘画艺术（许鹏，2007）。"书法字库""Ougishi""Sketch Master"等书画软件的出现汲取了传统书画艺术的精华，在此基础上运用电子时代的先进数字技术，发展出了电子水墨艺术，即为新媒体艺术。

电子水墨艺术继承了传统水墨艺术的哪些特质？首先，电子水墨艺术传承了传统水墨艺术的内在本质。过去的文人墨客习惯于将自己的思想与情感，借助书画作品的创作进行抒发，书画作品由此成了情感抒发的载体。电子时代，书画艺术家同样拥有这样的特质。由于书画艺术家在创作作品时倾注了自己的大量想法、情感，其创作的电子水墨作品拥有了灵魂，因而不再是"死"的装饰品。其次，电子水墨作品的创作具有传统水墨艺术的"功

底"。电子水墨艺术是在传统水墨艺术的基础上发展而来的，因而传统水墨艺术必备的"技术"是无法抛弃的。虽然电子水墨在数字技术的协助下展现出了不同的表现手法以及不同的材质肌理，但其创作者都曾受到传统水墨艺术的影响。以传统水墨艺术为深厚基础，电子水墨艺术才能够在信息数字领域有所成就。

电子书画作品实现了技术与艺术的结合，王天德于 2006 年底创作的作品《孤山》（图 3.4），将新兴科技与传统水墨进行了完美结合。艺术家在不断地探索将新技术与传统文化结合的艺术表现形式，以此来实现对传统文化的传承，王天德便是其中之一。他的艺术作品《孤山》，将传统的书帖进行焚烧，灰烬堆积成山脉的形状，这一过程全部用数码相机进行拍摄，最后经过数字技术处理形成完整作品。"烧"的行为带来了书法观念上对于传统性与现代性之间融合再生的模式（王天德，2010）。焚烧的过程，实际是对传统书法文字形成了一种转变，进而实现了对传统书法艺术的传承、创新。

图 3.4　《孤山》

资料来源：王天德.（2010）. 现代书法的水墨形态. 中国美术学院博士学位论文.

《孤山》这幅作品跳脱出了传统书法的书写框架，重新构建了书法作品。传统的笔墨纸砚等工具在该作品中消失，以原本的书法作品为笔墨，重新构建新的书法作品，并通过数码技术影像进行展示，电子时代书法表现思维被展现得淋漓尽致。科学技术提供给传统书法艺术不同的表现手段、不同的材质等，在某种层面上推动传统书法向更广阔的领域涉足。王冬龄（2004）在《现代书法精神论》一文中总结道：现代书法的发展必须以传统书法为依托，它们之间是相辅相成的关系；现代书法的发展是完全不能脱离汉字进行创作的，但在发展的过程中允许对汉字进行解构等艺术处理，以此来创作出更具有时代意义的作品；现代书法的发展要基于传统书法的高"技术"，这是极为重要的一点。电子时代，新媒体艺术的创新、发展同样要基于传统，传统书画艺术的根基无论如何不能"坍塌"。

上海世博会中国馆展出的《清明上河图》，以电子水墨的形式展现了电子书画艺术特有的形态和效果。该电子版《清明上河图》高约 6.5 米，长约 128 米。该作品以原版为基础，通过数码影像、动态模拟相结合的形式，向大众展示了不一样的《清明上河图》。由静态的传统水墨画转变为动态的数码影像，宋朝繁荣的景象被展现得更具有视觉感。该图完美地将传统水墨文化与当代科技进行了融合。

张择端版的《清明上河图》以自右向左，卷轴式的形式出现，这样的设置引导了观赏者随着画轴的方向移动。张择端版的《清明上河图》采用虚实相间的空间布局模式，将汴梁城的繁荣景象一一展现。虚实相间的空间感，使得绘画作品呈现了一种连续的、流动的时空观念，这也是中国艺术的本核。电子版《清明上河图》同样遵循了传统的时空观念，这也是其能完美展出的一个重要条件。中国的绘画并不擅长表现夜晚的景象，而在电子版《清明上河图》中，夜晚汴梁城的景象被展现得栩栩如生。夜晚，除了皎洁的月光，画面中还表现出了灯笼等光源，人物、建筑等在灯光的"照耀"下显得更有层次，画面的空间感被无限放大。此外，在电子版《清明上河图》中，运动的人或物都是按照各自的空间轨迹而运行的，人与物之间、人与人之间不会发生相撞的状况。在时间的把控上，该电子版作品将原本瞬时的景象以一种时间流动的形式展现出来，并实现了循环播放的可能。在数字媒介的协助下，虽然画卷内容没有太大变化，但该电子版作品突破了传统绘画对于时空感知的定义，展现出了一种新的空间上的分层和时间上的可置换之感（汤筠冰，2011）。

电子书画艺术逐渐成为社会的主流艺术形态，有人说电子书画艺术与传统书画艺术之间的联系变得微弱，笔者看来不然。电子时代，电子书画艺术成为社会的主流艺术形态的同时，传统书画艺术也在默默汲取电子书画艺术的优点，如借助网络等载体展示传统的书画作品。前文已经提及，并非以网络等新媒体为传播媒介的书画艺术品都是新媒体艺术。有时，网络等新媒体仅仅是作为一种载体而存在，它们仅对书画艺术的传播、展现等产生影响，艺术家创作书画作品的审美意象并未改变。因而这些书画艺术品只是与新媒体产生了外在的、表层的联系，从本质上来说其仍属于传统书画艺术。这也从侧面表明传统书画艺术正在借鉴新媒体艺术的一些优点。除此之外，传统书画艺术也在不断地为电子书画艺术提供"养料",为新媒体书画艺术的发展提供更本质的技巧与理念。

借助网络载体,传统书画艺术和电子书画艺术获得了有机结合。涂先智曾在《数字化情景下动漫艺术的观念价值》中提到:从现实的提取到虚拟形象的反馈,再回到现实问题的回应上,所能达到的深度更为广远(涂先智,2010)。电子书画艺术继承了传统书画的章法,并与先进技术相融合,其以虚拟的形式模拟了真实笔墨形态,增强了书画艺术的视觉表达力。

第三节　电子媒介体系中的文化效应:电子书画艺术中的虚拟空间感知观念

一、电子书画艺术的美学观念

电子技术对新媒体艺术及其审美产生一定的影响。麦克卢汉曾表示,传播媒介对社会及个人有着深刻的影响,我们不可避免地受到它们的影响,并为之而发生改变(麦克卢汉,2011)。由此可知,电子时代的传播媒介对当代书画艺术同样产生了重要的影响。一个时代的书画艺术特征必然会带有这个时代的印迹。电子时代,书画艺术与电子媒介融合成为一种可能,新媒体书画艺术产生。电子技术的出现,对书画艺术产生的影响一些是直接的,更多的是间接的。一般是数字技术先影响社会的其他方面,然后间接地影响到书画艺术的发展(莫小不,2012)。当书画艺术受到影响时,书画艺术的审美并不一定受到影响。虽然书画艺术与审美两者之间有重要的联系,但并不表明它们就是同一件事情。

电子技术条件下书画艺术的美学观念对于传统书画艺术有继承也有发展。经过研究,笔者认为,电子书画艺术的美学特征主要包括三个方面。

首先,电子书画艺术讲究审美的综合性。电子书画艺术融合了传统书画的艺术元素,形成了新的艺术形态。电子书画艺术不再像传统书画艺术那样仅仅是单感官的刺激,其强化的是多感官融合。从审美的主客体角度来说,电子书画艺术开始由传统书画艺术的单一视角转为多维视角。这种综合性的审美意识正是继承了中国传统美学的重要特征。

其次，电子书画艺术具有交互式的参与机制。电子书画艺术整合了其他媒介的传播等应用功能，形成了更强大的艺术功能——交互式。在电子书画作品传播过程中，创作者、传播者和接收者是同步、合一的。也就是说，在电子书画作品创作过程中，接收者同样也是创作者。创作者和接收者在互动、参与和体验创作电子书画作品过程中，审美意识会伴随其间。例如，对于同一幅电子书画作品，原始创作者创作了一部分后抛于网上，剩下的部分由网络上的书画爱好者一起完成。这无形中体现了主客体之间的交互参与性。

最后，电子书画艺术讲究审美的虚拟性。电子书画作品可以展现传统书画作品无法呈现的效果，或者说电子书画艺术在数字技术的协助下，能够创作出原本生活中不存在的作品。电子书画艺术的这一特性是传统书画艺术不能比拟的，因为其形成了一种全新的审美意识——虚拟性审美。申凡在 2006 年上海双年展中展出的《山水——纪念黄宾虹》将科技与水墨进行了完美结合，突破了传统的美学观念。

《山水——纪念黄宾虹》以长 50 米、宽 10 米的霓虹灯装置为主体，辅以古典的古琴乐音，用霓虹灯的长度来表示运笔的速度，每个乐音的音长与霓虹灯管的长度相应。整幅作品将听觉与视觉进行了融合，观者好似被带入一个虚拟的空间，有种疏离感，但同时又有熟悉的元素存在。这幅作品是一个典型的将不同媒介杂糅到一起的案例。在中国传统的水墨艺术中，书写者将自己的情怀寄托于山水，然而此作品中，作者的情怀被霓虹灯管以及音乐所展现。整幅作品无论从材料上还是形式上，都打破了固有的认知。有学者认为此电子水墨作品从材料入手对中国水墨进行了创意创作，在数字技术的控制下，将霓虹灯管比作水墨流动的轨迹，当电流从灯管中流过时，随着电流的强弱而变化，叮咚响声配合闪烁光影，水墨感被光影诠释得惟妙惟肖。《山水——纪念黄宾虹》在电子技术的协助下，使水墨焕发了新的美感，这是传统水墨所无法比拟的。

二、电子书画艺术的虚拟空间感知

书画艺术从纸质媒介到电子媒介，其感知方式发生了变化。传统书画艺术以纸质为载体，书写工具为毛笔。毛笔生性柔软，使用者书写时内心的波动会通过笔画间的提、拉、顿、挫尽显，书写时的线条具有无穷变化。前文已提及，其感知方式表现为时空感知。以电子为媒介的书写，其书写工具为鼠标、键盘或压感笔，这些书写工具较为机械，书写时花费的时间较多。电子媒介创作出的书画作品通过虚拟的网络进行传播，其感知方式为虚拟空间感知。

电子书画艺术具有虚拟化空间感知特性。在以数字技术为载体的软件上"创作"出的书画作品，主要依靠电子设备的虚拟空间进行呈现、传播。换句话说，一旦电子设备、信息网络消失，电子书画这种非物质形式的艺术将随之不复存在。这种虚拟空间与书画艺术的融合，使得电子书画艺术的感知发生了变化。电子书画艺术以数字技术为媒介，因而其主要于虚拟空间中存在。电子书画艺术使得人们对于现实空间中的物象感知发生了退化，转而以虚拟空间的物象感知为主。这种符号化的感知逐渐增加，人们的生活被虚拟感知所笼罩。

媒介的感知方式在一定层面上影响审美方式。电子书画作品主要以网络为载体进行传播，其在传播过程中以一种不同于物理形态的虚拟符号呈现。对于电子书画作品来说，媒介的改变使得人们的感知方式变为了虚拟空间化。人们的审美方式受感知方式的影响，因而电子书画艺术呈现出一种审美的虚拟化。这种审美取向反过来继续影响电子书画艺术的创作，这种相互作用构建出了书画艺术新的审美特点——脱离现实的感性愉悦，形成了虚拟空间的"去现实化"符号。虚拟化的书画艺术审美逐渐成为主流。

以虚拟空间化为感知方式的电子书画艺术，在数字技术的发展下变为了"质料同质化"的艺术，即以"界面"作为物质媒介与艺术的统合体。"这些界面的共性在于，它们往往与内容相伴相生，既是内容得以呈现的平面，又各自基于不同的物质或技术逻辑衍生出丰富的形态……以新媒体艺术作品为例，它一方面具有传统的体验或美学维度（即内容），另一方面也需要人按照形式上的、物质性的、现象学的逻辑与之进行交互，进而'创造出独一无二的物质性和用户体验'。"（胡翼青、姚文苑，2022）电子书画作品在传播过程中以声光电为介质，以虚拟符号的形式传输。当使用者在书画软件上创作时，作品都是通过屏幕进行展现的，书画作品变成了统一的读图行为。从某种程度上讲，以网络为传播载体的电子书画作品的虚拟空间化拉远了主客体间的距离。观者仅从客观角度进行凝望，"在场性"缺失，而这恰恰是电子书画艺术的特点所在。瓦尔特·本雅明（Walter Benjamin）在《机械复制时代的艺术作品》（*The Work of Art in the Age of Mechanical Reproduction*）一书中提到，即使是最完美的复制品也总是少了一样东西：那就是艺术作品的"此时此地"，独一无二地现身于它所在之地，就是这独一的存在（本雅明，2004）。本雅明指出"在场性""唯一性"对于艺术作品来说极为重要，但这是对于传统艺术作品而言。电子时代，各种数字信息技术的出现，使得新媒体艺术作品创作得到了大量技术支持，且在虚拟的空间中进行传播，因而其注重遥在的"非在场性"。电子书画艺术以虚拟空间为感知方式，使得其对于遥在的"非在场性"更加注重。因此，对于电子书法艺术的"质料同质化"的认识应当是双向的，在一定情况下缺点即优点。毕竟每一种艺术形式的出现都不是完美的，其需要在发展中不断进行完善，进而达到更好的呈现效果。

三、观赏者与电子书画艺术的互动

电子书画艺术注重与观赏者的互动性。互动性是新媒体艺术的一个重要特征，在这项艺术中，"受众"也是"参与者"，他们是新媒体艺术的参与主体，同时也是作品交互的角色，呈现出一种沉浸式的体验。电子书画艺术便是如此。

虚拟形态的电子书画作品注重一种互动的状态。新媒体的互动体现为文化的包容性和多样性，体现出多个主体之间的合作和共融（余志为，2014）。电子书画作品具有虚拟形态，这种形态是基于真实空间的笔墨方式，以传统的创作经验为理论进行的新的艺术形态创作。电子时代，人们已经不会再像之前那样通过书画作品的实物或者文人间通过题跋等方式来进行交流。多数情况下，电子书画作品的观赏者转变为参与者，人人都成为艺术家，以此实现主客体之间的互动。这种互动形式是基于书画作品的原始创作者提供作品原稿，观赏者在数字技术的帮助下，发挥自己的才能，对原作品进行二度创作。

2012 年，南京举办的有关台北"故宫博物院"历朝文物数位展览便是将中国古代的著名书画作品结合数字技术进行再创作，最终以电子书画艺术的形式来进行呈现的。例如，在"歌唤花鸟"这个部分，清代画家郎世宁的《牡丹图》等四幅作品被展出。当没有人靠近图画时，花朵自己默默地凋落，同时花朵的颜色也会变暗。然而一旦有人接近，窸窣响声出现，鸟儿们便会开始飞舞。飞过的地方会有金粉洒下，随之便有花朵自然盛开。整个装置是以声音和动画的形式，结合相关技术来实现观赏者与书画作品之间的互动的，很好地体现了新媒体艺术的交互性特点。

电子书画作品本身存在一定互动，电子书画作品使观者将具象的内容变成虚拟的视觉图像，形成一种真实与虚拟之间的互动。以电子书法为例，由于数字技术对图像不断地进行创造和消解，书法的文字符号发生变化，书法的表达语言从具象的文字内容转变为抽象的虚拟视觉图像，形成一种真实与虚拟互动的书法形态（王天德，2010）。传统书法书写的内容具有实际的意义，是个人思想的表达。当这些文字以数字技术为媒介时，其更多的是以一种虚拟图像的形式呈现，真实与虚拟形成了一种内在的互动。书法的审美观念也随着电子书法侧重虚拟视觉图像而发生了变化，即形成了虚拟化的审美方式。电子水墨艺术亦是如此。

小　结

综上所述，媒介的变化的确对艺术的发展产生了深刻的影响。媒介阶段的变化与技术的发展具有必然的联系。媒介形式已经成为内容，并以形塑我们行为的方式，进入人们的潜意识系统并将再次内化为人们的行为和思维模式（余志为，2019）。在论及媒介与艺术之间的关系时，有学者认为，对于中国而言，技术对艺术发展的影响微乎其微。虽然，媒介技术的变化对艺术及其观念的影响在某些时期的一些方面并不明显，如汉代到魏晋时期的绘画艺术，更多地受到"教化"等政治因素的影响。但是，通过研究发现，每一次技术的发明和普及，都不同程度地影响了艺术的表现形式，创新了表达手法，更新了艺术观念。

不同的媒介阶段拥有不同的美学观念，相应地，各个阶段不同的艺术形式具有不同的艺术观念。在书写媒介阶段，书写体系形成了由汉字及其书写发展而来的书法艺术。书法艺术中笔画的笔势与力度在很大程度上决定了书画艺术的生气，毛笔的笔力在很大程度上决定了书法的空间性，使得线条呈现一种立体感。中国的毛笔笔头是圆锥形的、柔软的，执笔者运笔的力量能够通过线条外晕内实的立体感展现无遗。当这种立体感不断延伸时，便形成了体积，因而便具有了空间性。中国书法就是可以用"舞"字来概括的空间的艺术，它代表着节奏、韵律、理性，更蕴含着运动、生命以及力量。中国艺术讲究"书画同源"，中国画的用笔与书法的用笔极为相似，用笔的方式是两者得以展现内在韵味的重要造型语言。中国画中体现的书法精神包括线条的造型、笔墨韵味，这些特点表现出了抽象之美的美学价值。中国画中的文人画则更加注重对笔墨的追求，突出绘画中用笔的独立审美价值。

在印刷媒介阶段，获取信息时对于视觉的倚重在印刷术发明后达到了巅峰。整齐、统一、完整的视觉特征，强化了印刷术线性的视觉感知。书画艺术中的透视法则得到强化。透视是组织视觉和空间信息的一种模式，而且是思维自身的一种组织模式。印刷术促使诗歌逐渐从强化听觉感知转为强化视觉感知。诗人在无韵诗中引入"视点"。印刷媒介不但影响文本的形成，而且控制着文本在页面上的具体呈现位置，形成"印刷空间"，留白作为一种视觉隐喻与文本共同构成诗篇。

电子媒介阶段，电子水墨和电子书法是在传统水墨与书法的基础上，借助数字技术的发展而出现的。在表现艺术理念、表达创作者的内在状态等方面，其与现代水墨与书法类似，都是依靠技术与材料的特质来实现的。电子书画艺术强调虚拟空间感知。电子技术的出现，对书画艺术产生的影响一部分是直接的，而更多的是间接的。新媒体艺术摆脱了对于物理载体的依赖，其主要以一种虚拟的、数字化的形态存在。书画艺术正是在数字技术条件下，其存在形式由原先纸质笔墨承载的物理形态走向了交互式电子虚拟形态。一般是数字技术先影响社会的其他方面，然后间接地影响到书画艺术的发展。对于电子书画作品来说，媒介的改变使得人们的感知方式转变为虚拟空间化。这种审美取向反过来又影响电子书画艺术的创作，这种相互作用构建出了书画艺术新的审美特点——脱离现实的感性愉悦，形成了虚拟空间的"去现实化"符号。

媒介的存在使得艺术形态在不同媒介阶段呈现不同的艺术观念。不同阶段的媒介，通过改变人的思维模式、感知方式等，进而对审美意识以及艺术观念形成深远的影响。

第二编

书写、大脑、创意

　　媒介塑造我们的大脑？结合认知神经科学领域的最新研究成果，本编内容研究了大脑可塑性与媒介的使用，以及阅读对大脑认知的影响，以此来讨论媒介与脑认知；对印刷媒介和新媒介对认知方式的影响进行了分析，探讨了线性认知与模式识别主导的新媒体认知，以及不同媒介如纸质媒介和电子媒介的阅读对脑认知的影响；进一步分析了电视和新型电子终端等视频观看方式对脑认知的影响；最后从创意的认知发生机制、新媒体重构人的感知和娱乐体验、新媒体的娱乐创意开发等三个层次来综合探讨新媒体认知与娱乐创意开发之间的关系。

　　从口语时代、印刷时代，直至今日的电子时代、网络时代，媒介的不断变迁影响了社会发展的进程。时代发展所带来的技术变革促使信息"内爆"，也使媒介形式越来越多元化，媒介研究开始逐渐与其他学科相互交融。在媒介技术快速更迭的社会转型期中，媒介研究与认知科学相结合完成了跨学科的体系重构，认知科学视角的加入有助于我们更加科学地了解人类使用媒介技术时对人脑的发展以及社会结构发展的影响。

　　国内将认知科学纳入媒介研究视野的时间较晚，2009 年，中国人民大学新闻学院引入跨学科研究方法，用脑认知的研究方法研究媒介，从脑认知机制的角度探讨中西方的思维方式和大脑的形塑，开启了国内媒介研究与认知科学的跨学科研究方法的探索。其中喻国明教授的课题组致力于用脑认知的研究方法研究媒介，在《媒介即信息：一项基于 MMN 的实证研究——关于纸质报纸和电纸书报纸的脑认知机制比较研究》中，研究小组用实验的方法考察人们在纸质报纸和电纸书两种不同媒介上阅读相同信息材料时，大脑的处理过程，实验数据表明二者在脑认知上存在差异，通过电纸书阅读材料产生的认知相较于通过纸质报纸产生的认知更加全面均衡，验证了麦克卢汉"媒介即讯息"的理论（喻国明等，2010）。

印刷媒介培养了人们的线性思维逻辑，电子媒介重塑了人们的非线性思维逻辑，不同介质的媒介对人脑认知产生了不同的影响。受过良好传统教育的人大多倾向于用左半脑的线性思维逻辑分析问题，这会使人的右半脑主导的创意思维创意想法受到遏制；而新媒体的使用，重新激发了人的右半脑，使左右半脑达到了平衡的状态，其同步的、感知的、非线性的思维模式使大脑可以在不同的思维路径中来回切换，从而产生创意。创意通常是在娱乐的环境中产生的，世界上的很多发明创造都是在娱乐休闲中诞生的，娱乐的思想状态在根本上是探索式的。在泛娱乐化的社会背景下，新媒体思维对影视娱乐的创意具有重要的意义，为了满足大众的观看需求，影视创作者必须用创意思维去制作节目，如将娱乐元素和传统文化节目相融合，在娱乐大众的同时弘扬中国传统文化、在创意中更好地运用幽默元素等。本编重点从认知科学的角度，运用跨学科的研究方法，将新媒体和创意的关系作为研究对象，把脑认知领域的研究成果应用于媒介研究，并探讨以下几个问题：媒介到底是如何重塑我们大脑结构的？新媒体将人类大脑形塑成怎样的认知？创意到底如何产生？如何创造性地使用新媒体来提升创意水平？笔者将对媒介与认知的关系、媒介对认知的影响进行梳理，分析新媒体认知视角下创意的认知机制和提升路径的问题。

对于媒介研究者而言，我们需要理解媒介和媒介技术发展的逻辑，从而预测它们所带来的影响。以文字媒介为例，其固有的感知结构或特征对人类学习知识起到什么样的塑造作用呢？视听媒介（比如电视、广播等）又对人类的认知起到了什么作用？20 世纪 60 年代，麦克卢汉所提出的"媒介是人的延伸""媒介即讯息"等相关理论都表明了媒介的使用会影响人类的认知，麦克卢汉认为，"媒介即讯息"表明了媒介的使用影响着人类的感知、感情、认知和价值，它以无处不在的形式和能量改变了人类和世界的生存以及生活模式。麦克卢汉创造性地借鉴认知科学领域关于脑认知的研究成果，推论出媒介对人的全面影响，特别是媒介的使用对于大脑偏倾的影响。随着脑科学和认知科学领域的成果日益丰富，我们今天可以有更多的科学和理论资源对媒介理论进行佐证和更新，以提升新媒体时代媒介研究的考察维度。

虽然有学者认为过度地依赖技术会削弱我们冥想的能力，改变情感的深度和思想的深度，但是，我们必须看到媒介技术带来的积极的改变，特别是媒介的使用对人体及其行为和思维方式的改变和影响。首先媒介的使用形塑了我们的大脑结构。人类的大脑和我们的祖先猿类一样，都具有可塑性，不同媒介的使用潜移默化地改变我们大脑的结构。从宏观的媒介发展历史来看，我们已经见证了口语、字母、书籍所带来的影响——理性思维的产生，文明时代的诞生，社会结构的演变。印刷时代长期的工业化教育，将各类学科分门别类地细化，创造出了一个细分的、分割的世界。印刷文本的学习强化了人类的左半脑，线性模式使人的大脑更偏向理性的、逻辑性的思维模式，封闭的阅读体验，弱化了右脑思维，使个人意识和隐私意识萌发，创造了理性时代的典型思维模式。最典型的形象就是工业时代的人们，更像是一个个标准化的机器人，拥有模式化的思考方式和知识结构，人的想象力得不到很好的激发。

在新兴媒介迅猛发展的今天，互联网技术可能是继书籍以来最能引起大脑改变的新技术，新媒体的使用帮助人们重新找回丢失的想象力。人就像一只大章鱼，用多只触角同时处理好几项事务：用手指敲击键盘、触摸屏幕，用耳朵接听电话、注意短信的提示声。当然，在我们畅游网络世界的时候，会有无穷无尽的视觉信号闪现在视网膜：文字、图片、视频、超链接以及不时弹出的广告和窗口，这些纷杂的信息通过我们的感知系统形成新的认知惯性。新技术加强了视听媒介的感官刺激，重新激发强化了右脑，对于印刷媒体以来的左脑偏倾是一种纠正和平衡。新媒体的使用使人们全身心投入，网络更是提供了人们同时处理多项任务的平台，同时多任务的工作方式也正在深入地改变我们的感知。

新媒体在一定程度上改变了人们的认知方式，在技术上满足了人们的物质生活，更开拓了人们在精神生活上的愉悦追求。当人们的收入越来越能充裕地满足物质需求的情况下，消费类型就转向了包括游戏和娱乐在内的体验型消费，于是"泛娱乐化"的社会环境逐渐显现。这里的"泛娱乐化"并不是指浅薄庸俗的低级文化，而是代表了现代人的一种生活方式。喻国明教授认为，娱乐能产生一种沉浸式的传播状态，这使得它成为一种价值，甚至一种范式。娱乐的范式重新定位了传播的形式和内容，成了盈余社会时期最重要的一种主流模式（喻国明，2017）。特别是近几年来，综艺娱乐节目井喷式爆发，真人秀掀起了一波又一波的浪潮；电竞产业的发展蒸蒸日上，电竞赛事得到了更多的关注、报道，甚至有些学校专门开设了电竞游戏专业；各大直播平台纷纷亮相，以各自不同的特色吸引受众，从而使"主播"成为特有名词；另外，迷你 KTV、VR 动感体验等各种新式项目也开拓了娱乐的边界。正如麦克卢汉所说，游戏是我们心灵生活的戏剧性模式，给各种紧张情绪提供发泄的机会（麦克卢汉，2011）。娱乐像是探测周围环境的探针，其功能就是传播并探索正在发生的事情。娱乐类内容在一定程度上转移了话题、安抚了社会情绪，人们通过娱乐内容的戏谑、幽默和嘲讽，宣泄了人们的压力和不满情绪，化解了社会戾气，减少了人们付诸现实具体冲突的可能性，对社会情感按摩与代偿满足、维护社会稳定具有重要作用。娱乐业和游戏业正如雨后春笋般扎根我们的生活，将我们推入"大娱乐"时代。

娱乐的风潮同样对教育产生了深刻影响，学习方式娱乐化成为电子时代教学中的潮流，视频化教学、网络化教学等增添了学习的趣味性，改变了常规的教育模式，掀起了娱乐学习、全民学习的风潮。许多成年人以过来人的姿态批评青少年玩电子游戏，认为游戏是堕落的源头，将它视为"精神的毒品"，但其实游戏并不只是消遣的工具，它的世界远比我们想象的精彩。哲学家伯纳德·休茨（Bernard Suits）认为，是游戏让我们在无事可做时有事可做。所以我们才把游戏当作消遣，视其为填补生活空隙的调剂，但它们远比这些重要得多。早在 3000 年前，小亚细亚的吕底亚遭遇了全国范围的大饥荒，为了缓解饥饿，聪明的吕底亚人用玩游戏的方式抵挡住了对食物的渴求，依靠这一做法熬过了 18 年，可以说，是游戏帮助他们走出了饥荒（麦戈尼格尔，2016）。确实，电子游戏不仅仅是刺激头脑快感的工具，同时它也有助于提高人们的认知能力。基于人脑的认知能力发展，Lumosity 网站开发了一系列游戏，用来改善人们的记忆力、注意力，以及逻辑推理等能力。经过实验测试，该网站设计的游戏的确对延缓老年人记忆力衰退有显著功效（尚俊杰、张露，2017），用游戏实验证实了电子游戏改变了人类的大脑结构和行为并有效促进了人们的空间认知力。"寓教于乐"的形式使学习与娱乐进行了完美的结合，比如针对儿童使用的英语学习机，开发者会设计开发各种类型的闯关游戏，继而将英文填空的学习元素糅合进去，让儿童用游戏的方式学习英文单词。对于今天的学习者来说，娱乐化学习的迷人之处在于它打造了一个愉快的、虚拟的学习环境，适应了人的学习需求，使人各尽其能，从而形成了一个终身学习的社会。

　　未来是网络化的，但这并不意味着未来的世界就充斥着沉迷网络的瘾君子，相反，技术所引导的未来，朝向的是一种新生物文明，是一个具有互联网思维模式的创意世界。在这个新世界，媒介平台相互跨界合作、媒介内容相互聚合、媒介边界逐渐消融，促成了一个没有边界的网络化社会。网络是一个去中心化的组织形式，它能够无限重组，也可以不改变其基本形状而向任意方向发展（凯利，2016）。特别是在娱乐行业中，电视、广播等传统媒体纷纷转型而跨界融合，试图在新媒体时代打造出具有新意的内容形式。由此就产生了一个问题：新媒体的普遍使用对人的认知产生了怎样的影响？我们又该如何创造性地利用新媒体来提升创意产业的创意水平呢？首先来认识新媒体是如何作用于我们的感知体系，并形塑我们的认知方式的。

第四章
媒介与认知

　　媒介随技术的进步而不断更迭，以各自的媒介特征争抢着受众的注意力，书籍、报刊取代了聚众演讲，广播、电视的影响压倒了读书的热情，电脑、互联网使电视等传统媒介正在走向衰落，不同时期的媒介见证了时代的变迁，更对我们的思维方式和行动方式产生了深刻影响。

　　媒介自身具有强大的影响力，通过媒介传播出去的内容信息的冲击力都远不如媒介本身的冲击力大。1964 年，麦克卢汉提出了"媒介即讯息"的论断：任何媒介（即人的任何延伸）对个人和社会的任何影响，都是由新的尺度产生的；我们的任何一种延伸（或曰任何一种新的技术），都要在我们的事务中引进一种新的尺度（麦克卢汉，2011）。一切新媒介和新技术都会创造出一个新的环境，而新技术造就的新环境使人们本有的感官麻木化，使其感受不到新环境的存在，在潜移默化中，媒介影响了人们的感知，也使周围环境发生改变。简言之，运用媒介这一过程对我们生活的影响，远远超过了节目内容产生的影响，比如看电视的过程产生的影响就胜过节目内容对我们的影响。

　　媒介即讯息，实际上表达的是新媒介技术对人类本身及其生存的社会结构的改变。伊尼斯同样认为，媒介的形态对社会心态、社会心理都产生深重的影响。媒介对社会所产生的影响远比使用媒介完成某件事重要。一种新媒介的长处，将导致一种新文明的产生（伊尼斯，2021a）。"媒介即讯息"在后来的解读中出现了许多质疑的声音，但不可否认的是，"媒介即讯息"为我们研究技术对人类认知的影响提供了方向。

第一节　媒介技术影响个人的感知方式

麦克卢汉认为，媒介技术对人类的感知方式有着重大影响，他提出了"媒介是人的延伸"的论断，即任何媒介都是人体和心灵的延伸，人的任何一种延伸，无论是肌肤还是手脚的延伸，对人的感知体系、社会结构、组织模式都产生了影响。他认为媒介是人的延伸，所以他的出发点总是聚焦在人类个体。技术的影响不仅发生在意念或观念层面，而且不可抗拒地改变人的感知比率和感知模式（麦克卢汉，2006）。

"感知"是麦克卢汉探讨媒介影响中的一个核心词语，在西方语境中，可用 aisthesis 表示，具有 perception 和 sensation 双重含义：前者强调味觉、视觉、听觉等感知属性，属于人们的认知范畴；后者则强调人们的情感走向，属于情感范畴（李昕揆，2015b）。麦克卢汉在其著作中所使用的"感知"主要是指人类的感官，他认为，人体的五种感官及其相互关系将被主导媒介所改变。他常用感知比率这个词来表达媒介对人体的感官影响，上文所述的感知比率即指感官与技术平衡的程度，或者说是人类对几种感知的相对关系所依靠的程度，而在媒介技术的发展过程中，人体的感知比率也在不断地修正。在麦克卢汉看来，意识的理想状态是，感官系统的成分保持平衡。理想化的社会，就应该是一切人造物促进感知比率趋向平衡的社会。但是，技术的发展总是不断延伸人的感知，从而打破原有的平衡。印刷文字就延伸了人的视觉系统，一种新的感知比率就重新建立，使眼睛成了主导的感官。每一种媒介所承载的感知偏向都对我们产生很大的影响，却也是我们最不易察觉的方面。正是感知比率及其修正所造成的影响，才引起了社会文化的环境变化。

一种传播媒介造成新的感知偏向，因而潜移默化地塑造一种新的感知模式。伊尼斯提出了媒介偏向的理论，他将媒介创造性地划分为两类：一类是有利于时间上延续的媒介，一类是有利于空间上延伸的媒介。他认为，不同介质的传播媒介在文明发展的过程中都会产生一种偏向，一种是利于时间观念，一种是利于空间观念（伊尼斯，2021b）。希腊口语文化中的荷马史诗，就是有利于空间延伸的媒介，口耳相传，方便传播，能够远距离传输信息。

同样，在口语文化时代的雕塑等媒介则有利于时间的延伸，倚重于视觉感官，更适合在时间上的纵向传播，经久不衰。在伊尼斯眼中，古希腊的口语时代是一个时间观念和空间观念平衡的理想社会，他的媒介偏向理论间接影响了麦克卢汉的媒介感知理论。麦克卢汉媒介理论的焦点之一是媒介对于人的感官的延伸与放大，他从人体的感知方式来阐释媒介的传播偏向。在麦克卢汉看来，媒介不再是过去特指的传播信息的手段，他延续了伊尼斯"大媒介"的观念，将汽车、服装、住宅等都列入媒介的范畴，电子技术被认为是大脑的延伸，物质技术被认为是人的身体的延伸。他将一切技术和文化产品都划为媒介的范畴，包括人工的制造物，甚至包括人的大脑和意识的延伸（何道宽，2002）。麦克卢汉站在泛媒介的角度，认为机械技术使我们的肢体在空间中延伸，凡是一切延伸人体的东西都是媒介，任何一种媒介或技术都是人的感觉和感官的扩展和延伸。

早在 1934 年，美国著名的建筑师、城市规划师刘易斯·芒福德（Lewis Mumford）就发表了类似"人体延伸说"的言论。他认为，人所使用的工具和器皿总体说来都是人自身机能的延伸。摄影机有助于眼睛的再培养，电话有助于人声的再培养，收音机有助于耳朵的再培养，这些观点与麦克卢汉的"延伸论"有着异曲同工之妙。在《历史名城》（*The City in History*）一书中，芒福德认为被围墙包裹的城市就是我们肌肤的延伸，这个观点与麦克卢汉所说的住宅和衣物是我们肌肤的延伸一样。人的身体本身就是一部精妙绝伦的机器：手臂是杠杆，肺是风箱，眼睛是透镜，心是泵，拳头是锤子，神经则是与中心联系的电报系统（芒福德，2009）。但"万物皆有灵"的固守思维阻碍了科技的发展，当一个机械系统可以从整个关系网中分离出来的时候，现代技术才有可能发展（芒福德，2009）。当人们把提升的能力与手臂分离开时，就创造出了吊车，而吊车就成了人们手臂的延伸。芒福德表示，机器文明的发展需要不断挣脱自然界的束缚，正如达芬奇设计的第一架飞机一样，其外形试图模仿飞鸟翅膀的运动；再往后法国人制造了蝙蝠飞机，其肋就像蝙蝠的身体，早期的机器发明将生物学运用到了极致。将生物仿生学运用到机器制造中去，用科学的力量延伸人们的身体，增强人们的能力。

由此可见，麦克卢汉对于芒福德的观点持批判性接受的态度，他在芒福德观点的基础上，提出了自己的看法。对于"延伸论"，芒福德将其表述为"机器体系的人性化"，麦克卢汉则将其表述为"媒介即人的延伸"，二者的表达和想法存在相同之处但又有各自的偏重。麦克卢汉和芒福德都认同技术的发展影响社会的进程，认为人类和机器是相互交融的，媒介技术在一定程度上提升了人的能力，对人类感知产生了影响。但是在研究视角上，二者略有不同。芒福德所说的"延伸论"，是站在人类社会技术发展的宏观角度提出的，他认为现代机器文明绝不是突然出现的，只有把它放置于长期、久远的历史背景中才能让人理解，机器的发明不应该只是对生物和人体的模仿创造，而是需要将其置身于整个文化和社会系统中去考量（芒福德，2009）。纵观 1000 多年西方文明技术史，芒福德从文明、宗教、经济等角度分析人类对机器的排斥和促进，他在都市社会的大环境中，观察机器文明的产生和使用给宏观社会所带来的变化。麦克卢汉的"媒介是人的延伸"的理论则是从微观的角度分析媒介技术之于人和社会的影响，他强调媒介是人的神经系统或身体的延伸，认为电子媒介是外延的中枢神经系统，而其余的媒介则是人们身体器官的延伸，这相当于在人体之外又重新建立了一个新的中枢神经系统的模式。从生理功能看待中枢神经系统，它在人体中起到了协调感官的重要作用，就如同是为感官协调各种媒介的电路网络。麦克卢汉认为，延伸似乎是器官、感觉或功能的放大，它激发中枢神经系统采取一种麻木的自卫姿态，但凡有威胁中枢神经系统的东西都必须受到遏制，甚至截除，去保护受到延伸的区域，至少要保护直接的审视和知觉延伸的区域（麦克卢汉，2011）。他强调媒介对于人体感官的刺激和改变，印刷时代，书本刺激了人体的视觉系统，形成了视觉偏向。电子时代，电视和新媒体刺激了人体的视觉、听觉、触觉等感知，使认知从过去的视觉偏向转向整体感知。

麦克卢汉还预言，电子技术正使人类迅速进入最后一个延伸阶段，即从技术上模拟意识，学者凯文·凯利（Kevin Kelly）延续了麦克卢汉这一预言，提出了"技术是思维的延伸"的观点。如果说科技是人类的延伸，那也与基因无关，而是思维的延伸。因此科技是观念的延伸躯体。凯利还指出，技术正在超越生命，并超出了作为人附属品的角色（凯利，2011）。美剧《黑镜》（Black Mirror）第四季第三集中的智能"取证器"，就是借助高科技不断刺探人类的底线，戳破人类的谎言，在科技面前，人类的话语和思维已不再重要，智能化机器已借助技术优势成了世界的最优势力量。凯利在麦克卢汉的基础上将"人体延伸论"提升到了一个新的高度，即媒介即技术，并与人共同进化，且逐渐超越人类思维，成为一个新的生命体。未来的媒介或许不再是模拟而是引领人的意识（赖黎捷、李明海，2014）。

作为感知体系的延伸和加速器，媒介对人体的整体感知有着深刻的影响。新媒体的崛起和旧媒体的没落，会影响到人们的感知方式，使器官产生新的感知比率，谋求新的感知平衡。当人体感官中的其中之一受到较强刺激，另外的感官也会受到影响。以听觉为例，如果强化听觉，触觉、视觉、味觉就会立刻受到影响。让生活在印刷时代的人们听广播，对重视视觉和文字的印刷人进行听觉刺激，会重新唤起他们对部落生活的回忆。媒介延伸了人体感知，必然会改变感知的比率，且各个感知之间的相互作用也会形成新的感知比率（麦克卢汉，2011）。就如印刷文化与口头文化相遇，印刷文化的冲击使人们将感官重点从听觉转移至视觉，视觉感知被无限放大，从而占据了主导地位，听觉感知退为其次，这一改变影响了人体的感官平衡。两种媒介的碰撞与更替产生了巨大的能量，形成了新的感官状态。由于印刷文化重视视觉形象，它养成了个人隐私的价值观念，个人主义和隐私意识在口头文化向印刷文化的转变过程中诞生了，这种听觉和视觉的分离、个人和集体分离的情况，也促成了社会结构的转变。

任何一种新旧媒介的交替，都是人类感知调整的过程。新旧媒介消除了边界，彼此融合发展，旧有的媒介仍然存在，只是变成了新媒介的内容，新兴媒介重新塑造了旧媒介的形态。在麦克卢汉看来，电视调动的是人的整体感知，其感知方式以潜移默化的方式进入儿童的意识领域，它的电波传送和声画刺激调动儿童无意识的感官参与，使儿童的行为模式发生变化，令人难以察觉。儿童在适应了电视形象发出感知全部介入的指令之后，再把这一指令迁移到书页之上，用"冷媒介"深度卷入的方式去阅读"热性"的印刷媒介，将全部的感官带入阅读，这与印刷媒介同一的模式和快速的线性运动的特征相违背。印刷物要求的是分离出来的视觉官能，而不是统一的整个感官系统，印刷书籍不接受电视这种全部感官的介入。电子阅读是新型媒介的阅读，是"冷媒介"的接收方式，这种"光透式"媒介的阅读与书本阅读不同，人的感知状态不再是纸质阅读的线性感知，而是电子情境下的整体感知。加之借助互联网接受海量图书资源，随时下载随时阅读，不时弹跳出来的书籍广告或信息刺激了视听感官，触摸屏幕更是加强了手部的触感，使人的感官整体卷入。从印刷书籍偏重视觉的线性感知到电子媒介的整体感知，人们在阅读过程中的感知比率被不断调整，在隐喻的意义上，人与媒介之间的互动从"热"逐渐走向了"冷"的趋势，即注重人与媒介的互动参与，使人整体卷入。其实"冷""热"媒介的说法在媒介研究史上颇受争论。"冷热媒介"是麦克卢汉的重要论断之一，他依据受众对媒介的理解和参与程度，以及媒介自身的画面清晰程度，对媒介进行了"冷""热"的划分。麦克卢汉认为，"冷媒介"具有低清晰度、高参与度的特点，而"热媒介"则只延伸一种感觉，具有高清晰度、低参与度的特点。麦克卢汉认为西方经典俗语"女子戴墨镜，男子少调情"完美区别了冷热媒介的特性。正是低清晰度的形象才促使受众不得不调动感官补足它的整体形象，参与到媒介中来，而受众的感知和参与度正是评判冷热媒介的关键。就技术层面而言，现在的数字高清电视技术早已将画面清晰度做到了极致，所以我们必须考虑到信息的丰富性对于冷热媒介的判断，而不能只从画面清晰度这一个方面去考量冷媒介（余志为，2014）。虽然"冷""热"媒介的定义还存在许多争议，但从"冷热媒介"的视角考察媒介感知和媒介影响，其效果还是显而易见的。

从以上电视媒介和印刷媒介的"冷""热"对比中发现，媒介与人的关系是相对独立的，反过来又对人的感知有强烈的影响，不同介质的媒介会给受众带来不同的感知体验。麦克卢汉通过案例分析证实了这一观点，他让四组大学生任意组合分成测验小组，在实验过程中，分别通过广播、电视、讲座和图书这四种不同的媒介形式接受相同的语言文字信息。为了保证实验的公平性和准确性，除了采用图书形式的阅读组之外，其余三组所接收的信息都由同一人以不加修饰润色的语言表达出来，这期间没有任何的讨论及问答，也不借助任何工具。每组接触语言材料的时间均为半个小时，结束后每组做同样的试卷。最终的实验结果是，通过电视和广播渠道接收信息的同学，比通过讲座和阅读接收信息的同学考得好，而且电视组的学生所得分数远远高于广播组（王新蕾，2013）。为了充分发挥媒介的特性，在第二组实验过程中，以上四种媒介都被允许以自己独特的方式传播信息。电视组和广播组可以借助音响和视觉效果将语言素材进行戏剧性的表现，讲座组则可以借助课堂讨论的形式来展现内容，阅读组可利用印刷形式的图解法来凸显讲稿中的要点。重复实验内容得出的结果是电视组和广播组的同学再次战胜了讲座组和阅读组的同学。综合以上两个实验可以得出结论：不同介质的媒介，在传播不同形式的信息内容时，会产生不同的传播效果，影响人们的信息接收程度（麦克卢汉，2021）。

电子媒介的学习效果真的优于传统媒介吗？波兹曼的观点与麦克卢汉不同。他认为没有足够令人信服的证据可以证明利用电视节目这种戏剧化的形式学习知识，可以提升接收信息的效率（波兹曼，2011）。在美国的一项电视研究中，研究者让人们观看了两个长 30 秒的广告和商业节目，之后进行了和节目相关的提问，结果仅有 3.5%的观众回答正确。之后的观看电视新闻的研究结果显示，21%的观众无法回忆起一个小时内播放的任何新闻。电子媒介或许的确吸引了受众的学习兴趣，但受众获得的往往是一些不具备推论性的、片段式的内容，而从印刷书籍中获得的往往是具有较强逻辑性而又具有深度的知识。

在国内，中国人民大学传播与认知实验室研究团队采用了 MMN（失匹配负波，事件相关电位实验中衡量听觉的一个重要成分，Mismatch Negativity）科学实验方法，从脑认知机制的角度验证了纸质报纸和电纸书报纸的认知差异。MMN 中文译为失匹配负波，是一个大脑感觉信息加工的电生理学测量指标（喻国明等，2010）。在实验过程中，当被试者利用这两种不同介质的媒介阅读相同文字信息时，会同时接受到一段无规律的偏差视觉刺激和一段有规律的标准听觉刺激。经过严密的实验监测，发现被试者在利用不同媒介阅读时脑部对听觉信息的自动处理不一致，MMN 也不同，从而验证媒介介质不同所造成的认知效果不同。这些具体的实证研究都印证了麦克卢汉的观点，不同介质的传播媒介，都会不同程度地调动受众的感知，影响受众的感知效果。每一种新的媒介技术，都是人身体的延伸，都是人感觉器官的延伸，都会给受众的感知感觉带来新的体验。

第二节　媒介塑造我们的大脑

一、大脑可塑性与媒介的使用

20 世纪以来，有关人脑物理方面的研究工作在不断开展并取得了突破性成就，但依旧有一个陈旧的假设无法被推翻，大部分生物学家仍然认为成人大脑的结构永远不会变化。直至生物学博士迈克尔·默策尼希（Michael Merzenich）通过"猴子实验"宣称大脑是具有可塑性的，大脑结构可以变化这一观点才逐渐被人们重视、认可和接纳。

尼古拉斯·卡尔（Nicholas Carr）在《浅薄：互联网如何毒害我们》（*The Shallows: What the Internet is Doing to Our Brains*）一书中介绍，在"猴子实验"的第一个阶段，默策尼希将猴子的头骨移开，露出一小部分猴脑，之后将微电极插入猴子大脑皮层中的某个区域，这个区域负责监控猴子手部的感觉信号。经过几天的不断插入微电极后，默策尼希制作出了一张"精细脑谱图"，记录了猴子脑部处理手部感觉的全过程。之后，进入了实验的第二个阶段，他用手术刀割断了猴子的感觉神经，试图研究当猴子的外围神经系统受到损坏又被治愈时，大脑会做出什么样的反应。通过实验观察，默策尼希发现猴子手上的神经以杂乱无章的方式重新长了出来。与此同时，猴子的大脑也出现了混乱，当触碰猴子手指关节时，大脑反应告诉猴子这个感觉来自手指尖。外围神经系统受损，脑谱图上脑部信号也就混乱了。过了几个月，在实验的第三个阶段，默策尼希又惊奇地发现，当他重新进行实验，对猴子手部做出刺激时，猴子的知觉混乱完全消失，大脑反应完全正确。此时他意识到，猴子的大脑已经完成了脑部的自我重组，猴子的脑部神经已经重新编织好了，且与猴子手上的新神经排列一致。法国科学家斯坦尼斯拉斯·德阿纳（Stanislas Dehaene，笔者参考的《大脑与阅读》将其译作史坦尼斯勒斯·狄汉）也证实：我们的大脑绝不是吸收环境中所有东西的白板，而是非常仔细建构的仪器，它设法把它的先天的倾向转移到新的用途上（狄汉，2013）。

随着脑科学研究技术的持续进步，神经学家也利用新式大脑扫描等设备在人的身体上做了更多的实验，越来越多的证据证明人类大脑具有可塑性，且揭示了更多的信息：大脑的可塑性并不仅限于大脑皮层中掌管触觉的感觉区域，人类所有的神经回路都普遍具有可塑性，不管涉及的是触觉、视觉、听觉、移动、思考、学习、理解，还是记忆，实质上都得服从变化的规律（卡尔，2015）。譬如，一个人致盲后，大脑中处理视觉刺激的部分会很快运用于处理听觉刺激，当他开始学习盲文时，视觉皮层又会重新部署，用以处理触觉感官。由于神经元的灵活性和大脑的可塑性，听觉和触觉可以大幅加强，减轻视觉丧失产生的影响。这个结果也揭示了，脑神经会根据外界刺激不断进行自我调节，大脑在很大程度上可以自行重组。除了对受损大脑应对损伤所做反应的研究，科学家们也对健康状况正常的成人大脑做了研究，结果均显示：健康状况正常的神经系统具有广泛而永久的可塑性。也有研究显示，语言转换引发大脑功能和结构的变化（孙逊等，2017）。

2008 年，美国加州大学洛杉矶分校的一项有关互联网应用对大脑造成影响的实验结果表明，数字技术媒介的广泛使用已经促使人脑随之发生了改变。实验过程中，研究人员共挑选了 24 名志愿者，其中 12 名是经验丰富的网络老手，另外 12 名是网络新手，在他们按照实验要求使用搜索引擎进行搜索的同时，研究人员对他们的大脑进行同步扫描，结果显示，经常运用搜索引擎的网络老手比网络新手的大脑活动区域范围更大。网络老手在网络上进行搜索时主要使用了大脑左前区域（即生理学上所说的左前额叶皮层背外侧区）中的一个特定神经网络，而网络新手几乎没有在这个区域表现大脑活动的迹象。随后研究人员又让这 24 名志愿者同时阅读纸质图书并同步对大脑进行扫描，这次的扫描结果却并未显示出网络新手和网络老手的大脑活动区域有何差异。使用电子设备时，大脑需要重新评估这一新的媒介，建立新的链接，做出头脑反应的选择，同时还要处理目不暇接的感官刺激，这都要求使用者保持精神和大脑的协调。这就说明了经验丰富的网络老手由于经常使用网络，已经建立起了与众不同的神经通路，表现出了极为不同的大脑活动模式（卡尔，2015）。在另一个实验中，堪萨斯州立大学的研究员让一组学生观看了美国新闻网的新闻节目，播放过程中，字幕等信息不停滚动播出，另一组学生观看了同样的节目，只是去掉了屏幕中滚动的信息。通过随后的测评，研究员发现观看简洁版本的学生能够记住更多的新闻内容，这一实验说明了我们的大脑还未完全适应多种信息同时出现的形式。当外部环境变化之后，我们的大脑需要不同的神经通路来处理所见所闻，卡尔将之形容为大脑具有在百忙当中自行重写程序而改变运行方式的能力（卡尔，2015）。

人类的大脑可以纵向分离为左右两个半球，大脑两半球并不是完全对称的且功能各有不同，即脑具有偏侧性。20 世纪 40 年代起，人们开始尝试使用胼胝体切开术来治疗严重的癫痫患者，开创了研究大脑两半球的新方法，并取得了突破性进展。1968 年，大卫·科恩（David Cohen）和他的同事在麻省理工学院（Massachusetts Institute of Technology, MIT）设计了一个比较精致的仪器，叫脑磁图（Magnetoencephalography, MEG），这台仪器可以侦测到神经元的电流在磁场中的微小改变，使我们可以看到一系列大脑活动图。如同科学家所预期的，研究发现辨识字母和辨识人脸对人的视觉要求是不同的，字母和脸都分别有它们的视觉偏好，左半脑处理语言，负责辨识字母，右半脑处理图片，负责辨识面孔。

20 世纪 50 年代，美国的科学家罗杰·斯佩里（Roger Sperry）对大脑左右半球胼胝体切断分离的人做了一系列实验，同样也证实了大脑左右半球具有不同的功能。斯佩里通过观察割裂脑患者发现，他可以用一只手写字，另一只手画画，同时完成两种不同的活动。这个现象验证了：大脑的两个半球有着互补但并不相同的功能（罗宾逊，2015）。目前人们认为大脑左半球主要负责语言、数学等在内的逻辑程序，擅长理性的分析、精细的加工；而大脑右半球主要负责面部识别和空间定位等在内的感知程序，擅长空间、知觉形象的轮廓加工，更侧重于整体操作。这一观点被普遍接受，越来越多的文章提及大脑左右两半球功能侧化的相对性质。

对于大脑左右半球的功能探讨，研究者们不再孤立地探讨某个单一脑部区域的认知功能，而是从神经网络的角度，揭示各个脑区反应模式的差别，这种从动态网络的角度揭示人类大脑功能的方式逐渐成为今后认知神经科学研究的主要取向（王小娟，2010）。长期以来，在生物学家的研究范围内都认为左半脑是语言加工的优势脑。20 世纪上半叶，学者们认为语言活动作为一项复杂的高级神经活动，需要整个大脑的协同参与，大脑左右两半球都具有语言功能的区域，但是左半球对语言功能的影响更大，而"优势半球"的概念也开始被"优势程度"的概念替代（戚微微，2005）。麦克卢汉基于对《大脑两半球》的详细分析指出：文字和言语的区别反映在大脑两半球的区别之中（麦克卢汉，2021）。这也是麦克卢汉首次提出用脑认知科学领域的成果来研究媒介。麦克卢汉针对西方的字母文字提出如下论断：拼音字母表生成了视觉空间，同时也生成了一个线性和视觉的外部世界，它提高了线性的左半脑的地位并使其占有优势（麦克卢汉，2021）。这一看法与俄国神经生理学家亚历山大·卢里亚（Alexander Luria）的研究结果是一致的。卢里亚发现左半脑的额前叶主要执掌线性排列的大脑中枢，即数学和科学思维的中枢。他的研究结果证明，线性思维不仅是一种比方，而且是左半脑的一种活动方式。无论是字母表、语言还是技术，凡是一切形式的序列活动、外在表达或人工制造物都是左半脑的功能，由于它们都倚重线性序列，所以也刺激了大脑中枢在文化模式中的优势。在组织经验中着重外在、抽象或序列的东西，都有助于加强一种文化中的左脑优势。

媒介效应和媒介内容没有关系，媒介效应因媒介而异。麦克卢汉认为，无论媒介内容如何，技术本身在使用者身上产生大脑半球的偏向。正如上文所述，字母表生成了一个视觉空间，印刷排版的纸质书籍以线性排列的顺序有序呈现，加强了视觉感官的冲击，而大脑左半球最主要的特征也是线性和序列性。在使用电子设备时，电子技术传递的信息是瞬息完成的、无所不在的，它创造没有边缘的多中心。动态图像和 360 度环绕音将人们置身于一个环形的球体里，营造了一个视听的空间，在这个空间里，处处是中心，无处是边缘，人们接受着视觉的冲击、听觉的刺激、触觉的唤醒，其所带来的多重感官也与右半脑的同步性、整体性相吻合（麦克卢汉，2011）。

1971 年，赫伯特·克鲁格曼（Herbert Krugman）进行了一系列实验，以计量的方式将看电视和看书的脑电波模式进行比较，验证不同介质的媒介是否会使人的大脑产生偏向。克鲁格曼监测了受试者看电视广告和阅读文字广告时的脑电波模式，他发现，两种行为的脑电波模式不同，不论受试者观看的什么样的电视内容，其脑电波都呈现出一种独特的模式。大脑基本的电回应是针对电视媒介的，而不是针对电视广告的内容差异的，这验证了媒介效应与媒介内容并无关联。他还发现，受试者对印刷媒介的回应是积极的，主要是由快速脑电波构成的，而对电视回应则是被动的，主要由慢速脑电波构成。1978 年，克鲁格曼再次通过实验比较了受试者对印刷文字和电视的反应。在受试者看书的过程中，将电视突然打开，观察受试者的脑电波，在电视打开后受试者立即抬头，同时，受试者的脑电波明显慢下来，即左脑脑电波变缓。不到两分钟，该受试者的脑电波就以 Alpha 波为主导——松弛、被动、不集中。受试者对电视的反应以右脑为主，在电视故事内容没有明朗之前，受试者的右脑就已经能够对故事做出反应。克鲁格曼认为，所有这一切都暗示，电子媒介对人们的右半脑产生影响并使之塑造头脑中的意象，以此影响观看者的行为和观点。这一实验证明了麦克卢汉的论断"媒介即讯息"，也证明了媒介会使人的大脑产生偏向。

大脑可塑性的观点已被多项实验证实，左右半球功能的划分也在不同任务和不同媒介的刺激下显现出来，神经学家由此得到了结论：人类的大脑总会根据周围的社会环境和行为方式的改变而调整变化。这也对处于电子时代的我们敲响了警钟，印刷时代的人们学会了理性思考，开始了对自我认知的探求，那电子时代的我们经过网络的轰炸，大脑神经元会进行怎样的重组和偏侧呢？正如弗里德里希·尼采（Friedrich Nietzsche）所说的：我们所用的写作工具参与了我们思想的形成过程。基因和童年的经历并不能决定我们的思考方式、认知方式和行为方式，我们需要通过自己的生活方式，也需要通过我们所使用的工具，来改变上述三种方式（卡尔，2015）。大脑具有可塑性，让训练大脑适应不同任务成为可能，这也成为阅读脑形成的基础。

二、阅读对大脑认知的影响

（一）阅读脑的形成

人们的脑海中有一套复杂的专用于阅读的机制，由于心理学以及认知科学的进步，现代造影技术使我们可以看到人脑解读文字时大脑区域活化的情形，从而开始把阅读的神经机制展现在我们面前。"阅读脑"，就是"阅读中的大脑"，人类大脑本来并不存在专门阅读的区域，阅读脑是在后天的学习过程中逐渐发展而成的。认知心理学家研究阅读的机制已有几十年，他们把阅读当作电脑问题来研究，每一个读者就像一个有两个照相机的机器人——两只眼睛和两个视网膜。当人用眼睛看不同的文字信息时，会激活视觉皮质层不同的神经元。哈佛大学认知神经科学家斯蒂芬·科斯林（Stephen Kosslyn）曾做过一项颇具启发性的实验，当受试者看到大写字母时，大脑视觉皮质层视觉区域的某些部分被激活了，当看到小写字母时，被激活的则是该区域的另一些位置。当信息通过视网膜进入大脑时，会有一组专门的神经元来处理字母的各种物理特征，并将这些信息自动提供给其他更深层的视觉处理区域。精密的视觉系统是研究阅读脑形成的最好的例子，它证明了大脑是怎么再利用原有的视觉神经回路，并进一步发展出阅读能力的。

阅读是一件很奇妙的事情，我们的眼睛停留在书中的字上，大脑就毫不费力地给了我们这个字的发音和意义，看似这么一个简单的过程，操作起来其实非常复杂。从学习阅读的角度来说，我们都是从孩童时期开始接触阅读的，幼儿阅读脑的形成主要依靠三大区域：幼儿的大脑激活的第一个大片区域在枕叶（即视觉和视觉联合区），以及枕叶深处一块与颞叶相关联的在进化上相当重要的区域：梭状回。第二个大区域也是横跨两个半脑，但在左半脑较为活跃，涵盖颞叶与顶叶的诸多区域。第三大区域是布洛卡区，位于左半脑的语言区（沃尔夫，2012）。这三大区域是阅读脑的基本解码，幼儿看图识字学说话的过程都会用到以上三个区域。幼儿在学习的过程中，他们会将父母给他们读书时所说的语言、所做的动作与看到的图像、文字和声音相结合，从而完成语言文字以及图像的学习理解。与此同时，幼儿大脑中的相关神经元也在学习阅读的过程中建立起新的连接，发展出新的脑神经回路，逐渐形成阅读的大脑。成人阅读的速度要高于幼儿，当阅读开始后，成人大脑的执行系统开始计划如何快速阅读并理解这段文字，词汇量丰富的阅读者在自动识别出旧字的同时也在迅速积累新的词汇，随之视觉系统加入行动，快速浏览文字，将文字信息传输到语言系统，迅速联系和整合。大脑不会仅仅寻找一个单词的简单意思，而是会激活关于这个单词的大量知识以及与之联系的众多其他单词，从而完成对阅读文本的解读。当我们阅读时，所有的文字系统都在正确地表达语音并快速传达意义，两个讯息处理过程同时存在，彼此互补。当文字很规则、很少见，或是新字时，我们会偏向用负责语音的大脑回路去处理它们，先将字母串解码，然后把它们转换成语音，最后从声音的形态去得到意义。相反地，当我们看到一个文字，它是很常见的高频字，发音又是例外的（不按照字形、字音的规则）时，我们会采取直接的路径，先进入大脑中储存的词汇中去取得意义后，由字义去取得读音，如图4.1所示。

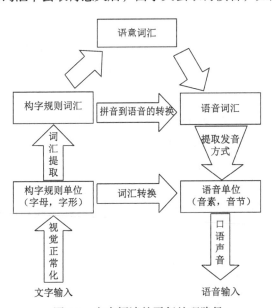

图 4.1　文字阅读的平行处理路径

资料来源：狄汉.（2013）. 大脑与阅读. 洪兰译. 台北：信宜基金出版社：25.

（二）阅读时大脑认知的偏侧化

阅读过程中，读者所接受的字母和图形各有它们偏好的脑半球，虽然两脑半球同样在接受刺激，但是字母很快就传送到左脑半球，而图形被传送到了右脑半球，整个过程在十毫秒之内就完成了，这个"侧化"是阅读的一个不变异性，也是阅读重要的特质。正如上一节所论述的，阅读脑并不是生来就拥有的，而是需要后天的培养才发展而来的，所以使用不同语言文字的读者，其"阅读脑"的功能区域也不完全一致。

中西方的语言文字相差甚远，而文字的形状和书写顺序对阅读时大脑认知的偏侧产生了很大的影响。对于西方的字母阅读者而言，字母排列出现的顺序决定了其能否在一瞥之下尽可能阅读更多的符号。西方字母符号按照从左至右线性的、顺序的编码信息体系书写，因此人眼的视觉广度是右边比较大，并且在阅读时人的眼睛是一起平行移动的，和纵向阅读比较而言，视域中横向所看的空间更大（德克霍夫，2020）。西方字母这种线性排列的顺序以及其独特的表音性也使西方人在阅读中更偏重左半脑的逻辑思维能力。中国的文字系统相对更加稳定，虽然历经朝代变迁和文化变革，但是汉字的基本体系一直留存至今，千年文化的积淀使其数量众多且形状独具特色，阅读汉字的关键就是如何尽可能快速准确地辨别文字之间形状的差别。古代汉字竖向书写的原因在于，这种方式允许表意文字按照纵向的方式单独出现在视域中央，可以提高阅读的速度和人眼识别的敏锐度。从对人眼工作方式的分析以及如何组织视域的分析中，有可能显示出中文读者倾向于偏爱每只眼睛的左视域。汉字传统上竖着写而且从右往左读，其中的原因是双眼的左视域使大脑更容易保持视觉，而右视域使大脑更容易分析它所看到的。中文读者在准确地识别出语言符号以后所需要做的就是识读周围的其他语言符号所提供的语境。双眼的左视域比右视域能更好地完成这一任务。因而，中文读者的视觉动力以及生物本性的舒适安逸需求形成的文化惯性和认知规律，都使得长于中文的人更加适应左视域。由于表象的文字体系着重识别形状，所以中国人也更加注重右脑整体感知的思维模式。

在阅读脑的发展中，不同的书写体系，会创建不同的脑神经网络，语言文字的不同直接导致了大脑认知的偏侧化。随着脑投影技术的发展，脑电波、功能性磁振投影等新技术的使用使得认知科学家可以捕捉人脑阅读时的即时影像，从而探究阅读脑的神经机制。图 4.2 展示了 3 种不同文字的阅读脑，通过观察人们在阅读英文、中文和日文时大脑功能区域被激活的情况，可以发现不同语言激活了大脑不同的区域。

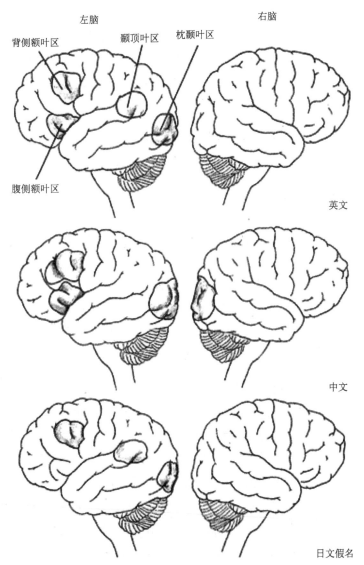

图 4.2　三种阅读脑：英文、中文、日文假名

资料来源：沃尔夫．（2012）．普鲁斯特与乌贼：阅读如何改变我们的思维．王维芬，杨仕音译．北京：中国人民大学出版社.

如西方表音字母文字阅读者更依赖左脑后方的专门区域，这些视觉专门区域只激活了少量的双脑区域（沃尔夫，2012）。在近年来的研究中，认知科学家通过分析拼音文字的大脑影像图发现，英文阅读者在阅读过程中通常用到大脑左半脑的三个固定区域，即大脑后端的颞顶叶区、枕颞叶区和大脑前端的额叶区，这三个区域分别负责字义的分析、字形的辨识以及字音的处理。如图 4.3 所示，和英文的字母–音素转换规则不同，中文无法按照这个规则转换读音，中文的文字体系更注重书写的笔画和形状。

中文与英文语音对比	中文 —— [理] ↓ /li/3	英文 —— cat ↙　↘ /k/　/t/ ↓　↙　↘ /k/　/æ/　/t/
形音对应原则	词素—音节	字母—音素
字形与空间配置	非线性	线性
音调特征	音调	非音调

图 4.3　中文与英文文字体系的主要对比

资料来源：林昱成，林沛颖．（2010）．阅读的脑科学研究能告诉我们什么？从认知神经科学的观点谈中文阅读障碍儿童的神经机制．应用心理研究（47）：213-236.

中文具有其独特的方块结构特征，作为表意文字的代表，中文阅读者在阅读过程中需要用视觉分析组合文字左右的部首和笔画空间，进行大量的图形辨识，从而协调汉字的语音和语义信息。通过中文阅读脑的大脑影像图可以得知，阅读中文时，大脑左、右双侧的枕颞叶区都被激活了。有研究指出，左半脑的颞顶叶区域主要负责线性的局部细节，如笔画讯息等，右半脑的颞顶叶区域则负责处理整体的形状，如部首、偏旁等（Fink et al.，1999），因此在阅读中文汉字时，会造成大脑左右半脑同时活化的状态（Perfetti et al.，2010）。在另一个以功能性磁共振成像 fMRI（functional magnetic resonance imaging，fMRI）技术为工具的实验中，研究者发现阅读者从语义上判断汉字时大脑的左半脑额中叶活化程度最高，然而就脑侧化现象来看，右脑负责面孔识别功能的梭状回活化程度要高于左半脑，呈现右脑的侧化现象（林昱成、林沛颖，2010）。戚微微在《汉字认知大脑两半球平衡加工证》中用实验也证实了这一观点，即阅读中文时大脑存在偏侧化现象。实验之前她提出了中国人对于表意文字汉字的加工不同于西方人对表音文字的加工的猜想，半视野识字实验结果表明：两者的确存在差异。人们的语言功能大部分定位于大脑的左半球，因为左脑擅长加工语言素材，虽然右脑比较擅长图形的加工，但其也具有一定的语言功能（戚微微，2005）。由于表音文字具有抽象和可读性的特征，因此阅读拼音字母的人就更多地使用了大脑的左半球；而作为表意文字的代表，汉字既具有抽象的语义，需要左半脑处理抽象信息的功能，同时又有图形式的分析，需要右半脑识别图像、处理形象信息的功能，因此在汉字的识别过程中，出现了左右大脑均势的特点。日文阅读脑更是一个特例，日文阅读者需要学习两种不同的语言系统，既要接触表音性的假名系统，也要学习表意性的日文汉字，所以日文阅读脑在阅读假名时，同英文阅读脑一样使用左脑的神经通路；阅读日文汉字时，大脑使用的神经通路则与中文阅读脑一样，即左右脑两侧都被激活。

从大脑机制角度来观察阅读这一行为在人脑中的处理过程时发现，大脑虽然没有天生设定用来处理文字的地方，但是大脑的神经回路有可塑性，它们可以通过再训练来做本职以外的事情。拼音字母和象形字母都重塑了阅读脑的长度和宽度，使大脑产生了不同程度的偏侧化。不同的书写体系会刺激不同的大脑区域，且会以不同的形式促进大脑的使用效率，从而帮助我们进行流利的阅读，不同的语言也以其特殊的方式影响阅读者的思维。

（三）阅读如何改变人的思维

书写与阅读带给人们的思维改变将转向新的发展历程，多种形式的媒介都在形塑着我们大脑的思维方式。在新媒体成为新的主导媒介之后，人们的媒介使用习惯发生了转向。麦克卢汉曾评论说：当一种社会产物将被淘汰的时候，它就变成了人们怀旧和研究的对象，进而成为艺术（麦克卢汉，2011）。翁曾表示，和后天才学会的书写技术不同，人类天生就具备说话的能力，二者相互作用所产生的能量可以触及心灵的深处（翁，2008）。文字的兴起带来了社会高度的统一，也带来了细致的区分和专业化，使人产生了自我意识（沃尔夫，2012）。

思维和语言在一定程度上是互相影响的，一种语言的结构决定以此为母语的人对世界的看法。大卫·卡罗尔（David Carroll）曾提及了萨丕尔-沃尔夫假设（Sapir–Whorf hypothesis），即不同的语言体系对世界的看法不同。通过实验检验萨丕尔-沃尔夫假设而得出了语言绝对论和相对论，学习一种语言会改变一个人的思维方式，而掌握不同语言的人思维方式也会不同（卡罗尔，2007）。媒介环境学者林文刚也认为产生于不同环境的语言体系不仅可以用来表达思想，更能潜移默化地塑造人类思想（林文刚，2019）。语言文字可以对头脑中的信息进行整合、分析，规划和引领人的心理活动，不同的语言文字会形成截然不同的思维逻辑。汉字作为中华民族的传统文化，在历史的长河里源远流长，影响了中国传统思维方式的形成。汉字的形状以方块形为主，其与西方拼音字母有着很大的不同之处，中国汉字博大精深，源远流长，不仅可以表音，还可以以形表义，使得人们能够"望文生义"。汉字偏重形状的识别，使得中国人长于形象思维，也使得中国人的思维方式更具模糊性和感知性。与中国的表意文字不同，西方拼音字母更注重表音，西方人需要从音、义为一体的字母语词中将语音分离，再细致地分析整理出一个较为简洁的音素系统，在此基础上用为数不多的表示音素的字母去拼出代表不同意义的词语，体现了一种分析性的造字法，这使得西方人更擅长理性的分析（何九盈等，1995）。

除了语言对人的思维有影响，读写的顺序也在一定程度上对人的思维产生了影响。德克霍夫对西方人擅长于分析做出了理论性假设：从 13 世纪末开始，西方流行"透视绘画"，他认为，西方的"透视绘画"方法具有很强的空间表现力，且强调比例，这与西方文字强调读写顺序的本质相一致。西方人凡事都强调"比例"，左半球越来越多地参与，导致大脑两侧更密切地合作，从而激发和支持了立体的视觉，这正是现代人形成理性思维的最重要原因，也是西方文字中深藏不露的理性之根。反之，中国画则不讲究透视的画法，而是追求平面的感觉，这也是受到了汉字思维的影响，是中国象形文字对画家大脑塑造的结果（德克霍夫，2020）。中国书画与西洋画最大的不同就是对于空间的理解和表达，中国书画多写意与留白，寥寥几笔便勾勒出了青山绿舟或云烟缥缈，在营造意境美方面，东方人的整体感知观体现得淋漓尽致；而西方绘画多写实、不留空余，尽力还原真实的场景，也体现了西方人的理性分析逻辑思维。以上对于中国书画空间的表述正与德克霍夫所表达的空间感相应，同时也说明了书写的确对人类的思维方式产生了很大的影响。

阅读为人类和外部世界的交流提供了纽带，同时也形成了人类对于世界的认识，"读书以求意"就简明扼要地总结了阅读和思维之间的关系。阅读不仅反映而且重演了大脑认知能力发展历程中的重大突破，也使人类形成了新的思维和创造性思维。大脑的可塑性和阅读时所产生的新思想相辅相成，在理解文本的基础上生发出丰富的联想力、推理力和领悟力。生活和文本是双向互动的关系，我们将自己的生活经验带入文本，而文本也会改变我们的生活经验。阅读塑造我们的经验，经验也会改变我们对文字的理解；在阅读改变我们生活的时候，我们的生活也改变了我们的阅读。

第五章
从印刷媒体到新媒体：认知的影响

　　假设一个新的媒介产生于文化内部或外部，且赋予我们某项新的感官以新的偏向或优势，那么我们所有感官之间的平衡将会被打破，感知比率将会重新调整。

　　若以媒介技术的发展变化作为划分标准，我们可以将人类历史社会分为三个阶段，每个阶段的代表性媒介都在一定程度上影响了这个时代的认知与发展。第一个阶段是前文字时代，即口语文化时代。这是一个没有个人主义、没有明确分工的部落化社会，受众接收信息的方式主要依靠口耳相传，听觉感官被无限放大。口语的交流大都建立在聚众宣讲式的情境中，听众不再是个体的参与，而是趋同的、集体的参与，大家都沉浸在相同的环境中，人的视觉、触觉等也不由自主地卷入其中，与听觉形成了一种平衡状态，在集体分享知识信息的同时，形成了部落化社会结构。在这个既没有中心也没有边缘的"听觉世界"，人类文化的交流建立在平等的基础上，口语人将所有的一切都转向外化的世界，没有个人的内化，没有自我的意识，不会进行理性思考，他们在部落化的群体生活中产生了强大的认同感和参与感。

　　第二个阶段是书写和印刷文化时代，也是部落化社会解体的时代。在印刷文化初期，手稿文化占据主要地位，从 12 世纪起，造纸术使手抄书急剧增加，口语文化处于边缘地位。抄书人的字迹凌乱形散，手稿稀少，因此当时的信息传播依旧沿袭了讲演的形式，只不过把讲演的形式变成了诵读，即由一个人朗读，一群人听，听觉为主，视觉为辅。印刷术出现后，以印刷文字的形式表达的思想得以广泛传播，普通民众获取和阅读成为可能。印刷媒介的静默阅读方式改变了过去听布道和听人讲书的习惯。读者在阅读时产生了丰富的精神世界，从而创造了一个崭新的和普遍的自我观念。印刷书籍的清晰性、便携性，为个人独立阅读提供了条件，人们的阅读方式逐渐从诵读转变为默读。读者在心里将视觉转化为声觉，再把声觉转化为视觉，这样循环往复的传播过程，使读者掌握了知识的分析能力，也提高了个人的身份意识，提升了自我意识，形成了自我内心对话的认知习惯。但是，印刷术这一新的媒介加强了视觉对文化的统治，创造了一个分割的、专门化的新世界，致使西方产生了理性的、分析的社会。正如麦克卢汉所说，印刷术对人体感知系统的影响在于感官技能的静态分离，同时培养一种逐渐只接受分离的、分割的或专业分化的观点的心理特征（麦克卢汉，2011）。排列有序的线性书籍削弱了其他感知而突出视觉感知，拼音文字的出现使视觉从其他感官中剥离，成了最重要的感知。视觉的偏向致使个体感官的分裂，视觉感知强化使人们开始走向隐私化、独立化的非部落化社会。

第三个阶段是电子时代。电子时代的感知是整体感知偏向，这对印刷时代的视觉感知偏向是一种冲击。电子时代的口语文化也得以新的形态得到了复兴，即翁所谓的"次生口语"。微信就是最具代表性的一个例子，其语音功能营造了一种参与感和对象感，使人们重回口语时代的听觉世界。在语音聊天时，我们可以听到其中语音语调的变化，这种语音的对话尽最大可能营造了一种语境。除此之外，微信的语音功能也体现了口语文化互动参与、对抗性的特征，可以第一时间产生互动交流。多人视频功能需求及多人聊天功能使大家又聚集在了一起，产生了强烈的群体感。广播等电子设备促使大家又形成了收听收看的群体，在同一时间共同参与到同一件事情中去，重新聚合在一起。电子时代，媒介突破了原有的单一的感官体验，实现了所有感官的整体感知，形成了非连续性的、非线性的思维模式特点。

新媒体时代将世界变成了"地球村"，消除了时间和空间上的距离，使世界变为了同步的整体。各地发生的新闻和娱乐事件等都可以利用电子同步技术第一时间发往全球的各个地方，这种同步性效应是右脑的和"东方"的（麦克卢汉，2006）。在麦克卢汉看来，东方人特别是中国人在传统书写体系的影响下的感知较西方拼音字母文化环境下的人更偏向右脑思维，更偏向于非线性的整体感知。新媒体环境培育的是偏向非线性的模式识别的认知方式，是一种比较偏向东方的思维模式。新媒体兼具教育和娱乐的功能，且娱乐功能逐渐强化。电视传播的音像动画、早教课程，成了学龄前儿童和新手父母的新宠，而在网络空间里，社交软件和视频流媒体的普及，更是革新了传统的学习交流方式。"新媒体使用方式和习惯培养了新一代参与式学习者"，"新媒体时代教育方式的转变也由'教授'转变为'共享'与'合作'"（余志为，2018）。

新媒体带来的学习条件使知识生产模式发生了巨大的改变，书籍已不再是我们获取知识的唯一途径。电子阅读器逐渐取代了纸质书本，两种完全不同的阅读介质，截然不同的阅读体验，到底会产生怎样的阅读差异？对于人们的认知会产生怎样的影响？"书本式学习""电视式学习""网络式学习"，学习模式的多样发展见证了媒介的变迁，也促成了全民学习、终身学习的风向。电子媒介使学习变得趋向于娱乐化、自主化，如何利用电子媒介的娱乐教育功能，在因材施教的空间中激发出创意的火花呢？这些都是我们将在本章试图探讨的问题。

第一节　不同媒介的阅读对脑认知的影响

一、纸质阅读对脑认知的影响

印刷术的发明是人类历史上一次重大的转折点，开启了持久的印刷时代，给人类理性文明发展提供了媒介条件。西方印刷术的第一种形式可追溯到苏美尔人使用的圆柱形印章，到了 6 世纪雕版印刷术被大规模使用，直至 11 世纪活字印刷术的问世。随后，中国造纸术的传入，使印刷文明真正得以发挥它的作用，两者的结合，让纸质书籍进入市场，对人类和社会产生了重大的影响。

纸质阅读为印刷时代的人们提供了和外部世界联系的纽带，使人们树立了自我意识和个人隐私意识。在 18 世纪和 19 世纪，印刷阅读占据主导地位，成了人们学习和交流的主要方式。除了口语交流之外，人们主要通过文字了解公共信息，文字为世界之间的交流提供桥梁，继手写文字交流之后，印刷书籍成了人们最熟悉的媒介。从感知的角度来看，纸质阅读倾向于对信息进行分割，使之专门化，它利用视觉辅助手段，使口语时代口耳相传的旧教育过时，转而开创出书本式的教育，人人都有手捧书，使知识传播更为便捷和公平。印刷术的出现，使生产数以千计的纸质图书成了可能，方便获取的图书，促进了科学思想的形成，也拓宽了作家写作的题材和关怀角度，使思想跨越时空传播到大众手中。印刷书籍小巧、方便携带的特点，为独自静默阅读创造了可能，技术的进步使文字清晰度提高，产生了快速静默的阅读，最终为默读做好了准备。正如波兹曼所说的，印刷术给予了我们自我，使我们以独特的个体来思索和谈话（波兹曼，2011）。读书是一个具有隐私性的活动，阅读过程中它要求读者集中精力乃至全神贯注，以达到深入理解抽象文字所携带意义的效果。长时间全神贯注地读书为人们开辟了一片安静的空间，在这片空间中人们形成自己的思想。他们进行深度阅读并进行深度思考（卡尔，2015）。阅读使人及其反应跟社会环境脱离开来，产生精神活动，将文字深深地内化在人们心里，让读者退回到自己的心灵世界，使人的心智回归自身。印刷术为人类个人主义的产生和发展提供了媒介条件。

印刷时代兴起的视觉世界是抽象和演绎逻辑的世界。在字母文字和印刷文明的充分培育下，西方人高度依赖于视觉以形成时空关系，如果缺乏视觉，人们就不可能形成机械的因果关系（麦克卢汉，2014）。印刷术对空间的控制，产生了视觉霸权，这种排列有序的文字促使线性思维、因果逻辑思维的产生。印刷文字按照模板排列的整齐度远远超过了手稿时代，文字排列有统一的执行标准，文本中每一行的起始点都在同一位置；字与字之间间隔距离相等；空白处大小相当；段首缩进几个字符，使读者意识到这是新的段落；每一页页脚都有编码，便于读者跳跃翻看。语词被分离排印，书写标准化、文本规范化、标点符号系统化得以完成，这些做法都提升了文本的视觉吸引力，强化了文字的视觉偏向（洛根，2012a）。排列有序的铅字使读者在阅读过程中萌发了理性的、具有逻辑的思维，正如翁所说，书本阅读能够培养读者对于知识的分析管理能力（翁，2008）。对于纸质阅读效果的研究，徐军英等组成的实验小组在 2014 年和 2015 年分别对理科生和文科生进行了问卷调查（徐军英等，2015），要求受试者按照自己平时的阅读习惯选择使用纸质书籍阅读还是手机阅读，并说明理由，汇总数据显示，超一半的人选择了使用纸质书籍阅读，理科生选择阅读纸质书籍的人数占比最高，原因在于他们阅读的书籍大多偏向数理化等工具类书籍，需要书写大量的公式和推导过程，纸质书籍更利于思维的连贯和思考，而对于文科生来说，用手机阅读文史一类的图书则更利于做笔记。

在新媒体环境下，先进的现代化印刷技术打造了纸质书籍新的形态，书籍包装的设计、内部文字的排版，都更加重了对视觉感官的冲击。以市场上的儿童书籍为例：注意力不集中是儿童的天性，因此儿童书籍必须具有很强的视觉诱导，这样才能让他们专注于书本来进行阅读学习。在书籍外观的设计上，设计者利用模切技术，将书籍制作成水果、动物、植物等形状，改变书籍的外形，从视觉直观上吸引儿童的兴趣。鉴于儿童的识字量不大，图像就成了儿童书籍不可或缺的重要视觉元素，拟人化的动植物形象、明快鲜艳的强对比颜色，更能使儿童产生共鸣。针对文本内容的编排，有些儿童图书则改变普通的线性排版模式，将纸雕艺术运用到书本设计中，用纸张折叠成立体形态，让书本在翻动中形成一幕幕的立体场景，打破了书籍单一的平面模式，为儿童打造了立体的三维世界，让他们在阅读中更真切地感受到了视觉的冲击。

"娱乐阅读""读图时代"已然成为这个社会阅读的趋势，图片可以处理浅显易懂的文字内容，更直观、更形象、更通俗地传达信息，主要是调动右脑；但是文字是经过高度凝练的抽象表达，主要负责处理复杂的信息，需要左脑和右脑的积极配合。在接收文字与图书信息方面，也需要矫往过正，我们不能一味地用图片取代文字，不能用娱乐代替思考。虽然图文阅读和动漫阅读确实在普及百科知识和弘扬经典中发挥了难以替代的作用，然而文字阅读能力仍然是需要着力培养的能力，它对开发全方位的人类智能非常必要，毕竟，人类文明的很多重要成果都来自于书写与阅读，及其所承载的知识的传播。

二、电子阅读对脑认知的影响

印刷时代遭受到了电子时代猛烈的冲击，特别是在阅读方式上，技术使其产生了截然不同的两种形式，也对人们的阅读习惯和大脑的形塑产生了深远的影响。电子阅读有两层含义：其一是指阅读内容以数字化形式呈现；其二是台式电脑、笔记本电脑、平板电脑、智能手机、Kindle 等阅读载体以数字化形态呈现。尽管电子阅读的阅读载体形态多样，且不断地随科技进步而

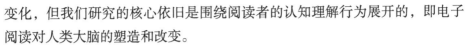

变化，但我们研究的核心依旧是围绕阅读者的认知理解行为展开的，即电子阅读对人类大脑的塑造和改变。

　　从纸质媒介到电子媒介，媒介的变迁既改变了阅读者的阅读方式，也影响了其阅读的深度和专注度。一旦信息实现了数字化，媒体之间的边界就消失了，我们就以通用工具取代了专用工具（卡尔，2015）。智能手机的出现，使手机不仅仅只能接打电话、收发信息，手机阅读器也成了书迷们另外一种读书的选择。手机体积小且便于携带，为移动阅读提供了便捷的条件，使人们随时都可以利用碎片化的时间进行阅读。在平板电脑或笔记本电脑上通过电子屏幕阅读网络文章，和阅读一页页的纸质图书差别很大，阅读者在网页上拖拉光标、点击鼠标的感官刺激和用手翻阅纸质书页的情形截然不同。研究表明，阅读时的认知行为不仅涉及我们的视觉，而且还涉及触觉。阅读既要看得见也要摸得着（卡尔，2015）。对于过去的人们来说，阅读是一种单向活动，但如今，电子阅读是双向的，读者在网上浏览信息时，可以发电子邮件，可以参加讨论，也可以进行批注评点。当我们在进行电子阅读时，所有感官都会参与活动：点击鼠标、敲击键盘、触摸屏幕的时候，会有触觉感官的参与；各种提示音、手机铃声震动声等发出的声音，刺激了我们的听觉系统；文字、图片、视频等无穷无尽的视觉信号从我们的视网膜上闪过，还有不断跳出的超链接，以及不停变换位置的鼠标光标等，都刺激着我们的视觉系统。超链接吸引我们同时进行多项任务，不断在切换任务，而不是持续关注同一文本内容，这就是电子时代"碎片化阅读"的原因之一。

　　电子书阅读器是标志着一场文化革命的机器，它使阅读和印刷实现了分离，其中最具人气和代表性的就是亚马逊的 Kindle。Kindle 采用了"电子墨水"的理念，屏幕上的文字显示完全模拟了传统墨水的样式，给阅读者营造了在纸质书籍上读书的错觉，既延伸了纸质书籍的内容，也延伸了其表现形式。这种足以和纸张媲美的墨水显示屏上涂有一层带电子的颗粒，微粒的状态随电子场的改变而改变，最新的电子阅读器不需要使用背光源，允许人们直接在日光条件下阅读，从而在很大程度上减轻了读者的疲劳度。随着技术的进步，电子阅读器也增添了新的功能，如点击翻页、添加书签、批注重点等，在一定程度上弥补了其之前不能标注、不能做笔记的不足。视力不好的读者还可根据自身的情况对文字大小乃至字体进行调节，这是纸质图书无法比拟的。Kindle 还具有内置无线联网功能，只要接入无线网络，就可以随时访问互联网，随时从亚马逊网上购买电子书并下载到自己的 Kindle 里。除此之外，Kindle 还在电子文本中融入了链接技术，这是该产品最具革命性的特征。Kindle 把书中的字词转变为超文本，点击一个单词或短语，与之连接相关的字典上的词条解释便会显现。虽然这项功能为人们提供了便利，但与此同时也为电子阅读带来了困扰，当一本纸质书变为一本与互联网相连的电子书时，人们就极易受到互联网内容的影响，强行插入的链接令人分神，也驱使读者在内容和链接中跳来跳去，这种强烈的跳跃式阅读使我们的大脑无法真正深度思考。美国著名的网页易用性专家雅各布·尼尔森（Jakob Nielsen）同样认为，电子阅读是跳跃式的阅读，其阅读的内容和节奏可以由读者自己的意愿决定（袁曦临等，2012），而且由于读者可以随意操控移动设备，其阅读轨迹是跳跃变化的，不受纸质书本的限制，因此电子时代碎片化阅读现象比较普遍，这对于文本的完整理解有一定的影响。尼尔森曾提出过"意识框架"的概念，主要探讨的就是纸质阅读和电子阅读的关系，相较于电子阅读所出现的碎片化阅读问题，纸质阅读由于其线性的阅读模式使读者可以完整地理解文本含义，更有利于读者建立起一个"意识框架"。使用电子阅读器阅读会分散读者的精力，使大脑产生更剧烈的神经刺激，但阅读纸质书籍却能过滤掉外界信息的杂质，保持大脑额叶的平静，发挥其线性逻辑的思维去解决阅读中的问题，从而引发一种深度的阅读行为（卡尔，2015）。

究其根源，我们在谈论的并不是纸质阅读和电子阅读的对立，而是两种形式下阅读所产生的效果的差异，即"碎片化阅读"和"深度阅读"的差异，我们都在担忧电子阅读是否会危及到纸质阅读，两者在阅读效果上到底存在怎样的差异，这是下一小节我们将要讨论的问题。

三、两种阅读方式在阅读效果上的差异

阅读纸质图书和电子图书是两种截然不同的体验，毕竟，两种阅读的媒介不同。目前，学界由过去的主要关注纸质阅读的研究转向了对纸质阅读与电子阅读的认知研究的双重关注，一些研究也致力于对两种介质的阅读的认知过程进行对比研究，以期达到对媒介转换的认知效果的深入理解。我们也关注该领域的研究成果，希望对其进行梳理，来进一步讨论新媒介阅读带来

哪些新的因素，探究其阅读认知和阅读理解的效果。可如今，电子阅读早已侵占了纸质图书的市场，网民更加习惯使用手机或电子阅读器等电子设备阅读新闻资讯或小说等题材的文字。基于这种现况，以电子阅读为研究对象探究其对认知和阅读效果的影响成了一个新的研究领域。

电子阅读的出现改变了人们的阅读习惯，但它是否会对人们的思维认知模式和理解记忆效果产生影响呢？传统观点一般都认为，电子阅读会导致"浅阅读"现象，不利于大脑就问题进行深度思考，也会延缓阅读速度、降低对信息内容的掌握度等，但通过实验证明，传统观点并不完全正确。2015年，周钰等通过实验的方法对比了纸质阅读和电子阅读的阅读效果。该实验采用了眼动追踪记录和行为实验的方法，研究了使用不同媒介对文本阅读的影响，实验结果表明：电子阅读与传统纸质阅读在文本理解效果上并无明显差异（周钰等，2015）。

在实验过程中，被试者所用的媒介载体分别是笔记本电脑、平板电脑、电子阅读器和纸质阅读材料。实验要求被试者在这四种不同的设备上进行文本阅读，阅读材料为三种不同题材的文章，即小说、说明文和新闻，其中的阅读顺序采取随机的方式使设备类型和文本类型顺序均衡。在完成阅读后，被试者还需要回答与阅读内容相关的问题，口述答案并记录下来，完成阅读后进行测试，答题的正确率反映被试者对文章的理解及记忆效果，结果显示，电子阅读和传统阅读在阅读效果上并无显著差异。在实验过程中，实验设计者考虑到了文本字体大小以及翻阅方式的不同所导致的结果偏差，将文本字体和大小设置为相同的规格，且固定了翻阅的方式。平板电脑和电子阅读器都使用了触摸屏技术，被试者用手触屏即可翻页阅读，阅读纸质文本就用手动翻页。在日常使用电脑阅读时，我们多采用鼠标滚动的方式进行文本的上下浏览，而在本次实验中，被试者并未采用上述方式，而是使用了鼠标点击翻页，这种翻页方式的不同也使实验结果出现了一些偏差，因为处于滚动模式中的电子文本会扰乱读者的持续阅读，干扰文本结构的空间记忆，从而影响读者对于文本的整体理解。因此，实验过程中对于文本翻页方式的不同在一定程度上影响了纸质阅读和电子阅读的认知效果研究，使二者在认知效果上并未有明显差异。在上述实验中，阅读内容都是以连贯的形式呈现出来的，电子设备也并未联网，没有出现超链接等跳转内容，这些条件对于实验的影响都有待于后续实验的研究。

　　虽然纸质阅读和电子阅读在阅读效果上基本一致，但两种阅读方式对读者大脑认知的影响却有着明显的差异。由于笔记本电脑和平板电脑等电子设备自身的背景光亮度较高，读者很容易产生视觉疲劳，电子阅读器虽然运用了电子水墨技术使文字呈现效果与纸质书籍相似，但却存在设备尺寸小的问题，不利于读者进行快速的扫视阅读，限制了阅读的范围也影响了阅读速度和认知效果。当读者利用电子设备进行阅读时，会表现出泛读、略读、跳读的特点，由于上述实验是模拟纸质图书的翻页形式，所以未能表现出它的这一特性。虽然电子阅读和纸质阅读在阅读效果上并无太大差异，但在处理复杂文本信息时，纸质阅读还是略胜一筹。在阅读到重要部分时，读者可利用纸笔做标记和注释，有助于加深记忆和理解，纸质阅读在文字清晰度和尺寸大小方面具有优势，在阅读过程中可以更加充分地发挥读者的认知和文本加工能力。和背光屏幕上由像素形成的文字相比，用黑色油墨印在纸上的文字读起来会更轻松，在电子屏幕上阅读时，看一会儿就会觉得头晕眼花，而在纸质图书上连续阅读几十分钟也不会有不适感。原因是：阅读是左脑活动，而看视频是右脑的活动，用右脑处理视频信息的方式去阅读文字自然无法达到良好的阅读体验。光脉冲的马赛克模式必须靠右脑重组，直接在电子屏幕上阅读涉及左右脑固有的冲突。因此，当阅读长篇文字材料时，纸质阅读是较优的选择；至于短篇文本和多媒体形态的文件，互联网就是优先选择的媒介了（洛根，2012b）。

　　在另一个手机阅读与纸质阅读实验效果对比分析的实验中，得出了同样的结论：短篇文本用手机阅读的效果要优于纸质阅读（徐军英等，2015）。实验采取了随机分配的方式分出了手机阅读组和纸质阅读组，两组在限定时间内完成同一篇 800～1000 字的短篇阅读材料，之后共同答题，最终实验结果为两种阅读效果的答题正确率都在 90%以上，但是手机阅读组的答题正确率略高于纸质阅读组。这验证了郭恋在《手机移动阅读效果影响因素的实验研究》中的结论，对于手机阅读者，在阅读材料的前 300 字符内容时其阅读兴趣较高且阅读效果较好，阅读 600 字符的内容时其阅读兴趣没有明显波动。

　　阅读的大脑并不是处于静止不变的状态，随着阅读技术、阅读行为的变化，其自身也会进行自我调节来适应新的阅读环境。正如上一章所阐述到的，人类的大脑具有可塑性，脑神经的联结方式会随阅读习惯和阅读行为的变化而变化，使脑神经元不断切断旧联结，形成新联结。尽管上述实验显现出了电子阅读在认知效果、文本理解、长期记忆等方面不如纸质阅读，但我们看到，电子时代成长起来的网民早已习惯了在手机上进行线上阅读，并且在阅读中逐渐形成了一套专属于电子阅读的新型阅读方式。在方便快捷的电子阅读环境中，他们可以一眼扫视所有链接文字，从中挑选自己感兴趣的标题词或图片，然后点击进入文章，在其中跳跃阅读、快速理解，大致了解即跳转下一篇文章，不需要深究其中的内在含义。这种不同于传统纸质阅读的新式阅读方式，打破了阅读脑原有的结构，使脑神经联结方式发生了适应性的改变，塑造了和电子阅读相适配的非线性思维模式，这也许是电子时代大脑演进的新趋势。古希腊学者苏格拉底曾激烈地反对过文字阅读，在当时的口语时代，演讲、背诵、朗读才是学习的主要方式，印刷术的猛烈冲击使苏格拉底有所担心，他认为读写能力的提升会使个人的记忆力减退、交流能力弱化。其实，苏格拉底曾经的担忧就如人们现在对电子阅读盛行的担忧一样，我们不确定电子阅读会给人们的学习、教育带来什么样的改变，但是新媒体环境已经生成，电子阅读趋势暂时无力改变，因此，排斥抗拒新技术带给生活的转变也是不可取的。电子阅读的确会影响阅读的专注力，但我们不能忽视在电子阅读过程中所获得快速理解力以及处理多任务的能力，这些能力对我们的认知、创新思维等方面都产生了很大的影响，我们要给予电子阅读以期待，或许它会使人脑进化为更高级的认知形态。

第二节　看视频对脑认知的影响

一、"电视式"学习和娱乐

电子时代，电视凭借其声画特点吸引了人们的注意力。"电视式学习"就是一种建立在快速变化的电子图像之上的新型学习方式。在 21 世纪出生的儿童，特别是电视最普及的西方发达国家的儿童，大都生活在信息超载的电视媒介环境中，电视媒介深刻地影响了他们对世界的思考、感知和认识。20 世纪，电视几乎全面进入到了西方发达国家的家庭，深入其家庭生活，许多儿童从婴孩时期就开始观看电视。看电视成为一种学习和娱乐的方式。

在电视出现之前，浸润在印刷媒介环境中的西方人习惯了线性阅读，麦克卢汉在综合使用脑神经科学领域的研究成果的基础上认为，印刷媒介的静默阅读及其感知特点，使人的感知出现了偏视觉的感官偏倾，左脑认知特点偏于分析的、理性的、序列的、切分的认知思维方式，于是麦克卢汉以及媒介环境学派一些理论家认为，这催生了西方专门化和分割化的社会。电视的出现则改变了这一局面，电视媒介之于人的感知偏重于整体感知而非视觉。人们对于电视的整体感知方式使视觉感官被弱化，其他感知方式如听觉、触觉等被增强，因此，麦克卢汉认为，以电视为代表的电子媒体的出现，使人类的感官知觉重新回归到印刷术之前的"部落平衡态"。电子媒介创造了一种称为"声觉空间"的环境。这里所谓的声觉空间是一种没有固定边界的空间，没有焦点，没有边缘，且是由事物自身所形成的空间，而非可以容纳事物的空间。它不是一种可以被装入容器的图片式空间，而是一种始终处于流动状态的动态空间，并且一刻不停地生成自己所特有的维度（麦克卢汉，2011）。在这个世界里，处处是中心，无处是边缘，信息可以从任何地方产生，不受时间和空间的限制，就好像我们被带入了一个连续不断的时空，无论我们走到哪里，电视屏幕呈现的内容总是相连的，让我们整体进入这个空间。"声觉空间"的感知偏向是直觉的、同步的、具体的、拥抱一切的、归纳逻辑的和经验性的，其特征是模式与右脑相联系。电视是一个整合的世界，它对应了"声觉空间"整合的、同步感知的世界，所以，电视出现之后，声觉世界重新走向我们，人又回归到调动全部感官的状态，这就是感官经验组成的统一的"天衣无缝的网络"（麦克卢汉，2006）。

电视也是"冷媒介"的代表，节目中的互动使受众在观看中积极参与进来，电视给予了受众反应、参与的时间，使人有"整体卷入"的感觉。就如它把奥运会、政治辩论或其他正在进行的事情带进客厅的同时，还把我们带到了现场，去目睹事情的展开过程，去亲身感受现场的氛围。电视的性质就是要求观众大量参与，它不会将完整的信息或形象呈现在观众面前，而是塑造一个模糊的形象让观众边看边在心里建构一个独特的形象。这一特点正好符合了教育的特性，因为低清晰度是优秀教学的必要条件，给学生过于详细的一揽子计划，会使他们没有机会参与到课堂教学中来。

电视给予了学子一个绝佳的、形象化的学习方式，它是书面文字教育的很好补充，它可以避免过于概念化的倾向，而是让具体的形象留在脑海中。早期人们在收看电视时，525 条扫描线构成的视频形象，逐一打在阴极射线管屏幕上，观众根据自己的认知过程予以整合，在大脑里重构形象（德克霍夫，2020），电视呈现的是具体的、形象化的东西。与电视相比，书本呈现的内容更偏概念化、抽象化的，口语词一旦被记录在纸张上就脱离了原来的口语语境成了概念化的词汇（德克霍夫，2020），概念只是一种精神表达，它包含很少甚至没有感官信息，但是形象却是具体的，可提供感官体验的。处于学习期的孩童通常会通过画面模仿动作手势来学习，对于我们的神经系统来说，通过同步观看、收听和行为模仿来学习知识，要比通过提取、分析文本信息学习知识容易得多。电视所营造的动态彩色画面，调动了儿童的视觉感官，简洁的对话场景，使儿童的听觉没有压力，在这种自由轻松没有说教的环境下接受学前教育，当然是儿童喜欢的选择。

在印刷时代，儿童的乐趣多来自幼教刊物，但是到了电子时代，幼教内容产品从单一的书面知识内容转向了可视化、互动性的内容产品，同时兼具教育功能和游戏娱乐功能，有声读物、可视读物成了幼教主流产品。除了动画视频产品之外，关于早教产品的周边产品包括 DVD、书籍、玩具、服装等也都受到儿童的追捧。在观看电视或视频时，儿童可以跟随电视上的指示，在配发的周边产品中找到相同的教具一同动手参与学习和互动，电视鼓励观众参与其中的特点在此时就产生了作用，它深深吸引了儿童的注意力，以互动的形式引发儿童的兴趣，激发了潜能。一些动画片的周边产品还自创了许多朗朗上口的儿歌，声音的刺激使儿童深入其中，加上画面的视觉刺激，以及教具的触觉刺激，儿童深深被其吸引。

电视时代的儿童虽然知识面广泛，但普遍存在理解能力不强的问题，因为他们只是一味地吸收电视上的信息，而缺少了学习文字材料的理性分析能力，致使其思想上产生惰性，也影响了他们对于文本的理解能力。在 20 世纪中叶，麦克卢汉就已发出警告，电视将会以其独特的媒介性质控制现代人的思维和行为，但他并不反对电视教育。麦克卢汉认为，20 世纪 60 年代中期的少年比上一代的少年更加喜欢沉思，这完全是电视造成的，因为电视的性质是要求人"卷入"。麦克卢汉在研究中也提出了自己的疑问：先学会读写然后才看到电视的一代人和先看电视然后才学会读写的一代人究竟有何差别？他的见解是，看电视之前就学会读写的儿童，具有一种免疫功能，他们的感官具有一种缓冲剂，能够减轻电视产生的冲击力。在读写之前就学会看电视的儿童则相反，他们在文化学习上会有弱势，因为电视这一媒介着重强调感官的整体卷入，这与传统教育机构中强调视觉感官相矛盾。电视自诞生起就开始受到抨击，人们认为它是一种比游戏还要低级的活动——廉价的快乐，甚至像毒品一样让人欲罢不能，对成人和儿童，对文化中高雅的东西，都有破坏性。但现在，它已经开始向艺术提升（莱文森，2014），我们正在努力延伸电视的教育功能，也将继续延伸电视在其他方面的功能。

二、"网络式"学习和娱乐

（一）新媒体时代需要树立一种新的影像观念

从传统的教育模式到现代模式，电影手段可以发挥重要作用。需要说明的是，此处所谓的"电影"，不是局限于传统意义上的剧院电影，而是指用影像手段来拍摄和传播的媒介手法，包括当前流行的普通版和"微"型网络教学视频等。在各个层级的传统教育中，当然也包括戏剧影视学专业的教育教学，社会教育和学校教育完全可以借助新的技术手段实现身份和角色的转变。传统教育模式是工业时代大规模生产模式背景下的产物，经过长期实践具有顽强的生命力。但是，当我们从机械时代进入同步时代的时候，从线性、前后相继的分析类型进入同步世界的时候，学校与社会的对立消失了。这就是麦克卢汉所说的没有围墙的课堂（麦克卢汉，2006）。在人人都拥有自媒体，技术手段已经唾手可得的信息"全球村"时代，需要谋求一种适应新的技术条件和时空组织模式的现代教育方法。

王志敏教授对于从传统教育模式向现代教育模式转变的内在逻辑性和合理性的分析可谓生动而深刻。他通过解读麦茨理论告诉我们，传统教育的"在场"和电影教育的无须"在场"特征体现了戏剧观看者和戏剧表演者之间的时空捆绑和人身束缚的特征，以及电影观看者和电影表演者之间的时空松绑和人身解放特征（王志敏，2018）。以此推论从传统教育模式向现代教育模式转变的内在逻辑性和合理性。与戏剧般在场表演相比，电影表演虽不真实在场却也栩栩如生、活灵活现，与真正的在场具有同等真实感，但又因影像记录而永恒。电影手段不仅能使一门超一流的优质课程看起来流光溢彩，极具魅力，而且还能够实现最大化传播。讲述一门课程的可能不是一位老师，而是一个专家团队，课程在开课之前就已经经过了严格的测评和预评

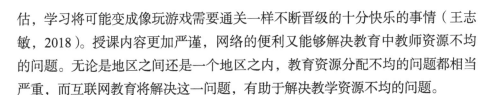

估，学习将可能变成像玩游戏需要通关一样不断晋级的十分快乐的事情（王志敏，2018）。授课内容更加严谨，网络的便利又能够解决教育中教师资源不均的问题。无论是地区之间还是一个地区之内，教育资源分配不均的问题都相当严重，而互联网教育将解决这一问题，有助于解决教学资源不均的问题。

（二）新媒体使用方式和习惯培养了新一代参与式学习者

尽管人们呼吁我们要回到书本，回到新媒体之前的那个学习方式，因为它具有很多优点，如培养逻辑思维能力、发展理性和个人主义思想等等，但是新媒体的发展和便利已经培养出新一代的媒介使用者，要想让人丢掉手机等移动设备已经不太可能，年轻人如此，书本时代过来的人也已经在慨叹无法回到过去了。新的媒介使用习惯不仅仅改变了人们的行为方式，更加改变了我们的大脑。新媒体时代背景之下，正如麦克卢汉所说："媒介即讯息。"媒介正是发挥着塑造和控制作用（麦克卢汉，2011）。学者吴畅畅在分析麦克卢汉媒介哲学思想的基础上，认为麦克卢汉"把媒介视为个体成为一台心理装置——精神机器，并由此实现集体互联和人类文明的转型的技术条件"（吴畅畅，2022）。当人类精神互联，那么知识生产方式和教育模式必然发生革命性变化。信息时代的学生已经形成一种可视化、碎片化的但是主动参与的媒介使用习惯，教育界难以改变这种新的媒介使用习惯所形成的认知模式。认识到这一现实的变化并且顺势做出教学方式方面的调整才是建设性的姿态，利用新媒体开展教学而不是无视它的存在将是所有教育参与者之福。

我们完全可以从积极的意义层面来看，新媒体作为冷媒介，具有让人"卷入"其中的"魔力"，主动卷入式的知识生产和获取，将一改传统教育模式中逼迫式强制学生学习的局面。出于对既带有社交性质又具有分享特点的新媒体使用的热爱，学生的求知欲被全面激发，学生对学习的态度变得更加主动，教育和教学的效率将大大提高。新媒体的互动式学习能让学生全情投入。高校教师可以利用人们易于深度卷入新媒体的特点，建立互动学习社区，对学生的学习习惯、兴趣点、效果等收集的数据给予学生即时性的反馈，甚至教师和学生都不用见面，全靠网络的交流来实现答疑解惑，这种教学形式既省去了路程时间，又能灵活有效地解决学生的困扰，真正实现因材施教，全面培养学生的兴趣爱好。

信息技术是经济和文化变革的驱动力，也是传统教育产业模型过时的原因之一。虽然传统的大众媒介也能提供充足的信息，但其单向传播的性质无法和其他媒介进行信息互动，导致使用者只能被动接受信息且较难提高学习的乐趣。相反，在使用互动式电子媒介时，无论是使用短信还是电子邮件，使用者都会在认知上有所进步。如今，许多新媒介的形式如微信、微博等都是以文本呈现，相较于以往的大众媒介，人们花在文本阅读上的时间明显增多。虽然电视对书面文化构成了一定程度的威胁，一些儿童的读写能力因此有一定程度的下降，但如个人电脑、手机、短信、邮件等的互动式的新媒介，缓和了电视对文化所产生的负面影响。

麦克卢汉曾断言：电力时代以后，口语时代的整合模式重新再现，使工业时代分割化的工作学习模式发生逆转（麦克卢汉，2021）。今天，受到经济全球化、高等教育大众化、研究商业化等多方面影响，传统知识生产模式正在发生巨大的改变。互联网的出现，提供了一种全新的学习方式，即"网络式学习"。互联网利用其双向传播的特性，可以让师生之间进行对话，在收发信息、引起对话和分享知识等方面，网络式学习都占有优势。学习者通过网络可以轻而易举地搜索学习信息，获取专业知识。网络同步的视听教材也可以更好地提高学习的积极性和有效性，让学习不再是死记硬背。与此同时，互联网还能给学生提供即时的信息反馈，并强化其学习效果。

网络式学习实现了非集中化的革命（莱文森，2014）。传统的教育模式坚持严格的入学要求，经过层层考核，学生才能上学，而且，学生必须要到校内上课，遵守学校的各项规章制度，按时上下课，时刻保持认真状态。在学校课堂的学习中，由于要照顾不同学习程度的学生，提供的教学信息也会相对较少且教学进程平缓；各门功课之间区分鲜明，毫无联系，这种课程分割化的教学模式可能会扼杀学生学习积极性。不同于课堂教学，网络式学习不需要受到任何时间地点的束缚，学生分散在各个地区，老师也同样分散，在网络课堂里，实体的场所没有任何意义，谁能够进入网络课堂上课，并不是由他们的地理位置决定的。学习者可以根据自己的需求自行选择适合自己的和需要的课程，学习无限量的课程，不必受限于学校制定的课表和安排。网络课程可以不限时间、不限人数，大多数的网络课程都允许师生自由选择上课的时间，这就给更高的出勤率提供了可能性。借助新技术的力量，在网上提交作业、批改作业的形式，使学生更容易接受意见，并从中学习到更多的东西。网络式学习处处皆中心，无处不中心，只要有稳定的网络环境和互联网设备就可以进行网络课堂的学习，互联网设备的便携性更为使用者随时随地上课学习提供了可能性。比如个人电脑、智能手机等工具，在整合工作、学习和娱乐的时候就模糊了这三者的界限，因为这些工具可以使其所在的地方变成工作环境或学习环境或娱乐环境。

网络式学习最有优势的地方就在于它可以创建学习的社群。利用互联网的四种讯息就可以创建社群，即双向传播、继续学习、容易获取或传播信息、组合。用通俗的语言来解释这四种讯息，即使人参与其中，让传播具有互动性；使人能一道成长；提供共享信息和知识的交流媒介，由此构建共同的认知结构；把借助互联网交流的人结合在一起。以网络为平台搭建的资源环境能够促使人们相聚在一起创造并分享知识，提出创意想法，进行合作研究。网络课程的学习通常会设计群组讨论的功能，为大家提供一个沟通交流的平台，一起学习的学习者可以通过实时互动就网络课程中存在的疑惑进行交流，也可以利用讨论平台共同完成合作任务。互联网所产生的社群意识能够刺激更多的双向传播、继续学习和组合。

网络式学习给社会上的每个人都提供了更为公平的学习机会。如今，很多大学的素质选修课程都会采用线上学习、线上考核的方式进行。每个参与学习的同学都有自己的账号和密码，上课时间不限，可根据自己的情况选择任意时间上课，只要登录观看教学视频，个人账号就会记录学习的时间，网络课堂减轻了大学生平时上课的压力，使他们不再需要奔波于教室之间，也不需要接受传统的面授型教育，网络化与时俱进的视频教学，更能引起他们的兴趣。大学生借助电子设备和网络技术，利用声画同步的视频作为知识的载体完成传递，通过习题作业检测学习结果，实现自主学习和个性化学习。学生可以根据自己的能力选择适合自己的学习进程，不必盲目跟随群体教学的进度，这大大提高了不同阶段学生的学习效率，也锻炼了学生的自主学习能力，通过习题作业的辅助，加深学生们对知识的理解，促进知识的初步内化。除了学校的学习，在许多社交媒介中，也流行着网课的学习，每一天都有来自世界各地的新资源上线，面向所有有意愿学习的人，使不同年龄段、不同阶层的人都可以加入其中。

网络上的内容不只通过一种媒介呈现，而是多种媒介的融合，音频、视频、文字等都集中于此。有声读物提供了有别于纸质本的另一种选择，这种媒介是一个杂交的例子，书籍用传统手段生产，然后由朗读者录音，从而制作出的有声读物。有声读物的优点在于，它容许人们在能听书的环境里去消费朗读的书，比如在开车和做家务时，人们就可以听书，这点与广播的优点很相似。现在很多中小学校都推出了自己的微信公众号，组织老师将课文录制成有声读物，上传至微信上，学生、家长可根据需要自行下载、学习、欣赏。还有一些公益机构也利用微信平台，录制大量的美文、故事等，并配上文字、图片，将这些精心编制的内容传播到偏远的山区学校，给大山里的贫苦学子带去有魅力的声音。

虽然网络式学习的优势明显，但传统教育模式并不是一无是处。固定的教学场所，给师生提供了专注的可能性。当老师走进坐满学生的课堂，可以与学生面对面交流，关注学生的每一个动作、每一个表情，适时地调动学生的情绪，感受与学生之间的心灵沟通；而学生专注于老师的每一句话，通过提问来掌握信息流，也能感觉到同样的心灵交融，这是面授课程最大的优势。除此之外，传统的纸质课本还带来了身体感受上的好处。坐在干净的书桌前，手捧纸质书籍，感受指尖翻页的摩擦感和真实感，这种惬意的阅读体验是网上课程难以达到的。大多数的网络式学习还缺乏这样的体验感和人文关怀。

对于出生在互联网时代的我们来说，网络世界并不是一个陌生的环境，每天我们都很自然地沉浸其中。互联网就如一个大的海域，只要有时间，只要有心情，你可以随时随地去探索海下的世界。虽然，网上学习并不能替代阅读和课堂学习，但是，网络营造互动式的学习环境，其双向传播的特质正在冲击着传统的学习模式。互联网的效率远远超越了教育电视或教育电影，因为参与到网络学习中的人们早已从被动的接受者转变为了积极的参与者，在互动中享受着快乐的学习过程。

21世纪，知识生产的融合性成为知识生产模式现代转型的关键所在。其实，信息的根本问题不是占有，而是获取，尤其是互联网的出现，使信息和知识交换的速度大大加快了。随着互联网使用成本不断降低，沟通效率不断提高，利用互联网进行知识生产活动变得越来越普遍，并逐渐开始形成规模化的知识生产合作态势。网络的发展提供了知识传播的多元途径，实现了知识和信息的共享。随着知识内容生产速度的加快，数字化技术、网络技术的多元化应用使知识图像化、知识影像化成为知识传播的重要手段，对受众来说，图像、影像带来的吸引力早已超越了传统印刷时代的阅读的魅力。小朋友可以通过电视、平板电脑观看早教节目来学习新知识；中学生可以利用手机 APP 完成学校作业；大学生可以通过网络课程自主选择学习；文化水平较低的人也可以通过网上付费课程来提升自己的知识水平；百度、维基百科等搜索引擎为人们提供了海量的知识；老年人同样可以用微信、微博等社交平台了解最新的资讯。比尔·盖茨曾提出了"传播冲突"的概念，他说：当顾客付费购买书籍时，作者所获得的利益只是其中的一小部分，剩余部分都花费在了信息传输和印制上，这就是传播的冲突，而当传播信息的路径变得极为廉价快捷时，就基本消除了传播的冲突（盖茨，1996）。互联网为信息的传输铺设了更为便捷的道路，消解了传播的冲突，虽然有些信息需要付费获取，但是传播信息的花费却变得很少，这些都促进了知识的共享，改善了学习生态环境。

目前，知识的生产模式进入了快速转型时期，在这个快速发展、充满变革的时代，远程学习者大多来自不同层次、不同需求的社会成员，他们的学习需求也逐渐趋于多样化发展。多种多样的学习方式和学习机会为终身学习提供了可能，互联网的开放性和便利性为每个渴望知识的人提供了条件，也使终身学习成了社会发展的必然要求。

第六章
新媒体认知与创意开发

　　"新媒体"一词在今天被广泛使用，但由于新媒体变化多样的特性，其概念无法被准确界定。在 1959 年的全美高等教育学会的会议上，麦克卢汉发表了题为"电子革命：新媒介的革命影响"（Electronic Revolution: Revolutionary Effects of New Media）的演讲，其中他所提出的新媒介中的"新"知识是相对于"旧"而言，并不具有特定的含义。但是，就麦克卢汉所对比的印刷文明和电子文明而言，电子媒介所代表的文明显然就是新媒介。今天我们将新媒体理解为"新兴媒介"更为合适。这些新兴媒介就包括电影、电视、网络等在内的电子媒体及其所产生的新的应用。新媒体的使用早已深入到了影视文化之中，它通过数据结构的"基因重组"产生出可交互的"媒介艺术"，并借助媒体数据呈现形式的多样性、丰富性和智能终端的可扩展性，从而实现了一种观众与作品间的沟通和审美（吴思淼，2016）。

　　媒体业的发展水平体现了其创意水平。娱乐是人作为独立个体追求快乐、缓解压力的一种天性。就如弗里德里希·席勒（Friedrich Schiller）所说，"娱乐和游戏是人类本性中最具价值和最富生趣的部分，只有当人在娱乐和游戏的时候，他才是完全的人"（转引自喻国明，2017）。现代娱乐是一种通过表现喜怒哀乐或自己和他人的技巧而使受众充满喜悦、感到放松的启发性活动，它包含了影视作品、比赛项目、游戏、音乐舞蹈表演和欣赏等等。由于新媒体的广泛应用，娱乐的范围也逐渐扩大，正如上一章所讨论的"电视式"学习和"网络式"学习，娱乐也开始和学习紧密结合起来，并且成为一种新的娱乐形式。我们所谈论的娱乐就是包括学习在内的影视、新媒体节目和其衍生项目。

娱乐可以激发创意的产生。我们对规律性事物的适应很快，持续不变的感官刺激对我们往往不起作用（奇普·希思、丹·希思，2014），若要吸引人们的注意力，可以通过给予感知以某种刺激来达到惊奇的效果。电视节目为了吸引观众的注意力，经常会利用剪辑效果，在节目进行到高潮时，突然加入插播广告或重复循环播放广告。人脑天生就对各种变化十分敏感，当持续不断的视觉、听觉感知被突然打断或中止时，人们的感知比率就会发生改变。电视媒体就是通过利用人的认知特点来吸引并保持观众的注意力的。虽然媒体节目越来越多，电视剧、真人秀、短视频时常出新，但真正具有创新力的原创项目却为数不多，从中也暴露出了媒体创意节目所面临的困境。目前在国内，大多数火爆的娱乐节目基本上都是从国外购买版权，或是直接"借鉴"国外节目中的某一环节，再结合一些国内的元素使其本土化，以此来充当"创新"内容。特别是 21 世纪以来，网络综艺娱乐节目成了后起之秀，偶像养成类节目等大行其道，促使电视娱乐业开始加快购买国外版权的进程，或者直接邀请国外的摄制团队来指导和参与拍摄制作，这一方面加强了我国媒体与境外媒体文化的交流，另一方面也使得娱乐节目越来越需要加入中国元素，以避免因国际化而丢失了本土文化资源。新媒体时代，娱乐项目越来越多，优秀的创意却没有随之增加，如何提升娱乐业中的创意水平是身为媒体人应该深刻思考的问题。

新媒体的出现和应用改变了人们的感知和生活方式，更开创了新的思考方式。500 年前，麦哲伦环海探险之后发现了地球是圆的，而在互联网时代，新媒体的应用让美国记者托马斯·弗里德曼（Thomas Friedman）提出了新的观点，即世界是平的。当然，这是隐喻意义上的"平"。他认为，世界已经进入了全球化的新时代。信息的快速流通和知识共享，改变了原有的价值创造模式，使得世界逐渐趋于一体化发展。世界不再是三维立体的球体，它早已因为新媒体的出现而进一步缩小、拉平，成了二维的平面，电脑屏幕、手机屏幕等都是世界的缩小版平面的载体。在这个平坦的世界，电脑、网络和各种软件将越来越多的人联系在一起，电话会谈、远程会议等新的工作模式将世界各地的人聚合在一起，彼此公平合作和竞争，人们因为信息的流通得到了更多的挑战和机会。世界逐渐向趋平化发展，这一趋势使地球上所有的人才、知识、信息等都被统一到了一个全球网络中，在这个发达的网状环境下，人们试图共同创造一个繁荣、创新的时代（弗里德曼，2016）。

在这样的世界里，人除了需要保持终身学习的能力，更要时刻充满激情和好奇心，正如弗里德曼所表达的观点：激情和好奇心会激发工作或是研究领域的创意思维，取得意想不到的结果（弗里德曼，2016）。我们要像在传统书本教育模式下开发左脑，利用新媒体技术和新媒体娱乐和学习环境一样不断地开发右脑，让创意不断萌发。追溯很多发明的源起，多数与发明者娱乐的出发点有关。

第一节　创意的认知发生机制

一、创意与大脑运作方式

一直以来，对于自我的追寻就是人类作为不同于其他物种的特殊之处，从弗洛伊德到拉康，从希腊阿波罗神庙墙上的箴言"认识你自己"到中国道家老子所说的"自知者明"，这些都是人类对于自己的自问和自求。

对用户在使用一个媒介之前、之中和之后的全部感受包括情感、信仰、喜好、认知印象、生理和心理反应等进行传播效果的研究，只依靠海量的大数据分析及脑实验研究难以实现对受众传播效果的高准确度认识，有科学研究表明，人类 95%的决策活动是在潜意识中进行的。高科技的仪器可以辅助我们探究大脑的工作原理，从而推论出创意的发生机制，但我们也不能忽视人作为单独个体的主观能动性对于创意的影响。美国作曲家阿隆·柯普兰（Aaron Copland）表示，灵感可能是一种超意识的形式，也可能是潜意识的形式（赖声川，2011）。梁漱溟也曾说过：西方偏重理智，东方侧重直觉。直觉或是说潜意识是无须借助于概念、判断、分析、推理等逻辑思维活动而直接把握对象本质的一种非逻辑的思维形式，是人重要的创新之源（许全兴，2008）。

人类的大脑相当于一个活动场所，其他各种活动都在这个场所中有序地进行，这就构成了大脑的思维模式。创意之所以与众不同，就是因为它不符合传统的逻辑思维，建立了一种新的思维模式。爱因斯坦说过，每件事都在改变，唯独我们的思考方式没有改变。如果转换思考方式，改变旧有的逻辑思维，新的创意就产生了（博诺，2008a）。

在西方，传统的思维模式偏向于逻辑思维，即亚里士多德意义上的逻辑体系，它要求事物要有清晰的分类，对于不同的类别要有分明的界限，并且是永恒不变的。这种左半脑主导的思维模式使得西方文化环境中的人排斥感觉，相信"逻辑-演绎"分析能力和科学的方法，按照逻辑顺序思考，寻找其中的因果关系，就像用石头垒上另外一块石头一样，在一个理念上构建另一个理念（罗宾逊，2015），这种线性的、分析的、逻辑的思维方式是左半脑的主要特点，其优势就是逻辑清晰，架构分明。相对于水而言，它的问题在于缺乏灵动性，无法变形、融合、生发出全新的形态。爱德华·德·博诺（Edward de Bono）将这种思维逻辑称为"岩石逻辑"（rock logic）（博诺，2008a）。

西方教育传统重视线性文本的学习，在线性文本的分类思维中长大，与岩石逻辑一样，它们都靠逻辑和因果关系相联系。在印刷书籍中，这种线性识别模式体现得更为突出。印刷媒介把现实拆分成了非连续性的单位，以线性排列的方式在书本上展开，书籍中的目录、脚注等则提供了更多的层次，这些做法与人们大脑的多层次、平行加工能力一致（莱文森，2007）。俄国神经生理学家卢里亚的研究结果也已证明，线性思维不仅是一种比方，而且是左半脑的一种活动方式（麦克卢汉，2021）。说话和写作都是必须呈现序列形式的外在表达，一切形式的序列活动和外在表达都是左半球的功能。

如果说人类的左半脑是线性的、序列性的，那么人类的右半脑就是模式的、同步性的。麦克卢汉认为，右半脑主导的是同步共鸣性质的感知偏向。与左半脑不同的是，右半脑更侧重于整体性的操作，尤其擅长图像识别。当辨识一幅画中的其中一种颜色时，右半脑会迅速同步识别图画中相同的颜色。不论多么复杂的图形颜色，右半脑的同步性特征都会帮助人们提取到有用信息。人的大脑是一个自我组织的模式形成系统，模式识别更像浪漫主义的思考模式，排斥理性推理，只信任感觉，思维可以不受控制地自由想象。与"岩石逻辑"相对应，博诺将这种思维逻辑称为"水的逻辑"，或是"水平思考法"。博诺对"水平思考法"形象的解释是，一个洞挖得再深，也不可能变成两个洞，而科学领域中真正的大发现和大进步却都是起源于跳过了旧洞，凿开了新洞（博诺，2008b）。从大家都追随挖掘的旧洞切换到无人问津的新洞正是"水平思考"的起源，即切换思维模式，而不是沿着既定的模式前进。要想让观点产生黏性，你必须得破坏他人的预测机器，然后再将其修好（奇普·希思、丹·希思，2014）。人们的思维逻辑都是沿着既定的高可能性路径思考，当这条路径被破坏或被阻挡时，人们就会立刻切换到一条新的高可能性路径，转换看待事物的方式。当一种新的方式破坏了所有看待事物的可能方式时，创意就产生了。

新媒体文本中经常出现的段子小幽默，都是一些具有创意的文字表达，常让人觉得荒唐、出人意料，但在表现方式上又是含蓄或令人回味的。它使人们往既定的思路思考，却在不经意间跳脱出原来的语境，就是从一个"旧洞"跳至一个"新洞"，即从一个逻辑轨道转到另一个逻辑轨道，产生了别有洞天的效果。创意其实就是在显而易见的路径和出人意料的路径之间来回切换，而在来回切换的过程中就形成了水平思考中特有的幽默（博诺，2008a）。幽默能力是创意思维最好的体现，博诺认为，幽默是目前为止人类最杰出的行为。幽默比大脑的任何一种其他行为，包括推理演绎等，更能揭示大脑是如何运作的。

幽默并不是大脑的奇特行为，而是自我组织系统的一种重要行为，它告诉我们要警惕绝对的教条，因为某些事物有可能在突然间需要从一种全新的视角来重新看待。幽默的模式转换对创造力和想象力而言是个很好的模型。水和岩石都是真实存在的客体，岩石代表传统思考的绝对性，而水则代表了思维的变化性。水的思维逻辑就是在不同系统中自由地切换，不受岩石逻辑条条框框的限定，从而产生了幽默。

若要按照"逻辑-演绎"思维模式思考问题，很多想法都是用线性思维模式推导出的唯一答案；而用横向思维和发散性思维思考问题，大脑会更趋向于自由联想模式，通过丰富的比喻联想，将问题重新转化，以开发更多的可能性（罗宾逊，2015）。石头有固定的形状且棱角分明，它永远保持着固有的形态，不管把它放在容器里还是大自然里，其形状都不会根据环境进行调整，传统思维具有的绝对性本质使其不依附于任何情境，不受情境变化的影响（博诺，2008a），所以岩石逻辑的回答方式较为规整和古板，绝不会跳出规定情境。水虽有边界但它的边界会随地形的变化而变化，它可以装满一个特定的容器甚至一片湖，它会根据自己所处的环境的变化随时调整，水的逻辑就意味着根据条件和情况的改变而改变。其实，岩石逻辑的回答就是我们常用的"标签化"答案，当我们观察周边事物时，在还没认出是什么之前的瞬间，它就是它自己，非常单纯，但我们长久以来习惯在辨识事物的瞬间立刻贴上标签（赖声川，2011），这种行为使思维僵化。标签意味着事物的不变性，永远只有一种形态，而创意则是要打破标签，重新定义事物和事物之间的关系。在观看窗外景色的时候不要只单纯地看到事物的标签化名称，而是在去标签化这短短的时刻中看到事物的原貌，使它不再受限于固定的意义，给自己留下充分的想象空间将其与任何事物相联结，使其充满各种可能性，这就符合了创意的运作。

岩石逻辑操控了工业时代的人们，长期的工业化教育强化了左半脑的线性分析能力，总体而言，现代教育模式把我们从一个完整的人培养成了倾向于偏左半脑思考的人（罗宾逊，2015）。工业化时代的教育体系强化的是人的线性思维能力，强化左脑的线性、理性、逻辑思维，使右脑的非线性的整体的感性思维得以抑制。右半脑正是创意激发的重要区域。右半脑的开发可以提升同时处理多项任务的能力，左右半脑的充分开发才能使人类与生俱来的创造力得以充分发挥，但却因传统教育体系而遭到了忽视。学校教育总是习惯用左半脑的线性思维衡量我们的成绩，却忽视了右半脑的模式思维同样会让我们成为有用的人才。

水的逻辑则给予了创意更多的可能性，右半脑的模式思维中的直觉和感知为创意的产生提供了基础。科学家们并不总是沿着逻辑分析的道路前进，他们可能在还没开始实验时就靠直觉"感知"到了结果，接着去按照感觉设计测试，看假说是否能得到证实。当科学研究进展到一定程度时，逻辑分析可能就不再适用了。有时候，科学的发现往往来源于突如其来、意想不到的想象力，跳过了之前的逻辑鸿沟，遇到了新的联想和可能性，许多伟大的发现都是直觉的结果。虽说理性分析发挥了一定作用，但直觉感知同样起着重要的作用。对创意过早地投入逻辑分析，会遏制创意的产生。当一个创意雏形出现时，可能只是一个模糊的概念，但人们过于热切地去用各种定义和形式来展现它，在创意还未完全萌发时，它就已经被人定了形。逻辑思考在这一过程中减少了创意自由扩展的可能性，就像本来可以自由飞翔的蝴蝶被活生生钉在标本上一样。创意乍现我们便用逻辑思维去分析，这只会扼杀了创意（博诺，2008b）。

二、创意与感知

感知深深影响着我们看待这个世界的方式，也激发了我们探索世界的好奇心，创意源自我们的感知能力。按照科学家的研究记载，人类拥有至少九种感觉：视觉、味觉、触觉、听觉、嗅觉、平衡感、方向感、疼痛感和温度感。我们生活在一个丰富的感官世界中，各种气味、声音、温度包围着我们，但我们却只能感知其中的一部分。世界远远不止我们看到、感受到的样子，只是因为我们身为人类的人体构造使得我们感知到了现在这样的世界。感知能力是外部世界和我们意识之间来往的通道，如果这些通道发生了改变，使得其他类型的信息得以通过它们往来，那么我们对外部世界的看法也会由此发生很大的变化。正像漫威（Marvel）电影《蜘蛛侠》里的情境一样，帕克在被毒蜘蛛咬了之后变身成了具有特异功能的蜘蛛侠，与此同时，他也拥有了和蜘蛛一样的感官，飞檐走壁，身手敏捷，由此他察觉到了其他普通人察觉不到的危险。想象我们拥有猫的眼睛、狗的嗅觉、蝙蝠的听觉，那我们感知到的世界又会是什么样的呢？

　　人们的视觉、听觉、触觉等感官的变化所带来的不同体验，为创意的产生提供了条件。在 TED 演讲中，有一期名为"广告人的领悟"（Life Lessons from an Ad Man），其中讲述了一个小故事：法国政府为了改善人们从伦敦到巴黎漫长的旅途中的体验征求大家的意见，工程师提出的办法是花费 60 亿英镑修建全新的铁路轨道，使从伦敦到巴黎 3 个半小时的旅程缩减 40 分钟的时间。一个做广告创意的人认为工程师的办法缺乏想象力，仅仅只是缩短了时间，他认为应该雇佣所有世界顶尖的男女模特，请他们走进车厢送免费的酒，也不需要花费那么多的钱。当然这只是个玩笑，其实这个办法就是依靠改变人们的感知体验，使人们在脑中生发出路程变短的假象，让人们从感知的角度解决这个问题。

第二节　新媒体的感知体验

一、新媒体重构人的感知

　　当一种新的媒介进入一个社群后，人们的感知生活都会产生或多或少的变化，甚至会产生很大的变化。在新媒体时代，无论是衣食住行还是学习工作、娱乐社交，人们的生活都与互联网、智能设备等捆绑在了一起，当生活中的一切都被电子化、网络化之后，其对个体的认知方式、情感体验等都造成了一定的冲击和影响，而无论是认知还是情感，都与人们的感知机能相关。

麦克卢汉在他的生物中介理论探索中提出了非常重要的一个概念，即"感官系统"，主要指人体的听觉、视觉、味觉、触觉、嗅觉及其相互关系被主导媒介改变的方式。麦克卢汉认为，传统媒介只是单纯地延伸人体的个别感觉，而电子媒介则是延伸了人的中枢神经系统，使人们各种感官在经验生活中的功能比率被重新分配。新媒体时代，媒介技术使人的延伸不再局限于物理层面，而是达到了生理层面，使人的神经中枢外化（高慧芳，2016）。新媒介主导的媒介环境使我们重新回到了无中心无边缘的世界。新兴电子媒介不仅是视觉的延伸，更是听觉和触觉的延伸。在印刷时代被分割的感知功能在声、光、电的激荡中再次合而为一，当时所造成的个体感官的撕裂又在电子时代被加以修复，口语文化时代感官平衡的部落化重新回归。

新媒体时代，媒介技术的同步感知特性使人的耳朵、眼睛接收四面八方的信息，并形成一种球形经验场域，这种球形模式使人们不再处于线性模式的一个点上，而是处于一个圆形的空间领域，这样的网状环境更有利于人们感知的整体发展，也为传播方式的进步提供了前提条件。新媒体环境下，视频、图片等视听元素成为了传播的主要内容，文字不再是唯一的表达方式，新媒体环境中的用户更趋向于用图像和声音等更加能被人整体感知的方式来传播和接收信息，来感知和卷入新媒体信息声域。印刷媒介强调视觉感官，促使人的感知成为线性模式，其视觉感知在排版、内容以及表述方式上都带有抽象性，但在新媒体时代，视听媒介除了突显视觉和听觉，还着重强调了触觉，使人的感知形成三维结构，用图像来叙事表达的方式则十分具象化，这也重新塑造了我们的视觉感知和感知中的世界。

以微信为例，微信的语音功能也在一定程度上改变了听觉感官。微信借助互联网，将语音发展成一种新的聊天方式，之前被印刷文化所压抑的口头文化和听觉感知被重新激活。"声觉空间"的感知偏向是同步的、具体的、直觉的、经验性的，其特征是模式与右脑相联系，网络语音的表达方式使听觉和触觉重新起作用，人又回归到调动全部感官的状态。微信语音交流不会像面对面交流或打电话一样进行深度的沟通，一来一往"碎片化"的回复迫使我们必须在视听结构上作出调整，即麦克卢汉所说的感知比率的调整。这种碎片化的交流方式使之前受到视觉压制的听觉、触觉等其他感官重新恢复，多重感知之间的互动重组形成了一种多元共时性关系，而这恰好是声觉空间所具有的特征。

新媒体时代，文字、图像以及视频、音频等丰富了我们的认知维度，也增加了我们感知世界的方式，丰富了感知体验，与此同时也提供了一个感知多元实践的媒介环境。2009 年上映的《阿凡达》掀起了观看 3D 电影的风潮，随后《地心引力》《变形金刚》《复仇者联盟》等一系列 3D 影片都赢得了很好的票房。3D 电影之所以备受追捧，主要原因是它增强了影像深度空间的视觉效果，为观众营造了身临其境的感官体验（余志为、彭吉象，2014）。观众在佩戴了特制的 3D 眼镜后，就能看到影片中的画面，这其实是延伸到了荧屏之外，仿佛抬手就能触摸到影片中的人物。例如《少年派的奇幻漂流》《寻梦环游记》等，都利用了视觉特效呈现出了美轮美奂的场景，漫天的星空、铺满枫叶的长桥等，都让人忍不住伸手触摸。2016 年上映的《星际迷航 3：超越星辰》推出了 MX4D 格式，片中震撼的动作场面与全感官特效为受众带来超越 3D 的全新体验。与普通的 2D、3D 电影不同，MX4D 电影突破了视、听两种感官体验的局限性，能够让观众从视觉、听觉、触觉、嗅觉等多方面感知电影中的魔幻世界，拉近观众与影像世界的距离。《星际迷航 3：超越星辰》的故事发生在外太空世界，柯克船长和"企业号"的船员在探索新世界的过程中不幸停留在异星，遭遇到当地种族的追杀。在影片中，当"企业号"飞船被大量的小型外星飞行器高速撞击时，观众会感受到座椅的剧烈摇晃和震动；而在"企业号"飞船受到损坏时，影院中烟雾弥漫，空气中还弥漫着一股火药味与烧焦的味道。这种多重感官对观众造成的内心冲击，远远超过了 3D 电影所带来的视听特效，观众从中获得了一种身临其境、亦真亦幻的体验，丰富了娱乐的体验。

在麦克卢汉看来，媒介是社会生活的中枢力量，造就新的社会模式（麦克卢汉，2011）。当前，新媒体早已成为社会生活中不可缺少的媒介形态，作为目前最为便利的人际交流以及学习娱乐的工具，其对社会关系和人际关系的重构具有重要的意义。麦克卢汉曾论断，电子媒介的一个效应就是使社会"重新部落化"，当时其论述的主要是电视和互联网媒体。部落化作为原始社会的重要特征早已在人类社会的发展中渐渐消失，但是新媒体技术的运用则体现了"重新部落化"的特征。新媒体利用互联网以及无线通信实现信息的传递，以全球为舞台、以全社会的人为受众，人们可以在网络上自由平等地交流信息，完成社会意见表达的功能。虽然网络上的言论还是要经过筛选和过滤，但相较于传统媒体而言，新媒体提供了自由开放且几乎人人可获取的交流平台。新媒体具有广泛性和公开性的特点，使得其具有很强的社会性。在这个网络社会中，社会关系呈现出"从碎片到连接的部落"，虽然网民互相之间并不熟识，但或许会因为共同讨论一些话题而从个体汇聚成一个群体，我们也可以把它称为"社群"，网民之间积极参与、互相交流，一种新的社会模式也随之诞生。正如麦克卢汉所说，一种文化的主导媒介和技术的知识决定着该文化总体结构的动因的塑造力量，以及该文化的模式，包括其心理模式和社会模式。

二、新媒体环境培育创意思维

新媒体思维与传统思维模式最大的不同在于前者抛开了前后贯通的线性结构方式，将零碎的信息汇总在一起，这些信息之间的组合方式是任意的、跳跃式的，因此有着无数种组合的可能性。学者约翰·克拉克（John Clarke）借用了法国人类学家克劳德·列维-斯特劳斯（Claude Lévi-Strauss）在《野性的思维》（Savage Thought）中的术语"拼贴"一词，其原意是描述原始人利用手边的物件，从原有物品中创造新的意义，克拉克在其基础上进一步强调了创新对于社会主流文化的突破。目前，网络上流行的表情包、流行语等都是拼贴文化的体现，将拍摄有瑕疵的废弃图片加以局部的替换、拼接，或配以无厘头的搞笑词句，就制作成了一个个的表情包，分割重组的加工使原本无聊的照片增加了笑点和看点，也促进了创意内容的产生。新媒体时代，数据化使现实世界"分散、重组与合成"成为可能，正如列夫·曼诺维奇（Lev Manovich）所提出的：数据库是计算机时代的一种新的象征性形式，并提供了一种新的组织结构来构建人们自身对自我与世界的体验（Manovich，2001）。数据库的概念超越了原来单一的计算机科学范畴，成了一种被逐渐运用到新媒体艺术创作中的思维方式（王柯月，2017）。

新媒体的特点就是使边界消融，媒介之间的融合消解了机械化分隔时代的细分运作的特点，由于媒介边缘的淡化，媒介之间的个体差异也在逐渐缩小，各媒介的信息也相应地交融。传统媒介纷纷做出了改变，它们都已不再局限于提供本身媒介的内容，而是整合资源，跨界合作，全面发展，虽然媒介之间的边缘在不断消融但其媒介特性却在不断放大，并在融合中得到更大程度的彰显。

新媒体打破了时间与空间的时空限制，使人们更倾向于互动的、多元的、网状的、非线性的思维模式，这种思维模式与创意的认知发生机制是相同的，即都是不再沿着既定的线路思考，转而进入另一条路径，因此这种思维模式为媒体创意的产生提供了条件，为影视文化创意注入了新的活力。我们正在不可逆地走向新的技术，但面对新媒体所传播的节目内容，我们身上却带着回应旧技术的心理状态和感知，用对待书本的线性思维逻辑去看待多元的节目内容，试图强制用新媒介做旧媒介的工作，自然会无法适应日新月异的影视文化。正如美国历史上著名的肯尼迪和尼克松的总统竞选，电视辩论的形象对最后的竞选结果产生了影响，人们普遍认为，是电视转播助肯尼迪当选。若当时不用电视转播竞选过程，那么印刷时代的思维下获胜的就可能会是尼克松了。在信息超载的互联网时代，"明星"的塑造成功其实就是人格魅力的成功。媒体人应该紧随时代，用新媒体思维提升创意水平。

不同于传统媒体单向的、线性的、垂直一体化的线性模式，新媒体时代的思维模式是网状的，正如凯利所说，一种围绕计算机对点网络建立起来的新纪元时代来临了（凯利，2016），在这种包容或网络层级架构的媒介生态下，互联网平台上的个体和组织都被高度节点化，节点成为信息连接的关键"接触点"，而构建新的媒介生态的关键之一，就是构建和维系新型的信息节点及节点集群（喻国明等，2015）。以"梨视频"为例，作为专门生产资讯短视频的媒体，梨视频逐渐成了新闻分享的重要平台，其"时政突发类新闻"的内容定位与新闻资讯服务类媒体相似，但不同的是，它既是资讯短视频的内容生产者，拥有自己的网站和拍客团队，又为用户自己生产原创视频、与其他的专业视频媒体或自媒体合作来提供生产平台。梨视频的编辑部相当于一个大的集合点，下面发散着各个区域编辑部，即小的节点，而以小的节点为中心，四周还分布着各个社会个体，三者之间以网络为线相勾连着，共同组成了一个网络状结构。社会个体就是一个巨大的信息源和供稿点，当社会个体拍到身边发生的新闻事件后可直接上传到平台，由区域编辑审核，它是内容生产的第一道把关人，最后再由总编部对上传内容进行专业加工，迅速产出资讯。在梨视频平台所建构的网状结构里，拍客能够并且需要主动参与新媒体内容的生产和传播，社会个体相互牵连、紧密合作，演变成共生群落（刘界儒，2017）。

　　新媒体时代的网状发展模式，打破了旧有的工业化生产模式，形成了以创意开发带动产业发展的新型文化生产的特点。新媒体的网状沟通模式给创意开发提供了前提条件。每个节点所产生的创意都可能随时与其他节点建立连接，或者过去分属于不同类别的不同节点之间的自由联结本身就催生创意。

小　结

　　本编首先从认知角度出发，从媒介生态学的角度对媒介技术影响个人的感知方式这个议题进行了讨论。对芒福德、麦克卢汉、德克霍夫等学者的主要观点进行了回顾分析。总体而言，他们一致认为，媒介技术塑造了人的感知方式。印刷时代，书本刺激了人体的视觉系统，形成了视觉偏向。电子时代，电视和新媒体刺激了人体的视觉、听觉、触觉等感知，使认知从过去的视觉偏向转向整体感知。本编进一步分析了神经科学领域的大脑可塑性理论与媒介使用的关系，从纸质和电子两种阅读媒介以及看电视与看网络视频两种视频媒介对脑认知的影响，来探究印刷媒体对新媒体认知的影响。

　　神经科学的研究表明，视觉活动主要发生在西方字母文字阅读时的左半脑，左半脑的额前叶主要执掌线性排列的大脑中枢，即数学和科学思维的中枢。线性思维不仅是一种比方，而且是左半脑的一种活动方式，而这就是印刷媒介带来的认知效应。相比而言，人们在观看包括电视以来的电子媒介时，右半脑更为活跃。科学研究表明，电子媒介对人的右半脑产生影响并使之塑造大脑中的意象，以此影响观看者的行为和观点。大量的实验研究表明，新媒体的使用使得人的大脑被重构，人的大脑被重复的媒介使用行为塑造成越来越适应扫描和略读，难以进行深度阅读和思考。新媒体的阅读接收模式与印刷媒介主导的时代不同，从消极方面看，它会带来所谓"浅薄"的智力后果和文化后果。从麦克卢汉的视角来说，这种新的接收方式不再是线性认知方式，而是模式识别，是更为人性化地回归人与世界关系的更为自然的整体感知。

　　认知科学利用磁共振成像（magnetic resonance imaging，MRI）、fMRl等技术手段，研究人脑对信息的瞬间加工机制。从 20 世纪起，国外研究者就开始通过研究脑认知机制来研究媒介认知，麦克卢汉是该领域最早产生重要影响的学者。他从认知科学中找到证据来证明人在印刷媒介主导时期的视觉感知偏向。他所提出的"媒介即讯息""媒介延伸论"等理论都是站在人的角度、运用感知知觉研究媒介对人和社会的影响。本编从脑认知机制的角度探讨书写媒介演变过程对人类认知思维的塑造，以新媒体为研究对象，分析如何创造性地使用新媒体来提升媒体文化中的创新能力。

本编最后探讨了新媒体认知与创意开发。新媒体以其非线性的思维模式为创意的产生提供了前提，也为创意产业特别是视听艺术创作提供了新的形式和内容，新媒体通过改变媒介使用方式，进而转变人的思维方式，新型的重整体而非切分的思考模式有助于提升媒体产业的创意水平，进而丰富媒体文化形态和社会交流方式。本编从认知角度分析新媒体思维对于娱乐创意的影响，探讨创意的发生机制，并结合案例分析创意想法和娱乐思维对于新媒体环境下影视文化发展的推动力。

从媒介的变迁史来看，口语时代催生了部落化社会，印刷时代产生了理性思维，而电子时代则重构了人类的感知，媒介的每一次重大变革都影响了人类思维和社会的发展。本编以麦克卢汉"媒介即讯息""媒介是人的延伸"等观点为理论基础，从脑认知机制这一新的角度探究媒介，运用脑科学和心理学探究纸媒和认知、电视和认知、新媒体和认知的关系，进而得出以下结论。

通过对比纸质阅读和电子阅读两种阅读方式，得出信息在人脑中所产生的微观效果，笔者用研究阅读脑的方式研究媒介对人的影响，总结出了不同媒介介质之间所产生的认知差异：纸质阅读和电子阅读在阅读效果上不存在显著的差异，但两种阅读方式对读者大脑认知的影响存在差异。原因是阅读纸质书籍时大脑进行的是线性的左脑活动，在阅读过程中，左脑的逻辑思维可被充分调动，可以对文本进行深入理解和分析；看视频时大脑进行的是非线性的右脑活动，光脉冲的马赛克模式必须靠右脑重组，电子屏幕发射出的电子光有碍于人们的阅读，直接在电子屏幕上阅读涉及左右脑固有的冲突，所以我们无法使用看视频的右脑处理系统去处理阅读信息。虽然电子阅读在文本理解、长期记忆、认知效果等方面要弱于纸质阅读，但我们必须承认新媒体时代，互联网阅读占据了我们更多的时间，微信、微博等社交媒体上转载的文章是我们平时阅读的素材，在电子阅读的环境中，我们具有"开放式结构"的阅读大脑正在逐步适应遨游网络的同时进行多项任务这种新型的阅读方式。

电子时代的技术不仅仅改变了阅读的方式和阅读的大脑，也改变了现代人的学习方式，笔者从视频化学习的角度探究看视频对脑认知的影响。电子技术催生的"电视式学习"和"网络式学习"以其各自不同的优势满足了这个社会终身学习的要求。麦克卢汉和波兹曼都看到了电视在提升教育方面的重要意义,"电视式学习"有针对性地将目光对准了儿童这一受众,给予他们整体卷入、形象化的学习方式;而"网络式学习"将"处处是中心,无处不边缘"的互联网思维运用得淋漓尽致,双向传播、社群化学习、多元内容等特征为人们提供了一个公平学习的机会。二者虽是不同的学习方式,但都建立在视频化的基础上,画面图像、声音特效、屏幕清晰度等因素都在刺激着人体的整体感知,重新调整了人们的感知体验,这不仅仅是视觉的延伸,更是听觉和触觉的延伸,在印刷时代被分割的感知功能在新媒体技术声、光、电的激荡中再次得以恢复。

本编综述了大脑可塑性以及大脑左右偏倾理论,剖析创意的发生机制,创意之所以产生正是因为不按线性的逻辑顺序思考,在不经意间跳脱出原来的思考路径。创意倾向于横向联想、散点式发散思维,这与新媒体思维所强调的模式识别的、非线性的、感知的思维模式相同。即"创意之父"博诺提出的,从讲求线性的、序列的、分析的岩石逻辑到非线性的、整体的、模式识别的灵魂的水的逻辑。新媒体这种非线性的、发散式的思维模式为影视文化创作提供了创意的形式和内容,使用户参与和互动成为新型媒体内容的传播模式,改变了创意节目生产传播机制。娱乐元素也为影视文化的内容创意、形式创意提供了新思路。最后从新媒体认知的视角,通过具体案例分析了如何创造性地利用新媒体提升媒体娱乐业的创意水平。

从视觉感知到视听感知直至转变到全息感知,人体感知的变化预示着文化转变的开端,我们正处于转变中的媒介环境,即从书写文化环境到视觉形象日增和数字媒介的超链接化媒介环境。在这个历史的节点上,媒介技术的变迁不仅改变了我们的传播方式、生活方式和学习方式,更是深深地影响了人类的思维认知方式。新媒体时代,新兴技术的发展丰富了人们的娱乐生活,也重新塑造了人们的大脑。在新旧媒介融合重组的过程中,我们不能只用旧媒体提供的单一逻辑思维去看待新媒体所带来的多元文化,而是需要充分理解新媒体的内涵,利用其特点,认识新媒体偏好的非线性思维模式来促进创意的开发,打造更多具有创新性的影视娱乐等创意产业。

第三编

电子时代的书写文化和口语文化

  作为书写体系在新媒体时代的认知效应之一，新媒体时代的书写文化是掺杂了口语文化的书写文化，或者可以说是掺杂了书写文化的口语文化。从人类口头语言的诞生到两河流域楔形文字的产生；从古登堡印刷机的发明到今天新媒体风靡全球，口语传播随着媒介发展经历了漫长而又复杂的演化过程。在传统电子媒介和网络新媒体盛行的当下，媒介视听节目更新迭代。在学者翁看来，书写文化之前的口语文化属于原生口语文化，而书写文化之后的今天出现的电子媒介时代的口语文化，是经历了书写时代浸染的口语文化，与原生口语文化有所不同，他称之为次生口语文化。与古老的原生口语文化相比，电子时代孕育出了次生口语文化，使人类在新媒介使用过程中发展出新的认知方式。

  本编内容旨在从媒介环境学和认知科学研究的视野，以翁提出的"原生口语"与"次生口语"为基本概念，分析电子时代口语文化的表现和口语文化与书写文化的关系。本编探讨了西方拼音字母对于培育理性意识所起到的作用。西方语境中的从口语文化到书面文化、从象形文字到拼音文字、从纵向左行书写到横向右行书写的转变，都可以看作培育"人类理性"的过程；在文字时代和口语时代的发展中，由于深深内化的书面文化和人的意识中或多或少的口语遗存，两种不同的技术媒介催生了不同的语言表达方式，更形塑出不同的心理认知。本编首先对口语与书写文化产生的源头及当代发展的动因和特点进行探讨，借助对口语传播的追根溯源，挖掘出以《荷马史诗》为代表所体现的以书写为媒介记录传播的原生口语文化的案例，将原生口语文化与次生口语时代的文化特点相对照，探索经过书写时代理性培育的电子时代口语文化与原生口语文化的内在共性和差异。

第一，本编主要从认知角度出发，首先厘清"口语文化"的概念界定，然后以《荷马史诗》作为语言技术的书面记载文本的原点，研究原生口语文化的起源、发展和特点，进而从媒介发展史的角度论述口述和读写与人类思维的关系。

第二，从原生与次生口语文化入手，归纳出两个不同时期的口语文化分别在"二度口语"传播特征、口语表达形式、口语传播方式三方面所凸显出的内在趋同性；并对其群体范围、词语技术手段和参与模式、心理认知趋向及社会意识形态方面进行分析。

第三，在后现代的口语传播语境研究背景下，本编结合当代媒介文化案例梳理了电子时代下流行套语符号化、娱乐化以及在解构中重构的仪式套语特征。

第七章
口语与书写文化的研究

从人类历史发展的进程来看，"口语"之所以有着举足轻重的地位，往往是出于语用的需要。纵观人类信息传播的发展历程，从新石器时代人类口头语言的诞生到两河流域楔形文字的产生；从 1450 年古登堡手摇金属活字印刷机到今天新媒体风靡全球，传统古老的阅读方式正在发生革命性的转型——可以说，在指定的框架组成中，前文字的口承文化能够得以应用，伴随着以印刷介质为代表的书面文化的产生，古人的思维模式也呈现出了巨大变化。电子视听文化时代的来临，使得口语文化以高科技为动力，通过声、光、影、图等因素的特定组合在人类的感知中得以复活。在媒介的不断发展更迭中，新媒介深刻影响着人们的思维和行动方式，重新塑造着人们的思维模式。

纵观媒介发展历史，从口语到文字，再到印刷术乃至电子网络，每一场传播媒介的革命都重构着思想与社会，创造着全新的社会关系，并因而改变着人类的认知和观念。如今，人类正以前所未有的"快捷方式"迅速步入电子时代，媒介形态裂变发展，新的传播规律、媒介话语、文化现象也在不断突破传统媒介文化研究的阈限。

在中国远古时代有一些表达"跨越时空传递信息"之意的众多典故，"烽火狼烟"便是其一。这个成语原意虽指硝烟味浓郁的战争，但在最早，烽火狼烟代表的是战争中传递信息的重要方式。古时候一些兵将在守卫国土时，为了可以在第一时间内传递敌军侵入的信息，在烽火台中将狼粪燃烧，狼粪点燃之际会产生十分强烈的烟雾，烟雾可以让远方的人看到，烽火台接连不断地点下去，敌人来犯的消息便能迅速传播开来。

由于古代没有发达的电力系统，古人一般都按照地支（子、丑、寅、卯、辰、巳、午、未、申、酉、戌、亥）的顺序，将一昼夜分为十二个时辰，每个时辰相当于今天的两小时。人们利用"晨钟暮鼓"的方法或者运用圭表以及铜壶来了解当前的时辰，在击鼓报的时候，便可了解当前的时辰。为了能够扩大钟声的传播范围，古人还修建了较高的钟楼，与鼓楼相对，日后渐渐发展为朝来击钟、夜来击鼓。

除了穿越时空阻隔的"烽火台"和"钟鼓"，人们还通过"驿寄梅花"的方式与友人频频通信慰藉。古语道，"海内存知己"，人们彼此间就是通过这种方式联络感情，互通款曲。"驿寄"讲述的则是南朝陆凯的故事：陆凯和范晔有着深厚的友谊，经常会在江南寄赠一枝梅花，陆凯作诗："折花逢驿使，寄与陇头人。江南无所有，聊赠一枝春。"这便是"驿寄梅花"典故的由来。

此外，现代人最为熟悉的古代信息传播方式还有鸿雁传书（又称飞鸽传书）。古人这种借助大雁或鸽子报信的特殊方式，体现了中国几千年的人缘历史文化，也成为历史考据的重要资料。溯其根源，在汉代时期，苏武以使者的身份前往匈奴地区，却被匈奴的单于流放牧羊。历经了数十年的时间，汉族和匈奴之间通婚，但是单于仍旧不同意苏武回到汉地。和苏武共同出使的常惠则将苏武当时的状况告知了汉朝使者，并且想尽办法让汉朝使者对单于说：汉武帝在打猎的时候猎得一只大雁，在大雁的足上附有一封书信，信中说苏武正在某地放羊。单于听闻这个消息之后，无可奈何，只得同意苏武回到汉地。自此之后，人们便用"鸿雁"一词来比喻书信及传递书信的人。

有关"鸿雁传书"这一典故，还有一种说法是，其源自民间故事。相传在唐朝时期，薛平贵在外地苦苦征战，而薛平贵的结发妻子王宝钏始终守在寒窑中十八年不离不弃。某一天王宝钏在山野间挖野菜时，忽然听见天空中传来阵阵鸿雁的叫声，于是便请求其能够为自己的夫君薛平贵传递一封书信，但是苦于身边没有笔墨，所以无奈之下一把撕扯下自己的衣裙，徒手写下一封血书，以此表达出对丈夫的思念之情以及对夫妻团圆时刻的热切期盼。

上述第一个故事体现了对国家的赤胆忠心，第二个故事则表达了女性对爱情的忠贞、对家庭的眷恋，不管出于何种形式，两则故事都让"鸿雁"成就了一段千古佳话，变成古人通信的重要使者。

不单单是鸿雁传书，在西夏和北宋打仗时，西夏人也曾经利用信鸽传递军务信息。在南宋初期阶段，著名将领曲端也曾应用信鸽传递消息。那时，古人将信鸽称为"飞奴"。相传刘邦被项羽围攻的时候，亦是采用飞鸽传书的方式，才引来外援脱离陷阱；而张骞和班超在前往西域时，也应用鸽子向朝廷传递信息；除此之外，"九度附书向洛阳，十年骨肉无消息""烽火连三月，家书抵万金""寄书长不达，况乃未休兵"等诗句，也均向我们表达了古代音信难通的焦虑与无奈。因此，家书也好，军令也罢，都是通过把信息托于他物、寄托给言语，以此来传播消息、传递真情、传承文化。此后，这样的传播方式在人类社会绵延了几百年。

小小信笺承载着情感、孝心、关爱与嘱托，以及十天半月甚至更长时间的期盼等待，人们的一心喜怒为之所系。继印刷术的推广使读写文化从纸质书写发展到印刷阶段后，"鸿雁传书"和"信鸽传讯"所培植出并绵延了几十代人的某些社会文化在电子时代虽然已成历史，但是，新型社交文化携带着中国传统口语与书写文化的基因在网络媒介交替转承的时代发展出全新的形态和内涵。

新型的社交文化以人们今天广泛使用的电话、电视和数字网络等为基础。美国学者翁认为电子媒介必将带来全新的技术变革和认知影响，他将电子媒介时代的口语时代称为"次生口语时代"，以区别于书写媒介之前的"原生口语时代"。虽然不同时代的口语文化都是由各自依托于前一阶段的媒介技术演变而来，但翁大胆推测：在全球信息泛滥的电子时代，原生口语文化的部分特征将会得到恢复和延伸。电子时代次生口语文化既是失落的原生口语文化的复苏，又是经过书写和印刷媒介时代影响的新型口语文化。

第一节　口语文化：书写之前，书写之后

在媒介研究领域中，口语文化可谓是尤为丰富生动的话题，但是在文学、哲学和科学的视角下，我们却从来视之为天经地义、司空见惯的终极传播现象，毕竟它蕴含着太多看似"理所当然"的思考和表达特征。口语文化之所以会产生，是因为关于语言文字的技术给人类的意识提供了新鲜的资源，同时给人类传播活动和思维认知方式带来了巨大的改变并产生了深远的影响。就像学者德克霍夫所言："语言是驱动人类心理的软件"，任何时代关于语言的新技术，"也必然会在身体、感情和精神等层次上影响行为"（德克

霍夫，2020）。认知神经科学通过对媒介传播过程中人类的感官体验以及思维信息处理过程的研究，将人脑的认知机制和主体与环境的互动放在重要位置，引领我们去重新审视人类感知体系。

回顾人类社会发展的历史，人类语言的起源有着漫长的演变过程和众多的经济、社会、文化动因。不管这个发展历程多么复杂，我们至少可以得出一个确切的结论：在人类社会发展演进的过程中，人们的交往形态刚开始只有类似动物与动物之间的交流，人们依靠某种声音或者形体动作来传情达意。随着时间的不断推移，初级的口头语言开始逐渐形成；从口头语言到书写体系的出现，中间又经历了很长时间，最早的文字距今大约 6000 年；史学界一致认为中国最早的文字是甲骨文，距今约 3600 年，而浙江平湖庄桥坟遗址考古发现，大约 5000 年前的良渚先民就开始使用文字。汉字的发展由早期的图画发展成为表意符号，成为古代人交流的新工具。书写媒介也经历了从手抄时代到印刷时代的发展。

对比荷马时期和电子时代的口语文化，从翁的心理动力学视角，可以摸索出口承文化和读写文化的各自特征：口语表述特征是递增的、总合的、重复的、保守传统的、接近人类生活的，语气是论战的、参与的、理解的、自我平稳的、情景对话式的；而文字书写特征则是从属的、分析的、线性的、实验的、抽象的、超脱的、客观的、远离的、动态的、语境自由的（翁，2008）。鉴于此，我们便能在此基础上结合媒介发展的规律和文化演变的形态，形塑出印刷时代作者与读者躬身自省的文化范式，以及电子时代人人注重参与、互动共享的认知理念。此外，翁从技术角度所界定的"文字"的概念以及"印刷术对意识产生的微妙影响"论题，都能给人们带来新的启发。

借助于媒介环境学学者对口语文化和书面文化及整个人类社会进化的宏观意义上的媒介研究，我们可以更好地了解口语文化和书面文化，还能从艺术创作工具的角度更全面深入地认识印刷文化和电子文化：印刷文化把书面文化推向一个历史发展的新巅峰，而新兴的电子文化则建立在印刷文化的基础之上，并以对口语、图片、表情等其他传播符号的包容而越来越趋向于回归口语文化。

第二节　媒介研究视角下的口语和书写

一直以来，西方关于媒介研究的学术建树都极为可观。从 20 世纪中叶至今，研究学者们分别从人文艺术、人文批评、社会公共领域以及传播学等视角，对电子媒介逐一展开了系统的学术研究。20 世纪 60 年代初期，西方学界——古典学、人类学、文化史、进化生物学等学科又都不约而同地涌现出多部关注口语文化和读写文化的著作，例如：法国人类学家斯特劳斯的著作《野性的思维》，英国人类学家杰克·古迪（Jack Goody）和英国文学史家伊安·瓦特（Ian Watt）的论文《读写文化的后果》（"The Consequences of Literacy"），麦克卢汉的《古登堡星汉璀璨》（*The Gutenberg Galaxy*）和埃里克·哈夫洛克（Eric Havelock）的《柏拉图序》（*Preface to Plato*）。它们都源于一个共同观点，即主导性的传播媒介是认识人类文化发展的重要视角。

在这些作品中，学者哈夫洛克的《柏拉图序》对传播媒介进行了深入思考，提出口述是具体的，读写是抽象的。这个观点直接给翁以启发，他围绕口语媒介如何影响人类心理、思维和文化，做出了卓有成效的研究，并在此基础上提出"二度口语"理论和"原生/次生口述"的概念，表明了口承和书写在心理认知视角下始终存在着的"大分野"，即口承社会和书写社会彼此分离。具体说来，口承社会更多是依靠规律性的口头音韵，将他人的语言进行复述，进而产生信息传播的实际意义；而书写社会则是以散文为主，同时将其当成传递信息与记录保存的重要介质；再后来，伴随着印刷术的问世，书写作为一种内化的工具技术，使作者和读者都更倾向于躬身自省的文化范式，极大地促进了哲学和科学领域的发展，同时也对推动国际民主社会的发展起到了重要作用。

根据尹虎彬在《在古代经典与口头传统之间——20 世纪史诗学述评》中的分析，美国学者米尔曼·帕里（Milman Parry）和其学生阿尔伯特·洛德（Albert Lord）对口语文化源头史诗的研究所做的田野调查的方法无疑是行之有效的。帕里和洛德从研究文献入手，以杜布罗夫尼克（Dubrovnik）为基地，将具备基督教传统的口头叙事文学与具备穆斯林传统的口头史诗表演作为调查目标，选择将高科技电子录音装置及口述两种方式结合起来进行记录，同时以杰出的歌手为核心，为史诗田野作业的开展奠定了一定基础（尹虎彬，2002）。通过田野作业、实地考察，帕里和洛德终于明晰了口语的基本特征，也因此打破了人们数千年来固守的成见：原来长篇史诗并不需要死记硬背就能得到很好的理解和长久的传诵。在对《伊里亚特》（Iliad）以及《奥德赛》（Odyssey）进行探讨时，帕里和洛德发现吟唱诗人在"编织"史诗的过程中，都拥有比较健全的预制材料去"拼装"赏心悦目的诗句，这些材料包括但不限于习惯用语、修饰词、套语、程式、名号、主题、场景等，它们灵活自如地贯穿在有固定音节、音步和韵律的诗行中，既在艺术形式上可圈可点，又成了长篇史诗得以千古传唱的秘诀（张杨，2006）。把握规律后便能发现，这种"编织""组装"的口语艺术创作方式并不复杂。在研究《伊里亚特》和《奥德赛》时，研究者们发现了吟唱诗人"编织"、"拼装"和"组装"史诗的秘诀——行吟诗人在"编织"史诗时，有全套的预制材料去"拼装"铿锵悦耳的诗行，去"组装"大段大段的诗歌，并非我们想象的那般费劲。他们得心应手的预制件有习惯用语、预期中的修饰词、套语、名号、程式、主题、场景等，其中不乏可以"自由伸缩"的词语，它们能够灵活变化并嵌入有固定音节、音步和韵律的诗行中。

美国的著名古典学家约翰·弗里（John Foley）在美国密苏里大学创办了"口头传统研究中心"及《口头传统杂志》（Journal of Oral Tradition）。他提出的"口头程式理论"（Oral-Formulaic Theory）中关于口传诗歌《荷马史诗》艺术的研究给人以启发。弗里在自己的治学中将"口头程式理论"的思想精髓和"讲述民族志""演述理论""民族志诗学""语义指涉""接受美学"等 20 世纪关键的理论内容融合到了口头传统的对比研究中，先后提出了"口头传统的比较法则"、"口头传统/文本技术/互联网技术并立"及"思维通道"等概念工具和理论学说。对于翁等早期的口承-书写二分法的理论预设，弗里认为，作为正确理解并鉴赏口承传统及其多元化特点的主要依据，提出二元对立的分析模型至关重要。在此过程中，弗里曾提出，口头传统有效改善了口承和书写之间的关系，并在两者间创建出了正确认识人类文化表达的途径，与此同时，他也在感官体验及思维认知领域有了更为重大的突破。

相较于弗里关于"口头传统与人类表达、感官体验及思维认知"的研究方向，传播学技术派先驱伊尼斯提出了"口耳相传中眼睛、耳朵、脑袋以及感官和官能之间协同运动"的媒介体验观点，而麦克卢汉则仅仅醉心于印刷术与人的感官比例以及人格的关系，强调印刷术延伸了人的视觉感官，并造成了感官比例的失衡，由此，我们从整体性认知走向了认知分裂，而这种强化线性认知的感知方式影响到群体内与群体间的关系，其结果是导致了民族认同、民族主义和中央集权的民族国家。学者爱森斯坦则是从媒介环境学的角度，研究了印刷术如何改变人的社会观念，认为"印刷机"这种传播革命，不仅仅是一种客观存在的技术形式及其市场，而是给人类带来了一场全新的社会与思想的建构，让我们反思技术如何建构我们的生存环境（爱森斯坦，2010）。此外，她还用互动理论来说明印刷机在传播革命中所起的作用是在不同社会要素相互作用的基础上呈现的。许多变量之间的相互运动（相互作用）包括旧讯息和新媒介、文化文本和技术革新、手工与脑力、工匠与学者、布道者和印刷商的相互作用（爱森斯坦，2010）。同样源于互动的"场景融合"理论，梅罗维茨则是深入探讨了媒介生态学视角下电子媒介对社会行为的影响及个体的身份诉求。

　　相较而言，国内的口语研究从最初的探究到后续发展，其不同发展阶段的共同点是活形态的材料蕴藏相当丰富，但相关学术研究却起步很晚，理论积累也不够深厚，未来的研究之路道阻且长。仅就口语研究的源头而言，中国史诗研究的大规模展开到目前仅有约半个世纪的历史。我们研究了史诗，但是，这种研究还不是史诗学意义上的学科自觉，表现在多数学者没有将口传史诗作为口头传承的民俗事象来研究，而是从经典的教条出发，学术研究和民族意识、国家意识形态相互混淆；作家文学研究和口头传承研究相互混淆。这种脱离口头传统去解读作品的方法注定离准确把握对象还有一定的距离。因此，对于史诗的研究，除了要高度重视其艺术特征、传承文化、文本研究等方面，还更需从方法论上加以提升。

　　中国古老的《诗经》是古代口语文化和书面文学的集中体现，从中可以看出中国源远流长的吟唱文化。国内学者对于史诗的学术研究源起于 20 世纪 30 年代。当时，闻一多、朱自清、顾颉刚、钟敬文、陈寅恪等现代学者通过从民歌的角度研究《诗经》的赋比兴问题，开始涉及口头诗歌的即兴的口头创作和口头的文体形式问题，但是，最终没有形成方法论，也没有得到后人的认真总结。《诗经》与《楚辞》等古代经典与口头传统的关联已经被晚近的学界所关注。当然，论者还没有活态口头传统的田野工作的经验。1974 年，美国华裔学者王靖献出版了《诗经》研究的博士学位论文，首次将帕里的学说应用到中国文学的研究中；20 世纪 80 年代杨成志撰文把洛德的《故事歌手》（*The Singer of Tales*）引介到中国民俗学界；20 世纪 80 年代后期，欧洲学者运用该方法研究中国说唱文学如扬州平话；1990 年，华裔学者王靖献出版了研究《诗经》的专著 *The Bell and the Drum: Shih Ching as Formulaic Poetry in an Oral Tradition*，由谢谦翻译到中国，将其翻译为《钟与鼓——〈诗经〉的套语及其创作方式》，书中对《诗经》普遍存在的"程式"现象进行了深入研究；1997 年口头诗学译介工作开始：弗里的《口头创作理论：历史与方法》（*The Theory of Oral Composition: History and Methodology*）、阿尔伯特·洛德的《故事歌手》被译为中文，该理论如今已经被研究者广泛关注和引用。

2000 年依据哈佛大学图书馆米尔曼·帕里口头文学资料库模式，中国社会科学院设立院重大项目支持"中国少数民族口头文学资料库"建设工作。2016 年国家社会科学基金重大项目批准了一项关于参考帕里口头文学特藏而对中国少数民族口头传统进行无数据建设的项目——"中国少数民族口头传统专题数据库建设：口头传统元数据标准建设"，哈佛大学有"米尔曼·帕里口头文学特藏"数据库，美国哈佛大学教授戴维·埃尔默（David Elmer）在一次有关国际史诗学与口头传统研究讲习班上介绍了该数据库，中国学者李斯颖和巴莫曲布嫫译介了埃尔默对该数据库的介绍，名为《米尔曼·帕里口头文学特藏的数字化：成就、挑战及愿景》，这是国内这一领域较新的基础研究文献成果，该文讨论了口头史诗传统的数字化建档实践及其在多学科研究领域的潜在应用价值（埃尔默，2018），由此开启了利用这个理论和模式研究中国民间口头文化的先河。

尽管中国的口承史诗研究起步较晚，理论基础较为薄弱，但总体而言，其口语研究也为国际史诗学理论建设提供了参考性价值。择要而言，一个是丰富了史诗的类型——对中国南方诸民族的"创世史诗"和"迁徙史诗"的总结，已经得到学界的认可。另一个是文化类型的多样性和史诗传承的口语性，以及大量活形态史诗传承，引起了新的问题意识和新的解读史诗的努力。仅以藏族为例，史诗演述能力的习得（例如藏族"神授"艺人）和歌手传承文本类型的多样性（例如藏族的"掘藏"文本），都为全面认识原生口语时代下口承诗的传统提供了有益探索。

尽管学术界对于早期的媒介口语文化已有初步的涉猎，但从认知角度对电子时代口语文化发展所进行的研究目前还乏善可陈，尤其对于从原生口语文化的起源——《荷马史诗》中的仪式套语衍生到如今次生口语文化中的网络套语现象，国内的相关研究寥寥，并且仅是限定在语词和文学的视角。因此，本编在媒介生态研究学者翁所研究的古代行吟诗人的原生口语文化基础上，结合伊尼斯、麦克卢汉、帕里及洛德等其他媒介生态学学者的理念，将电子时代的次生口语文化与原生口语文化并置比较，找出其内在趋向性和表征差异，希望能总结出两种媒介口语文化的特点，以及电子时代网络仪式套语在传统口语史诗基础上的进步与发展、异同与革新。

对于电子时代口语文化何以发展演变的论题，我们先系统梳理这样几个问题：原生口语文化到底是如何起源的？次生口语文化为传统古老的史诗文化承袭下了哪些口语特征？形塑出人类大脑的何种认知？新媒介时期网络视频的次生口语文化在媒介渠道、意识形态、控制分析、群落规模、功能功效、互动模式及受众分析上较原生口语有何进步与发展？又是如何通过数字传播技术，使次生口语文化特点进一步"反哺"于传统媒介，最终回归原生口语文化本源的？

本编在认知学视角下对历史上不同时期前后相继的口语文化进行对比研究，并针对口语文化到书面文化及电子文化的变迁如何影响文化、改变人类意识，进行更深层次的探讨。以时间的维度对前后相继的文化进行纵向比较，也对同一时期共存的口语文化与书面文化进行对照分析。

本编收集并研究了 20 世纪 50 年代以来国内外学者对于电视和网络领域发表的文献，借助对口语传播的追根溯源，挖掘出以《荷马史诗》为代表的体现古代原生口语文化的案例，第一，考虑到文字媒介、电子网络与口语技术之间的巨大差异性，而口语本身作为远古时期最早的传播技术有着悠久的历史渊源，所以本编首先将从口语的概念界定出发，再分析口语文化的概念。在人类历史发展进程中，口语已融入富有深刻性和创造性的精神活动过程，但其必须经过个人内化之后才能对思维产生影响。

第二，从认知角度出发，以《荷马史诗》作为语言技术研究的原点，梳理其在原生口语时代得以流传于后世的原因，研究原生口语文化的起源与发展，进而引出媒介发展史中口述和读写与人类思维模式发展的关系。

第三，通过系统的比较，详述新媒介时期的口语文化与传统的原生口语文化的内在趋同性，进而总结出两种口语文化前后相继、一脉相承，回归本源的口语特质。原生口语文化与次生口语文化兼具的特质主要有："临在性"

和"模式化"表达，"聚合性"和"叙事性"，以及即时变化、流动不居的开放性等共同点。

第四，在后现代的口语传播语境研究背景下，针对当前文化中典型流行套语文化，提出网络视频仪式套语在符号化、娱乐化及在解构中重构的后现代特征，次生口语文化对人们认知思维的重塑和改变，以及认知视角下仪式套语的身份确认与语言自治。网络时期仪式套语在思维认知视角下取得的进步与发展主要体现在：首先，网络时期的口语传播不仅以语言关系作为社会关系，还基于大众和草根反映出一种仪式观和传递观，其互动性特点日益凸显；其次，网络视频中的口语文化反转了传统电视新闻节目中权力阶层和平民受众正常的强弱关系，形成了良性互动和凝聚共识；最后，网络信息时代的仪式套语较电视口语文化也更新潮多样，大量视频节目中的网络热词折射出观念之变、时代之新。

第五，对以上论述进行总结，梳理现代媒介口语文化流变的外显表征和自身特性。强调网络视频里的次生口语文化不仅催生了传播方式的变革及大众文化和草根文化的开放与博弈，还进一步影响了传统电视节目的二度口语创作，从而大力推动了电子媒介口语时代的发展与进步。

通过分析电子时代的次生口语文化和网络流行语中的仪式套语，将荷马所处时代的原生口语文化进行对比研究，不仅可以融入跨学科的理论，拓宽国内媒介研究的探索维度，而且结合口语媒介对社会文化和人类思维的影响，能够发现口语文化独特的发展轨迹，从而对现代电视网络文化的文本及新兴媒介的仪式套语特征作出清晰的论断。这样，古与今、荷马史诗与二度口语、传统电子媒介的口语创作与新媒体时期新潮多元的套语文化，就可以互相启发了。

第八章
认知视角下的口语文化和书面文化

第一节　口语文化的研究起点

丹麦语言学家奥托·叶斯帕森（Otto Jespersen）曾指出，假设我们不能将说与听的过程放在首要位置，哪怕只是暂时性地遗忘书写仅是说话的替代产物，也将永远无法了解语言的意义及其发展形式；瑞士语言学家费迪南·德·索绪尔（Ferdinand de Saussure）也曾提醒人们注意"口语的首要地位"。这些观点似乎略显偏颇地突显了口语的重要性，但不可否认，古往今来，语言的基本口语属性和社会属性确乎是世代永存的。

要想真正确立承载社会意义的口语文化研究起点，考察古代史诗的沿革也许是较好的方式。追根溯源，公元前 11 世纪至公元前 9 世纪，史诗正式诞生。回望历史，这一氏族社会解体阶段距今已有两千余年，但是历史真正遗留下来的诗作却寥若晨星。作为人类童年时期产生的一种文学体裁，也是文学发展史上独特的概念，"史诗"（epic）这一语词，最初是通过希腊文的"叙事"（epos）变化而成的，翻译成中文则是"神托"，指的是古时候人们在进行祭祀的过程中，代表神灵所念出的祭诗，自此以后广为流传，经过文人墨客对其润色修改，便产生了承载厚重历史文化的古代民间史诗。

帕里可以说是史诗研究的开山鼻祖，他和学生洛德一同发现并创立了"套语理论"。通过身体力行的田野调查，他们发现，远古史诗形成了一套有规律可循的作诗技巧、传统旧式的词语程式以及反映事件场景的程式主题。得益于此，后来的游吟诗人才相继形成了他们流传千古的口头诗歌作品，而以套语结构为首的这一系列诗歌创作元素也因此构成了口语文化和语言技术的研究起点。

几个世纪以来，人们对古希腊盲人诗人荷马的身份认同早已形成普遍共识。大家一致认为，传世佳作《伊里亚特》和《奥德赛》是西方遗产里最具典范意义、最富有灵气的世俗诗歌，其能千古流传，正是得益于天赋异禀的诗人荷马脑子里所储存的一本反映"套语理论"的诗歌语言集萃。1930 年之后，帕里以及洛德按照《荷马史诗》的实际面貌深入探讨了其"原始"的文本特性，并在此基础上共同创立了口头诗学理论，推翻以往成见，实现了从"传统的荷马"到"口头的荷马"研究的飞跃。

最初，帕里和洛德通过南斯拉夫的田野调查发现，荷马总是铺张地反复使用一些固定套语，希腊词 rhapsodize 的意思是"编织诗歌"，这个词的意义可谓完全颠覆了古人的认知：荷马仅借助语词的韵文和音律，靠一些预制的片语编织和拼凑，他不再是人们臆想中的创新型诗人，反而更像是一位装配线上的工人，只需对"诗歌构件"进行整理即可完成诗歌。其中更为关键的是，史诗还以某些标准的主题为基础，创建了特定的群落，这些主题可包括以下几种类型，即议事会、调兵遣将及英雄的盾牌等（翁，2008）。

就这样，大量的程式被行吟诗人所知晓。随后，帕里和洛德一起学习实践、逐步融会贯通，并在田野调查之后创设了"帕里-洛德学说"，主要从程式、主题及故事模式的视角探讨了传统诗歌的语言和场景，而这一系列元素也构成了口语文化和词语技术的研究起点。

通过对"帕里-洛德学说"的分析，不难看出其所表达的意义：在荷马史诗中，所有特征均为口头创作的重要产物，且都是在精简原则的作用下产生的（翁，2008）。帕里的研究正是从荷马史诗的文本开始的，他运用其深厚的语言学知识，对研究者所提供的从史诗中筛选的大量程式化用语例句进行图标显示、数据统计。他从实证主义出发，于 1928 年提出了史诗创作中的基本表述单元（express unit）——"程式"（formula）这一概念及其最有说服力的证明元素——"名词属性形容词"概念和后来的"程式系统"概念，从而印证了行吟诗人的口头用语丰富多样、灵活变通的特点，以及语词的选择足以满足编制故事时韵律需要的事实。

所谓名词属性的形容词套语，通常情况下是用来呈现人或事物特点的名词属性形容词或短语。此方法可以帮助诗人构筑、记忆诗行，在即兴发挥中可起到辅助作用，降低困难程度。比如说在荷马史诗《伊里亚特》中，阿伽门农所表示的是"军队的统帅"（或者是"兵众的首领"），莫奈劳斯所表示的是"啸吼战场"的战将等。上述词语不但体现了被修饰者的自身特征与基本属性，还可以渲染文化背景，描述宏伟场面，烘托激烈气氛，营造神秘色彩（弗里，2000）。这就好比在一个大家共同建立的语言认知体系下，代表着共同体中最普遍、最实用的套语的上述名词属性形容词被收进了一个程式库，为所有的口头叙事传统艺术演练者所熟知，该类名词属性形容词的意义也代表了诗中最普遍、最有用的意义。

　　在公元前 8 世纪后半期的原生口语时代，长篇的荷马史诗在没有文字依托的大背景下何以口口相传？针对这个千古遗问，翁在帕里和洛德对口语程式及语言认知研究的基础上，通过对口语/书面两种不同语言技术表达的对比，研究了口语文化怎样以有组织的方式构建知识的问题，指明了口语记忆对人类认知所产生的影响，一套包括重复、节奏感、对仗、套语、箴言等的记忆模式提升了口语再现的效率。其中由固定词语组成以便口耳相传的套语既有助于口语的表达和记忆，同时也能将思想蕴含于这种语言形式中（翁，2008）。翁在其著述中揭示了"口语文化-书面文化的两极性"理念与"原生口语文化与次生口语文化"的分野，同时归纳了原生口语文化的特征，从而破解了上述谜团。在翁看来，口语文化是附加、聚合的；并且可以体现出移情与参与式，它主要把意义托付给语境，而非逻辑，因为逻辑是一种封闭体系的幻觉，是由文字促成的，更是由印刷术强化的，口语文化则有着其他的幻觉，但不会是这种封闭体系的幻觉，因此它们不会用类比的方式把语言想象为建筑或其他的空间物体，而是借用特定的语境和套语，把口语文化的传承付诸口承记忆和心理认知（麦克卢汉，2011）。正是这种习惯，才使得古希腊口头史诗得以千古流传。

　　史诗是西方文化口语时代典型的艺术形式，具备口语传播便于传诵与记忆的特性，但它绝非寻常之叙事艺术，而是承担了知识涵养、文化承传、风俗保存、日常交往的非凡功能，从而成为整个口语时代最重要的知识"装置"。这种艺术样式和文本并非古希腊所独有，华夏民族第一部诗歌总集《诗经》也具备这种几乎是"百科全书式"的特性，可以视之为"史诗是口语文化时代主要知识形式"之旁证。《论语》就曾记载——子曰，"小子何莫学夫《诗》。《诗》可以兴，可以观，可以群，可以怨。迩之事父，远之事君；多识于鸟兽草木之名"。以此观之，春秋时代诞生的《诗经》是中国古代从口语文化时代向书面文化时代过渡的经典文本。

20世纪后期以来，中国学者深入研究中国神话、史诗、口头传统、民间文学和非物质文化遗产。相较于西方学者的田野调查研究方法，他们更着重于史实的考证、结合背景材料的分析，以及从鉴赏角度出发对作品做具体细腻的艺术剖析。例如学者王靖献在研究《诗经》时，就运用了西方学者的"套语理论"，即"帕里-洛德理论"作解析，对《诗经》作品及上古时代的一些文学现象给出了比较可信的结论，给人颇多启示。事实上，无论是《荷马史诗》还是《诗经》，东西方各民族有文字记载以来的第一种文化类型，无一例外都是诗歌，说明"诗"的吟诵与传承与人类口语文化发展之间的确有密切的关联。

第二节　书写文化的演变

一、拼音字母与理性意识

越来越多的人类学家更为直接地涉足于口语文化的研究领域，其研究成果几乎也都源起于帕里和翁等前人所奠基的口语理论。英国社会人类学家古迪曾提出，由巫术转变为科学的这一阶段，亦可称为由"前逻辑"转变到日益"理性"的思维模式的阶段，上述所有标签均可应用"口语文化-书面文化的两极性"理念与"原生口语文化与次生口语文化"的历史分野进行阐述。麦克卢汉也提出了耳朵和眼睛、口语和书面文本的反差，要人们注意詹姆斯·乔伊斯（James Joyce）先知先觉的"耳朵-眼睛"两极分化理论的重要意义。西方拼音字母对于培育理性意识起到了重要作用。西方语境中的从口语文化到书面文化、从象形文字到拼音文字、从纵向左行书写到横向右行书写，都可以简述为一个培育"人类理性"的过程；在文字时代和口语时代的发展中，由于深深内化的书面文化和人的意识中或多或少的口语遗存，两种不同的技术媒介催生了不同的语言表达方式，更形塑出不同的心理认知。

如果说偏重听觉、部落样态的东方象形文字是语言文字艺术的开山鼻祖，那么，西方的拼音字母便是偏重视觉、线性分布、文明开化的先进文字技术。正如传说中的卡德摩斯王希腊神话一样，神话中卡德摩斯王将拼音字母引入了希腊，将凶龙的牙齿种植后，最后变成了英勇的战士。在此过程中，拼音字母代表着权威与荣耀。将字母表与埃及人的莎草纸进行融合之后，始终停滞不前的寺院"官僚"与僧人对知识与权力的垄断也就终止了，字母文字以前所产生的文字符号数量众多，难以掌握。字母文字代表着非常宽泛的知识和复杂的技能，当获取这种知识和技能的过程全靠砖石之类的笨重材料时，书记员阶层就稳稳当当地垄断了僧侣的权力。较易学会的字母表和轻巧、廉价、便携的书写媒介莎草纸结合，知识的垄断得以瓦解，传播知识和技能的权力从僧侣阶级向武士阶级转移。所有这一切，包括城邦国家的衰落、大帝国和军事官僚阶级的兴起，都寓于卡德摩斯神话及其龙牙的生长之中（麦克卢汉，2014）。

尽管卡德摩斯神话仅是一个古老的传说，但其龙牙主题却有着相当深远的现实意义。牙齿可以称作是力量的媒介，在许多动物身上尤其如此。拼音字母表在麦克卢汉眼中就是一种独特存在的线性技术，并且，非拼音文字（如楔形文字、象形文字等）还与拼音文字存在这样一个悖论：非拼音文字是非连续的（彼此没有系统的联系），却是整合一体的（会意文字的形式有意义，声音也有意义，形、声、义三者相连）；反之，字母表即为一个比较完善的系统结构，却没有整合一体，连续排列的字母及其读音都不代表意义。

二、印刷术与认知效应

文字存在的真正意义，实质上是为了打破语言的空间限制，但是文字将对象群体区分开来，并由此而明确"客观性"状态，就能促使人们通过细腻、抽象的方式对文字进行应用。与口语文化比较后可发现，书写和阅读无疑是缓慢的，并且充满孤独色彩，在这一背景条件的影响下，文字的反身性极大程度地提高了，而文字的反身性本身又产生了一种诞生于"无意识"之上的全新意识——推动人类认知发展与现代理性的"逻辑成果"——印刷术。印刷术的出现，使承载文字的纸质媒介的发展进入了具有里程碑意义的新阶段。

相较于早前学者伊尼斯关于媒介体验口耳相传中眼睛、耳朵、脑袋以及感官和官能之间协同运动的观点，麦克卢汉则倾心于研究印刷术与人的感官比例以及人格的关系及其比例的失衡，认为西方人从整体性人格走向了分裂性人格，书籍必然让社会陷入二元对立，让个人内在分裂。这种个人人格的变化又影响到群体内与群体间的关系，其结果是导致了民族认同、民族主义和中央集权的民族国家。爱森斯坦则从媒介环境学的角度，更多展现印刷术如何改变人的社会观念。传播革命中的印刷机不仅体现了一种客观存在的技术形式，更给人类带来了一场全新的社会与思想的建构，让我们反思技术如何建构我们的生存环境（爱森斯坦，2010）。

鉴于印刷术对诗歌体系和西方"心态"产生了或多或少的直接影响，笔者便在前人的研究基础上，归纳了由印刷术带来的几个方面的认知效应。

印刷术促进人们树立了愈发强烈的自我意识。随着手稿时代到印刷时代的变迁，印刷术也催生了人类自我意识和个人主义的萌芽。麦克卢汉在《理解媒介：论人的延伸》（*Understanding Media: The Extentions of Man*）一书中就曾提醒过人们注意印刷术对意识产生的微妙影响。日本知名学者宫原照夫曾提出，印刷物更重要的影响之一，是造成诗与歌、散文与讲演术、大众言语和有教养的言语的分离（宫原照夫，1998）。爱森斯坦也曾指出，抄写文化的状态，压制了人的自恋情结，而印刷术却使它获得解放（波兹曼，2011）。伴随着印刷技术的诞生，所有人发表的言论与编著的数据均可得以流传，进而催生出全新的自我观念。

个人隐私是现代社会的标志，相较于上述偏向作者角度的"自我意识"，"个人隐私感"则主要针对读者一方而言，在印刷术的作用下，作家不但被激发出创作情感，想要抒发自己的内心情怀，而且也为读者呈现出了一种新的态度。在手稿文化与印刷文化发展的初始时期，整体上来看手稿文化占主要位置，口语文化处于边缘地位。那时，抄书人的字迹凌乱形散，手稿稀少，因此依旧沿袭了讲演的形式，仅是将口语表达模式转变成了朗诵模式。在那一时代下，读书属于一种比较常见的社会现象，通常情况下则体现为一个人朗诵，其他人聆听，主要以听觉效果为主，视觉效果则起到辅助作用。人们将手稿文化中所产生的书本进行比较，发现印制出的书本更加便于携带，同时也能够有效保护个人隐私，就像学者波兹曼所说：印刷术给予人类个体以自我，使我们以独特的个体来思索和谈话（波兹曼，2011）。在个人阅读的过程中，孤立的读者和他自己的眼睛构成了读书的重要因素。在波兹曼看来，这也是促进西方个人主义发展的重要原因。

印刷术把古老的（基于口语的）修辞艺术从学校教育的核心里剔除了出去。通过数学分析和对图像的使用，印刷术促进并实现了知识量的大规模增长，而这些图像和口头话语里"厚重"的或脸谱化的人物有着血缘关系，同时，它还与古老的修辞和记忆术有关，而这些形象、古老的艺术乃古代知识管理之必需。

印刷术培育了词典发展的气候，养成了给语言的"正确性""规范性""权威性""立法"的欲望，并强化了语言基本上是书面文本的感觉。从 18 世纪到 20 世纪的两百多年的这段时间里，英语词典一般只把印刷品作者的用法当作语言典范。要知道，文本最完善的、终极化的形式是印刷文本。一旦凸版印刷机的印版封闭、锁定，一旦平版印刷机的胶片制作完毕，印制出来的文本就不能再做修改，不能像手稿文本那样还能与其边界之外的世界进行对话，人们还能在文本空白处施以批注和旁注。

印刷术造成语词商品化和私有化。在古老的原生口语文化里，个人很少产生拥有诗歌的感觉，且由于人人利用共享的口头故事、套语和主题，这种感觉还常常被削弱。文字问世之后，写作者对剽窃行为的不满情绪开始增加，而读者亦在阅读中找到了个人"拥有"语词的私藏感与新鲜感。直到 18 世纪，现代版权法在西欧形成，印刷术便把语词变成了商品。至此，古代社群共享的口语资源被分裂成个人终身拥有的私有财产（翁，2008）。

作为一种"可以准确重复的视觉表述"，印刷术使理性回归意识，却又使视听觉感官失衡。无论是作者抑或是读者，印刷术带给人更多的都是理性。这种理性主要体现在以下两方面。

首先，它把语词从声音世界里迁移出来，送进一个封印于纸张的视觉平面，并利用视觉空间来管理知识，促使人把自己内心有意识或无意识的资源想象为类似物体的、无个性的、极端中性的东西。这正如麦克卢汉曾经引用一位人类学家对非洲口语部落文化的研究来说明印刷术的出现强化了西方人的视觉文化一样：听觉世界炙热，视觉世界却淡漠而中立（麦克卢汉，2014）。笔者认为，对来自听觉世界的人而言，西方人确实让人有冷若冰霜之感，显得更为理性和与人有距离。从媒介环境的观察视角来看，这是在印刷术的媒介环境中长久浸染导致的。麦克卢汉以此作为起点，进一步强调印刷术延伸了人的视觉感官，淡化了听觉，进而造成了感知比例的失衡。

其次，不同于口头语言，印刷术带来的文本不但大多富有知识性，其字里行间，还促成了一种高度视觉化的精神封闭空间。文字把思想分离出来，将其固定在一个纸面上，在这个意义上使之脱离并且独立于说话人，漠视任何攻击。这种感觉让人感知到更多的理性和内敛，这些文本还悄悄昭示：文本里的语词已成定论，业已完成。这种稳定、理性和内敛深刻影响着文学创作，也影响分析性的哲学研究和科研工作。

　　古登堡印刷机的出现既加速了拼音文字所带来的人类发展进程，也从根本上改变了社会结构和心理认知等方面，是人们从口语文明时代的临在感知转向印刷文明时代的线性思维的分界点。人类的口述时代在词语方面的技术化，以及后来印刷时代普及的读写文化，都深刻地影响了人类的认知方式。

第九章
次生口语文化与原生口语文化的对比

第一节　两种口语文化的内在趋同性

纵使古今口语文化在社群规模、参与媒介的多元与单一、对心智内化的影响及其建构的社会意识形态等方面有着些许表征区别，但是结合媒介变化对社会环境的改变和对人观念行为的影响来看，当下横贯在古今口语文化之间更多的，反倒是两者的内在趋同性，以及次生口语文化正逐步消解书面文化的整体趋势。

借助于《荷马史诗》在原生口语时代何以能流传于后世的破解，在电子网络的次生口语文化中追根溯源发现，当今的次生口语文化和古老的原生口语文化实际上具有内在趋同性的特征。

原生口语文化与次生口语文化的内在趋同性体现在以下三个方面。第一，它们的传播都具有"二度性"，而"二度性"又包含"临在性"和"模式化"两层意思。不论古今，口语交流皆在当即时刻的鲜活场景中进行，并付诸模式化的表述方式，以增加形象感和具象感。第二，为了便于传诵和记忆，两个时代的口语文化皆体现出"聚合性"套语表达和"叙事性"思维结构的特征。第三，两个时期的口语文化都具有开放性，这种口语传播方式即时变化，流动不居，且与"外在现实"相互作用，相互渗透。

就本质特征而言，当下的"次生口语文化"是理性文明浸润后的自觉的口语文化。但由于电子设备的制造、运作和使用都离不开文字和印刷这样的文本工具和基本条件，因此它是凌驾于书面文字和印刷术之上发展起来的（翁，2008）。翁认为，相较于印刷时代的书面文化，语言表达的电子变革进一步加快了语词嵌入空间的进程，这个进程始于文字，强化于印刷术。不同的文本对口语文化-书面文化的两极性表现出不同的适应度，手稿文化便始终处在口语文化的边缘。即使印刷术问世以后，在大多数阅读是默读的文化里，文本特性能取得今天的地位也算经历了一个漫长渐进的过程。如今看来，无论纸质还是电子媒介，人类思想认知的形成过程都诉诸变化中的写作工具。在众多媒介中，电子时代下的产物——打字机对写作文风及创作者意识的影响尤其能还原原生口语文化的本质特性。

1882 年，德国哲学家尼采被严重的视力下降所折磨，为了不影响写作，他购买了一台当时新发明的"汉森打字机"。熟练运用之后，他开始尝试闭上眼睛打字，写作变得文不加点、流畅至极。但尼采的一位作曲家朋友发现打字机的到来使得尼采的文风也发生改变，原本已经足够简洁的问题变得更加直白简要。尼采后来回复这位朋友说："你是对的，我们的写作工具似乎也参与了我们思想的形成过程。"这不禁让人想起美国作家杰克·凯鲁亚克（Jack Kerouac）笔下的"垮掉一代"与打字机的渊源，就像"汉森打字机"铸就了尼采后期警句式文风一样，历时 24 天在 36 米打印纸上诞生的《在路上》（*On the Road*）仿若一辆颠簸前冲的汽车尘土随行（沈锦惠，2006）。捷克作家博胡米尔·赫拉巴尔（Bohumil Hrabal）的作品酣畅淋漓、一气呵成的气质也是由打字机的特点所促成的，他的第二部作品《漂浮的打字机》（*Vita Nuova*）干脆不加句读，文思飞扬。甚至就连他最终走向人生尽头寻短自杀时，桌上还摆着海明威极简风格的打字机，而这也部分缘于与打字机相伴终生的情结，仿佛背后还回响着打字机咔哒清脆的敲击声。

无论是金属按键的强力反馈，指针敲打在打印纸上的铿锵跃动，抑或是换行时爽然一拉的激醒叮咚，它们都是对创作者所写所打之字的积极反馈。打字机与手指尖的互动鼓励文章短小精干，不拖泥带水，它提醒你对句子长度和口头语境的关注，它促进个人风格的形成与自我个性的强化，同时也在噼噼啪啪的键帽起落中完成创作者对自我工作意义的确认。

与打字机所呈现的"口语文风"效应类似，如今，电脑、手机等电子设备也在生产着越来越多的书籍。时下盛行的各种"电子书"及听书网站正悄然成为人们快节奏生活下获取知识的新宠；电子设备录制的访谈录也正在生产数以千计的"谈话"书和"活"文章，要知道，在录音技术问世之前，这样的访谈根本不可能变成印刷品。就像麦克卢汉所言，"新媒介是对旧媒体的延伸"，新媒介在强化旧媒介的同时最终又使之转化，如此一来，进化中的媒介越发倾向于回归原生口语特性已成为不可抵挡的趋势。因为印刷人相信，口头交谈一般应是非正式的，所以新媒介养成了一种新型的、直觉的非正式风格；相反，口语人相信，口头交谈应该比较正式，这往往见诸修辞频用的演讲与论辩。再者，用电脑、手机终端写作和阅读正在取代过去的印刷品生产形式。从最开始语词的序列加工和信息的空间加工都是由文字启动的，到后来被印刷术提高到一个新的档次，再到现在被电子网络进一步强化，语词的网络加工最大限度地使语词嵌入电子运动的空间，整个加工过程在刹那间完成，使语词的分析性序列（例如口语惯用的名号、平衡、对仗、套语式结构等）在最短时间内达到最优化效果，这便是回归口语样态的最终结局。

然而，在网络文学越发方便作者创作、电子书籍越发方便读者阅读的同时，也有越来越多反对"快餐式阅读"的学者对一场场好比是拼体力、拼手速的网络文学竞赛大加挞伐。究其因，是因为"屏读"比纸质阅读的速度更快，大脑难以对其进行深度阅读理解。事实上人们并非在"读"网文，而是在"刷"网文，人们的眼睛在手机屏幕上飞速瞬移，仿佛文字这种黏滞的载体成了加快情节推进的束缚。阅读与写作的同步，也在倒逼着网文作者轻视文章的价值内核，转而侧重于感官刺激的"奋指疾书"。从这些"疯狂"的网络写手、电视迷、游戏迷身上可以看到口语文化的某些特性在电子媒介时代又重新得到了体现。一个显而易见的事实是，无论是电视、手机，抑或是网络，电子媒介对人类意识的影响，都正在向传统的"理性""显意识"等观念提出挑战，不知不觉中它已被内化到人的"无意识层面"，以人类的理性观之，几乎已经到了难以挽回的地步。

一、临在性与模式化

翁认为，电子媒介打破了"文字—书写"媒介的封闭传播模式，重新涵养人类的心灵和思维，营造出一种"开放式"的文化，与"原生口语文化"颇为类似，但又有很大区别。因此，他命名电子媒介时代的口语文化为"次生口语文化"，以此来彰显电子媒介的口语与原生口语的相通性。在播音学里，"二度口语"是指针对"一度创作"即记者写作的新闻稿进行二次加工，从而使之变成更适合口语表达和受众接受的口语创作活动，其"二度性"主要体现在"临在性"和"模式化"的表述方式两个方面。

（一）临在性

首先，相较于书写文化，原生口语文化和次生口语文化都更诉诸"非理性""重参与"的文化范式，且常常采用集各类修辞手法于一体的模式化口语，再辅之以丰富的情感、神态和手势等副语言来增加其形象感和具象感，整个过程与文本并无关系，仅仅是"记诵诗歌的过程"，讲究语到意到，口传心授，心领神会，同时也便于播讲内容的记忆和传播。

其次，原生口语文化和次生口语文化在口语传播中都展现出"历史的现在"那一刻。口语时代的人们对时间的感觉方式尤为独特。由于没有书面符号系统，记忆无法被记载，"过去"只能通过讲述的方式，在"当下"随时即兴地被呈现出来。由于对过去的事实"无据可查"，"过去"就寄寓在"现在"中，在风俗惯例和谈话中被呈现，而不像现代历史叙述那样，存在于抽象的"书"或"文本"中（翁，2008）。因此在口语时代，神话和事实往往会纠缠在一起，难以区分。无论是古代的礼俗祭典宗教活动，还是当下电视网络荧屏上滚动播出的各式节目，它们都把众人聚集在同一个时空，"共享"相同的情境，如同某个共同体的成员一起参加一场盛大的"仪式"，产生"天涯共此时"的临在感、认同感和参与感，因为听人说话的过程亦是聆听者形成群体的过程。

如果将"临在性"特征放入电子时代的电视新闻节目创作中，以"仪式感"的视角解读当下新闻播音的口语化、真实感、灵动性，那么，从摒弃正襟危坐、墨守成规、乏善可陈的传统播稿样态，到向"说"和"评"新闻的趋势转变，方能看到电视新闻流变的某种外显和表征。通过这种临在、即时、开放、流动的口播方式，营造出逼真的"现场感"，让观众下意识地把电视新闻节目当成真实的"生活"，使其情绪为之感染，心神为之张弛，培养出一种"集体无意识"，以促进参与者对节目内容所传承的群体文化的认同。正是因为这种创造"超真实"的能力，电视新闻节目才在现代媒介中发挥着"仪式"的作用，这也是电视介入现实最本质的方式。

原生口语文化下生活的行吟诗人与次生口语文化下的播音员主持人所引用的"二度口语创作"在"临在性"特征上有相通之处。"原生口语文化"阶段下的"诗人"通过特殊的设计来传承知识，他们把语言进行形象化处理，以便于记忆和传播；诗人重视韵律、节奏和戏剧性；诗人注重事件、场景、行动与行动者的描绘，并采用固定的叙事公式……（翁，2008）。由此可以分析发现，诗人若想讲得生动，首先他要调动自己的情感，让自己仿佛回到那一刻，即"历史"的"现在"，同样这也是节目主持人创作中的"情景再现"的要求——播音员主持人需调动自己的情感，让自己仿佛还原到事发场景——"历史"的"现在"；其次，播音员主持人跟行吟诗人一样需要讲述给别人听而不是自言自语，这就需要用到内部技巧的"对象感"；再次，诗人在讲述内容的时候，自己已经形成了对内容的认识，所以必然会在说出的言语下暗含"潜在语"，这也就是播音主持创作中的"内在语"，让受众自行回味语句背后的引申义；最后，诗人要把内心的情感外化，就需要调动自身的思想感情，运用韵律、节奏、停连、重音等表现手段来表情达意，这也跟播音主持创作中的四个外部技巧如出一辙，对于主持人来说，同样需要借此外部技巧巧妙地传达"拥护或反对""赞扬或批判"的基调和感情，以免直接说教。有了电视新闻节目的临在性、话语流程和声画并茂、稍纵即逝的口语特性，再加上"似曾相识"的局部和具象的"事实"，便可激发观众鲜活的记忆场景，增强其参与感和认同感。

经过分析可以看出，"临在性"需要依靠一定的技巧和表现方式才能予以呈现。与"初级口语"阶段的诗人类似，如电子荧屏中创造"二度口语"的主持人皆采用了相似的技巧和表现方式，只是在对象感方面，"二度口语"下的主持人需要在镜头前更为着重地加以强调。一定的技巧和表现方式又是由"临在性"这一特性所决定的，由此可以推断出，播音主持创作中的三个内部技巧和四个外在技巧皆是由"初级口语"和"二度口语"的共性——"临在性"所决定。

综上，口语文化的临在性特征在"共享"空间的层面，其口语思维"偏向综理整合、迂回缠绕、鲜明具体，关注当下情景的平衡"；而对于"历史的现在"，即时间层面，口语人的话语却是社群参与的行动表现，必须在易于流逝的时间中收立竿见影之效（翁，2008）。

（二）模式化

在古老的口语时代，可供记录的书写技术尚未出现，话语便无法借助外在的方式加以保存。同时，因为声音稍纵即逝，无法从头再来，所以必须保障交流者彼此能即时领会其中的信息和情感，最好还能勾起彼此对之前"会话"场景的鲜活回忆，以便于当下的互动交流。这样一来，那种抽象概括、逻辑严密、充满创造性的言说方式就显得不合时宜了，故上文中，口语"临在现场"的媒介特性潜在地要求了人们尽量使用模式化方式加以表述。在这里，"模式化"并不是陈词滥调的意思，而是遵守一定的准则和套路，便于理解和记忆。

考虑到口语传播是面对面的即时互动，声音转瞬即逝，必须照顾到记忆、理解和传诵的便利，因此，史诗成了口语社会最基本的文化范式。它讲究韵律、和声、节奏、对仗、反复陈诵，朗朗上口；好以大人物、大事件为主要题材，易于留下深刻印象；叙事侧重戏剧化，富于传奇色彩，任凭听者情绪为之起伏，想象为之张弛。

口语文化的"模式化"意义主要体现在语词传诵的某些富有规律的形态上。荷马史诗中，大段的复述有助于减轻诗人的劳动强度，增加史诗的篇幅，并强化听众对某些核心内容的印象。

当代社会的电子媒介文化与之颇为类似，同样呈现出鲜明的"模式化"色彩。这里的"模式化"并非陈陈相因、照抄照搬，也不完全意指像对文学"文体"和电影"类型"那样对电视节目进行归档分类。笔者的理解更多地将之诉诸一种"程式"的概念，已有的类型组合就好比一个方便的"工具箱"，电视方方面面都显示出对它的依赖，整个行业都遵循既定的类型准则进行运作。在播出方面，大多也都采取"栏目化"的方式，或者说，栏目本身就是一个"模式"。

此外，从电视输出流通的情况也可看出类型的重要性。与小说、戏剧、电影等其他文化艺术形式不同，在世界范围内流通的电视节目不是"内容"，而是"类型"。如荷兰的《老大哥》（*Big Brother*）节目一般被视为"真人秀"节目的"鼻祖"，不过，似乎很难找到真正的"原版"。研究者发现，真人秀节目的起源甚至可以追溯到 1948 年在美国首播的《坦率的摄影机》（*Candid Camera*）。此后，法国有《阁楼故事》（*Loft Story*），英国有《老大哥》（*Big Brother*），美国有《幸存者》（*Survivor*）、《诱惑岛》（*Temptation Island*）、《美国偶像》（*American Idol*），其中，《美国偶像》又被湖南卫视的《超级女声》所借鉴，引发了中国的选秀大潮。这些节目的主题和内容完全不一样，但它们的基本"程式"却极为相似。由此可见,"程式"和"类型"是电视模式化特点中最为本质的东西。

一方面,电视节目的"类型化"是基于商业利益考虑的结果,它是一种"文化工业",必然走向"标准化""模式化"的流水线式生产,以应付大量的收视需求,同时降低节目制作成本。另一方面,"类型化"也是电视节目自身固有的本质特征,是"二度口语"表述"模式化"的重要体现。电子媒介传播类似于口语,是临在、动态的话语流程,需要相对稳定的模型,使电视文本所携带的意义能得到有效传播。再加之一屏之隔、"似曾相识"的亲近感,有利于激发观众鲜活的记忆场景,增强其参与感和认同感。

认识到电子媒介的这一口语特性,有助于我们对各种电视节目和现象作出客观的评价和解释。央视科教频道改版推出的《百家讲坛》获得了极大成功。在此,笔者谨以电视"模式化"的视角对其作一简要分析。从阎崇年"清十二帝疑案"开始,《百家讲坛》便开始在言说方式上有了清晰准确的定位,也愈加适应电子媒介作为"二度口语"的传播特性——选择社会普遍关注的历史和文化话题,以唤起观众的"对话"和参与感;在制作上突出影像视觉性,以激起"对话者"的翩翩想象和鲜活的现场感;精心设置悬念,使讲述的内容高度叙事化和戏剧化;采取系列讲座的方式,让一个主讲专家连续坐镇几期节目,改变过去一个主讲人只讲一期节目的做法(难以从认知心理上被受众熟知并加以互动)等。这种种努力事实上就是使"文字-书写"知识模式化。

由于制片人在生产节目时从电子媒介的"口语"特性出发,因此,《百家讲坛》在传播效果上才既"叫好",也"叫座"。制片方开出了一整套独特的"模式化"表述方式,通过借鉴已有的模式,用"形象"激发受众的参与度,以便在即时、临在的传播语境中,便于受众理解,并激起强烈的情感认同。

二、聚合性与叙事性

原生口语文化和次生口语文化的第二个共性便是"聚合性"和"叙事性"。

（一）聚合性

口语文化中，一旦获取了知识，就需要不时地对其重复记忆并强化使用，否则知识很快就会丢失。原生口语时代的行吟诗人和电子时代的主持人都善于用大量固化的套语把重要的信息聚合在一起，形成凝练精辟的词语构形。由于套语是固定词组，简明扼要，有助于增强话语的节奏感，容易口耳相传，因此对有效的记忆管理来说尤为重要。

对于"聚合性"特征，可以借助翁在《口语文化与书面文化：语词的技术化》（*Orality and Literacy: The Technologizing of the Word*）一书中提出的"整数集合"概念加以理解。基于口语的思维和表达的构造成分往往不是简单的"整数"，而是由有很强节奏感和平衡性的模式、有重复和对仗的形式、有头韵和准押韵的特征、拥有别称的套语、标准主题环境、大量箴言警句等所构成的"整数"的集合（翁，2008）。它们的架构取决于一种社群共享和经验累积意义上的"约定俗成"的固定方式，如口语文化的古老民族喜欢说的不是"普通的士兵"而是"勇敢的士兵"，不是"寻常的公主"而是"美丽的公主"，不是"一般的橡木"而是"坚韧的橡木"，这一聚合套语现象尤其适用于正式的话语语境。如此，这些承载着大量修饰语的口语称号和前后押韵、节奏对称的套语概念，都可视为一则公式，即加工经验数据的固定方式，它决定经验和思维的结合方式，同时也是辅助记忆的必要手段。

口语文化中的人也许会问，"为什么士兵是勇敢的？""为什么公主是美丽的？""为什么橡木是坚韧的？"，之所以提出这样的疑问，是为了确保套语的聚合结构的完整。事实上，它们既不是真正的问题，也不是要散布疑问。口语文化里的传统表达法不能废弃，因它们来之不易，是世世代代的积累，头脑之外也无它们的栖身之所，因此，这样的固定套语才千秋万代流传下来。

但，修饰"士兵""公主""橡木"的语词真的就只有一种固定的聚合结构吗？显然不是，诸如"自吹的士兵""郁闷的公主""腐朽的橡木"之类的名号同样存在。只是由于人类自身社会经验的不同，且每一次吟诵套语时都须因时制宜、因地制宜、因人制宜，因此，这才将游吟诗人记忆里固化的素材转化为一套流动的主题和套语。

《伊里亚特》的目录和史诗正文显然都是书面记录，但它们的源头却是口语的感觉和传统。它们给人的感觉不像是静态的事物，而是在时间里重组的事件。口头陈述的一连串事情总是一个接一个发生，不可能"检视"，因为它们不是展现出来的视觉形象，而是耳朵听见的一连串话语。在原生口语文化或口语遗存丰富的文化里，即使家族谱系也不是"清单"，而是"记忆中吟唱的歌曲"。相反，书面印刷文本则像是静态的事物，以一种"逆向扫描"的方式凝固在视觉空间里（易前良，2010）。

孕育在电子时代的次生口语文化同样如此。尤其因为如今人们步入信息爆炸式时代，话语的严密性要求一直存在，因此，语言聚合化简的重要性越发明显。

首先，聚合性的媒介热词多产生于新闻事件、热点问题、社会万象、公众心理或截取媒介文本，词义大多表达民意、针砭时弊及反映社会常态。其次，新闻标题多运用对仗工整的对偶修辞，这亦是语词集合模式的集中展现。毕竟，从报道新闻事件、描述热点问题、表现社会现象或表达公众心理的原始材料中截取一句话或提炼一个词进行传播，要远比从冗长的文章中任意选择一个杂糅的句式更易于受众发现。这样的去粗取精、画龙点睛，在注意力经济时代甚至更能吸引网民进一步自主搜索词语意思和来源，以达到一石激起千层浪的传播效果。这些节目在内容上常会选择一些有争议性的新闻事件，并使用并置的方式将两个事件在标题上做类比。

（二）叙事性

在箴言警语、哲学思辨、宗教仪式的背后，人类经验的记忆在时间线上连成一串，这种口头加工人类经验以构成系统的知识和话语的基本方法就叫作叙事。这样的叙事或多或少根据人类经验如何形成、如何存在而逐一展开，由此嵌入时间的流动过程。从原生口语文化到繁盛的书面文化，再到电子网络信息处理，叙事作为人们传播文化的一大共性见诸各类文化之中，其重要性位于一切语言艺术形式之首。

首先，正如学者哈夫洛克所说，在原生口语文化里，不可能用精细的以及或多或少科学的抽象范畴来管理知识（翁，2008）。因为口语文化不可能产生这样的范畴，只能用人类行动的故事来储存、组织和交流大部分知识。至少大多数的口语文化都产生了相当可观的故事，甚至一连串故事，比如古希腊人有特洛伊战争的故事，美洲印第安部落有丛林狼的故事，加勒比海文化里有关于蜘蛛的故事等。这些故事的场面宏大而复杂，所以它们常常是口语文化里民间故事最丰富的宝藏。

其次，叙事特征之所以在原生口语文化中非常重要，是因为有且只有它才能够用相当扎实而大段的形式来填补后来印刷时代的书写文本物理空间，进而把许多口头传说纽结在一起。这样的形式历久弥新、经久不衰，因此在谋篇布局和遣词造句上产生了可连续、可间隔的修辞手法——"反复"。这种带有传统叙事性思维程式的套语模式确是口语时代的一种强化记忆、便于传播的有效途径。

口语语境包含的内容总是大大超过那些套语本身，口语词是社会总体语境经过调节的产物，而这个总体语境又远远不只是日常对话。因此，口语词绝不仅仅出现在只有语词的环境里，更存在于"叙事"的灵魂要素——具体情节中。

受限于口语特性，因没有书面文字的技术支持，口语文化不曾有过宏伟长篇、渐入高潮的线性情节，也不可能按照时间流程去精心设计、组织叙事。若一定要将一个宏伟事件引入到叙事中来，只能在贺拉斯的"开门见山法"或"插入式结构法"中择其一，以此将听众推入史诗的场景之中。前者从"事件的核心地带"起步，这并非刻意而为的谋略，而是口头诗人处理长篇叙事所采取的原初、自然和必然的方式；后者才是唯一的结构方式，是塑造鲜明形象、对付大段叙事的完全自然而然的方式。

除了情节模式，套语修辞也是"叙事性"的特征。《伊里亚特》就擅用动物的动作，或自然景观、生活现象构成富有情趣的"荷马式比喻"来装点其叙事风格。史诗节奏强烈，语调昂扬，既适于表现鸿篇巨作和重大事件，又便于口头吟诵和传承记忆，其高超的叙事手法令人称道。

叙事性在次生口语文化中的体现也包括使用"插入式情节"和"修辞手法"。在某电视节目中，主持人运用了口语文化中"插入式情节"的技巧，在向网友介绍了新闻一后，并非止步于此，而是插入新闻二，使得两个新闻共有的核心语词元素组合起来的案件新闻引发全社会关注。从叙事的修辞手法来说，脱口秀节目的演员和说唱节目中的歌手大多都非常擅用排比句段。如在《脱口秀大会》节目中，一名演员在讨论到东北文化中的女孩从小就必须学会坚强时，编出这样的段落："喝着陈年的老窖，开着自己的玩笑。烫伤之后去搓澡，骨折的时候撑杆跳。"用极其夸张的手法将女孩必须坚强隐忍的情境描述得淋漓尽致。在讨论"频繁被'渣'是谁的问题"时，又编出了一段打油诗："天若有情天亦老，俗称对象不好找。众里寻他一场梦，王八和绿豆它不好碰。"这首打油诗将传统诗词、民间俗语和当代网络流行语进行并置处理，通过排比、押韵、俗语的灵活运用，生动有趣地表达了千古以来真情难遇的问题，利用古诗的形式感，加入时代流行词和地方风俗故事等，韵律感强，又充满了幽默感，能够引发当代人的共鸣，达成很好的节目传播效果。正是口语文化中灵活流变、真实鲜活的"插入式情节"及丰富多元、妙趣横生的"修辞手法"，才使得次生口语文化的叙事性展现了多向发展的可能。

三、开放的传播方式

次生口语文化秉承原生口语文化的第三个共性是其开放的传播方式。

所谓"开放的传播方式"，不应只是将其定义局限在地域、场景的界限和面对面交往的物理空间，而应更多地聚焦于"信息流动交互的模式"。

书写媒介和印刷媒介是封闭的。那些由文字符号组织而成的书写文本构成一个封闭的体系，临在变化的话语在空间上被固定为特定的"事物"，在时间上也已经终止，因为这样的封闭性，极易把人的感知引向他自身，从而形成躬身自省、理性内敛的文化范式。相较而言，初级口语与二度口语媒介的传播方式都是开放的。

口语词向来都具有声音的物质属性，它始于人体内部，使人能够互相展示意识分明的内部人格，使人得以为人，并且在信息流动交互的过程中组成关系密切的群体。由此，可以把源于初级口语的这一"信息来往"的过程看作"开放的传播模式"，这里的"开放式"又与原生口语时代的社群文化不无关系。

当口语时代的行吟诗人或演说家向一群人演讲或者讲故事时，听众作为一个整体的人置身其中，感受当下情境和语言的共振。到了印刷时代，如果说故事的人或演讲者事先发文字材料请听众阅读，听众就成为读者，每个读者就进入他个人预设好的阅读世界，于是，听众这个整体就被粉碎了，只有等到讲话人再次说话时，破碎的世界才能恢复为一个整体。文字和印刷使人分离成个体。这一点从构词方法里可以看出，英语里没有和"听众"（audience）相对应的"读众"这个集合名词，也没有这个概念。如果要把读者想象为一个开放的群体，就需要启用 audience 这个词，仿佛得把读者当作真正的聆听人。

口语词的"开放性"还体现在以一种特殊的方式与神圣的宗教情怀紧密联系在一起。在大多数宗教里，口语词都是不可分割的一部分，在宗教仪式中更是占据着支配地位。以基督教为例，礼拜仪式上都是要诵读《圣经》的，因为基督徒心中的上帝总是以"说话"的方式讲解经书中的故事，并非以书写形式传经授道。这与希伯来语 dobar 一词的发明如出一辙，除了具备"语词"的含义，这个词还含有"事件"的意思，两层语义在此交叠。由于口语词在任何时候都指向时间里流动的具体事件，而没有书面词或印刷词的静止状态，因此从这一角度，便不难理解初级口语催生了开放的传播方式，也形成了规模宏大的宗教仪式和社会群落。

电子时代中的二度口语并无二致。以电视为例，荧屏中不曾间断的节目流程虽然依旧是流动变化的"事件"，但其话语可以在不同的时间和空间里展开对话，更易于把人们的感知引向外界环境，每一个人，电视观众也好，节目主持人也罢，都是一个开放的体系，与外在环境互相作用，因此有助于形成重视参与和体验的文化范式。换言之，电视的开放性可表述为，电视中的信息和话语在不同矢度的时间和空间中互相渗透，"内"与"外"无从区分，电视中的世界与外在的现实世界彼此交融。

电视在空间上的开放式互渗，最为典型地体现为"直播"，即能在异地看到真实事件的即时发生。易前良在《美国"电视研究"的学术源流》一书中描绘过这样的场面：在会议的大厅里，墙上的大屏幕正直播着会议，会议的参加者不仅能在屏幕里看到发言者，而且还能看到"正在参会并正在看直播"的自己。会议现场往往不止一个屏幕，还有更多的小屏幕。这些屏幕的存在似乎在鼓励大会参与者不要去关注正在发生的真正的"新闻现场"，而是要去看电视屏幕中的"直播现场"。那么，为什么需要这么多的电视？当然，电视镜头可以让观众从肉眼所不能看到的角度看到更开阔的范围，但是，到处闪烁不定的屏幕已经使"现场"这一空间显得冗余，电视所创造的空间实质比真正的现实场景来得更客观、更"真实"。此外，电视的信息和内容在时间上也相互作用和相互渗透，正在直播的影像中可以插入此前已录制好的影像资料。因此，现场的"表演者"在电视中能够看到自己在过去某个时刻的行为，能在不同的时间节点实现交互对话。

网络媒介亦然，当特定的人群通过网络社区，形成新的交往场景，其对于"开放"的定义便早已跨越了以物质场所为基础的虚拟场景界限，转而构建出一个基于"场景理论"、以网络视频弹幕为代表的实实在在的开放式社交系统。

　　无论原生口语还是次生口语，其信息流动交互的传播方式都是开放的。如同翁将电子文化视为探索人性价值和向度的新机会一样，在沿袭初级口语"临在性""群落性"传播的开放式特征并获得二度口语的电子技术的媒介特征后（翁，2008），可以说，无处不在、无远弗届的口语媒介养成了人们开放的感知和思维方式，有助于构建一个更加互动、自由开放的媒介文化生态。

第二节　次生口语文化与原生口语文化的区别

　　历经时代的变迁，尽管原生口语文化的传统特征在电子网络筑成的现代社会族群里得以古今贯通、一脉相承，但结合两者对应的时代特征，原生口语和次生口语衍生出的文化也各自存在着表征意义上的区别。如表 9.1 所示，二者的差异特征总结如下。

表 9.1　次生口语文化与原生口语文化的区别

区别种类	原生口语文化特点	次生口语文化特点
群体范围	群体范围相对较小	群体范围相对较大
技术手段和参与模式	原生口语无技术支持，非理性、无意识、重参与	次生口语凌驾于书写媒介和印刷科技之上
心理认知趋向	外化心理，不具备分析性反思的自觉意识	内化心理，具备分析性反思的自觉意识
社会意识形态	偏向时间的媒介更有利于形成等级森严的社会体制	偏向空间的媒介更有利于帝国的扩张

　　首先，原生口语和次生口语所对应的群体受众规模不一。尽管次生口语文化同原生口语文化类似，两个不同时期的社会大环境都不谋而合地产生了强烈的群体感，但是基于电子网络媒介的自身特性，网民可以"穿越"回远古时代，感同身受地自由邀游于网络这个神奇的"时间隧道"，消除历史深度，"观古今于须臾"；消解文化疆界，"抚四海于一瞬"。单从时空意义上讲，次生口语时期就比原生口语时期产生的群体大得多，甚至于难以估量——这就

是麦克卢汉所谓的"地球村";而远古时代的原生口语则受到时空的巨大限制,在没有电子媒介的情况下,它只能适用于小规模、近距离、受时空限制的现实社会群落内的信息传播。

其次,从口语传播的技术手段和参与模式上看,原生口语相较于次生口语而言更多地诉诸人的"无意识""非理性""重参与"的文化范式。以荷马史诗为代表的原生口语起源于公元前 800 年左右,由于没有书面文字和电子媒介的技术支持,因而其口语属性显得更加纯粹和突出;而电子媒介一方面并非只与"初级口语"相关,它还凌驾于书写媒介和印刷科技之上,与"文字-书写"媒介密不可分;另一方面,亦可把口语传播的技术手段和参与模式看作是电视演播厅或歌舞剧院抑或是影院所延伸出的一种更为"开放"的传播方式,这样的次生口语文化构筑了一个被电子媒介包围的密闭空间,虽然表面上构成的这个现实空间相对狭小,但它实质所包含的复合文化因子,例如电子媒介、播讲文本、语言艺术形式、受众群、叙事方式等却是原生口语文化所不及的,它们都承接着彼此的互文性,与"外在现实"相互作用又相互渗透。

基于由自身技术性质所决定的不同参与模式,次生口语自身承载的特性便已细化了人类文化从口语时代、手稿时代、印刷时代到电子时代的历史分期。随着多元媒介的发展更迭,在经历了纸媒、电话、广播、电视和各种录音设备之后,传统守旧的阅读方式正发生着革命性的转型,取而代之的是以高科技为动力,由声、光、影、图等感官因素特定组合而成以及靠语言与形象综合运用的电子技术,把人的意识带入一个次生口语文化的新时代。因此,电子技术是次生口语文化的技术。次生口语文化不像原生口语文化,原生口语文化是文字和印刷术的前身;次生口语文化则是文字和印刷术的产物,且依靠文字和印刷术。

再次,除了秉承"历史与传播"恢宏的研究模式,还应展开两个不同口语时期对人心理认知所产生的微妙内化影响的分析。原生口语时期相较于电子时期来说,养成的人格结构更加偏向社群性和外向性(伊格尔顿,2014),而电子时代的人们则更善于内省。究其成因,是因为原生口语时期的人们受媒介技术所限,没有其他可行的选择,他们没有机会将集体意识转向内部世界;而到了今天的次生口语文化时代,群体心态是自觉的,是在电子媒介一套按部就班的数字化程序中产生的,之所以转向外部世界,那是因为在电子技术进一步加快语词嵌入多维空间的进程之前,就已经完成了心理认知向个体内部的转移。原生口语文化之所以促成意识的自发性，那是因为由文字完成的分析性反思还没有问世；与此相反，次生口语文化之所以促成自发性，恰是因为通过分析性反思作出了缜密的判断——借助印刷媒介和电子媒介，怀揣敏锐的社会群体意识来精心策划将要发生的事情，以确保这些事情将是完完全全自然而然地呈现在受众眼前。

最后，在技术对社会权力的影响的视域下，经济与传播学者伊尼斯早在20 世纪 50 年代初，不仅基于媒介自身的"时间"（耐久、易于保存）与"空间"（轻便、易于跨越空间进行传播）两种维度确立了"媒介偏倚论"，而且还由此分析了时间偏倚和空间偏倚所建构的两种不同的社会意识形态：和石刻、羊皮纸等一样，口语是时间偏向的媒介，更有助于树立权威，从而有利于形成等级森严的社会体制；空间偏向的媒介，包括莎草纸、电子媒介等，则有助于建立更高效地沟通来自远方信息的传媒系统，有利于帝国的扩张。伊尼斯在《帝国与传播》（*Empire and Communications*）一书中详尽地论述了不同时空偏向的媒介如何对不同时期人类文明的发展产生重要影响，他认为罗马帝国的发展靠的就是维护二者平衡的机制、两种媒介偏向的折中：莎草纸有助于帝国官僚体制的发展，这一制度与辽阔的国土相关；而羊皮纸则有助于教会阶层制度的发展，这一制度与时间相关（伊尼斯，2021a）。意思是，偏向空间的莎草纸养成世俗的官僚文化，偏向时间的羊皮纸则养成神圣的教会文化，两种文化的结合支撑着罗马的统治，使这个庞大的帝国集一时之盛。

回望口语文化向书面文化变迁的历史，其社会意识形态很好地证实了新批评理论中受文本束缚进行语义分析的思想。新批评家坚持单个艺术文本的独立性，他们把语言艺术作品融入文本的视觉客体世界中，而非将其融入听说的事件世界里。他们坚持认为，原生口语时代下产生的诗歌乃至网络时代下的其他文学作品都应被当作客体，即言语图像（verbal-icon）（凯瑞，2005）。因为"声音"这个永远处于正在进行时的事件难以被压缩成一个真实可触的"客体"或"图像"，故借对口语-文本力量的重组和电子网络媒介的发展更迭，来决定与现实相符的带有电子媒介时代感知特征的知识形态，以使"言语图像"演变为一种真实可感的视觉-触觉模式，并且在不知不觉中形塑媒介环境中人的思维方式和次生口语文化。将在下一章中具体阐释此问题。

第十章
电子时代口语文化中的仪式套语

　　随着互联网的飞速发展，如今共享文化大肆盛行，消费文化风起云涌，网络视频节目和自媒体社交平台也如雨后春笋一般风靡当下，这使得新一代网络媒介的口头套语文化迎来了前所未有的语态改变。

　　回顾历史，最早的"套语"概念是帕里在研究希腊六音步诗行的过程中形成的。根据他的定义，套语是相同韵律条件下表达一个既定基本概念的一组词语，其使用规律有章可循。毕竟受语音的约束，原生口语时代下的语词就决定了人们既定的表达方式，也决定了其思维过程。在思想形成过程中，语言必须要具备极强的节奏感，在表达的过程中应呈现为平衡状态；应具备重复性与对称性；应具备头韵与准押韵的特征；应采用完善的修辞、套语、名号和程式来"编织""拼装"史诗，同时应用相对规范的主题环境（如议事会以及餐饮等）来加以辅助；必然用大量高度简约且约定俗成的箴言或套语来唤起人们的即刻记忆，例如"飞毛腿阿基琉斯""灰眼睛的雅典娜女神"等，并且它们须以循环往复的模式不断涌现，引人注意，年代久远的诗词歌赋得以长久口耳相传。

　　进入电子时代后，基于广播电视的传统口语文化特点体现为规范性、庄重性、官方性、线性式。与之对应，新媒介时期的口语化则倾向于地方方言、网络热词和俚俗文化的集合，用一个古今通用的词来呈现这一口播现象，便可以是"仪式套语"。

　　在网络时代，网民对于"套语"的理解比较广泛，通常情况下，套语所指的是某一群体在特定语言环境下所采用的流传甚广的语言表达方式，具有一定的辅助功能，并且复现率较高，能够充分体现出特定时期的语言文化特征，一般通过各类自媒体加以传播。

1960 年之后，后现代主义正式诞生，并主要应用在艺术、美学以及语言等多项学科中。它以后工业社会理论为基础，是一种带有叛逆、抗拒、颠覆意味的人文学科、思想理念与艺术形式。

特里·伊格尔顿（Terry Eagleton）曾在《后现代主义的幻象》（*The Illusions of Postmodernism*）一书中给出了"后现代主义"另一个版本的定义：后现代主义同时是一种文化、一种理论，一个时代。较之于现代主义，后现代主义的范围比较广，例如具有流行性、商业性以及民主性的市场均可以接受。其代表性风格体现为游戏、自我戏仿、混合、兼容并蓄和反讽（王炎龙，2009）。总而言之，后现代主义并非一个哲学流派，而是一个时间观念、一种社会状态、一种文化主导因素、一套思维模式。仪式套语在后现代主义浪潮中的主要特点包括以下三个方面：①符号化；②娱乐性；③在解构中重构。

第一节 电子时代套语的符号化特征

传播"符号"是承载着人类认知学、行为学、社会学等深层意义的传播介质，代表着由客体、事件与过程所构建的真实世界的投影与实体。如果剥去术语与意义的语义学外衣便会发现，现实本身才是第一位的，语言符号实则位居第二。假设不具备相应的客体存在，那么语言也不会出现，人们之间难以交流，信息和意义也无法得到应有的扩散。语词可以吸引他人的注意，肇因必将会映射出社会的发展状态，又恰恰因为这些近乎天经地义的社会事实在生活中司空见惯，才会使多数学者研究起来本末倒置。

"根据古德曼的理论，判断某物是否是艺术作品，关键看某物正在发挥怎样的符号表达功能。""古德曼总结了艺术语言的基本特征，他称之为审美征候，这些征候有句法密度、语义密度、句法充盈、例示等等。但是，这并不意味着某种语言凭借自身就一定是艺术语言或非艺术语言，关键还要看这种语言用在什么场合，因为语言的这些特征不是由语言自身决定的，而是由语言、语言的表达对象、语言的表达方式等等一道决定的。"（彭锋，2008）

美国著名作家斯考特·费兹杰拉德（Scott Fitzgerald）在其著作中描述黛西·布查南（Daisy Buchanan）有着"充满金钱的嗓音"的例子。这样的套语表达令人内心油然而生出难忘的惊喜与震撼。如果调动人类生活的日常经验，这种原本平淡无奇的人的嗓音仿佛犹在耳边，还原出一种消失已久却又真实鲜活的意境。最终，费兹杰拉德成功打动了听众，他通过"充满金钱的嗓音"这一创造性的语词符号把读者的注意力吸引到这种独特嗓音所显露的人物神秘的特性上。

美国传播学者詹姆斯·凯瑞（James Carey）认为，人类创造、维持、修改、转变现实的努力是存在于历史长河中、能够公开观察的行为。人类利用多种符号来表达自己的心情与态度：艺术、常识乃至神话（凯瑞，2005）。借鉴他的看法，把语词符号仅当作研究当下各类社会现象的开始，也就是说，词汇并不是为事物命名而产生的，反之，事物皆是词汇的表达符号。与之不谋而合的还有美国人类学家克利福德·格尔兹（Clifford Geertz）的观点：符号既是现实的表征，又为现实提供表征。学者格尔兹曾提出，在现实生活中，人们难以对各项事物进行预测，而语言也不是反映现实生活的真实写照，相反，恰好是对符号形态的建构与重组、理解与利用，才创造了现实，并使现实成为一种丰富多彩的形态。

互联网的世界，就是采用超链接以及超文本的手段，将各种常见的符号进行互动整合，使得表情包、象形符码、图画指向、文字色彩和字体等网络符码类型在虚拟与匿名的环境中火速传播。这些符码语词的流行元素无处不在，表达形式也丰富多样。字母类的可包括：GG 表示哥哥的意思、MM 表示美眉的意思、BK 表示崩溃的意思、JMS 表示姐妹们的意思。词汇类可包括："帖子"表示网上的文章、"酱紫"表示这样子的意思、"肿么"表示怎么、"票圈"表示朋友圈、"套路"表示精心策划的一套计划、"老司机"表示老手。音译类，如"狗带"表示 go die（去死）、"因吹斯汀"表示 interesting（有趣）、"一颗赛艇"表示 exciting（兴奋、开心）；数字类可包括"886"表示拜拜咯、"8147"表示不要生气、"5376"表示我生气咯、"3166"表示再见（日语）。符号类可包括："P"表示吐舌头的意思等。这些常见的符号具有形象化、情感化等特征，在适应网民审美需求的同时，也适应了信息化时代的发展需求。因此，网络符码套语可谓是计算机技术与符号联手共建的网络文化传播的符码景观。然而久而久之，网民在网络符码狂欢的巨大影响下逐渐与现实生活分离开来，并且在网络符号的世界中越陷越深。在这一背景条件的影响下，便产生了一种媒体幻觉状态，即前文所提及的"人机互动"逐渐取代"人际互动"的现象。

例如网络流行语"emo"的意思是表达一种颓废、沮丧、不开心的情绪，是失落情绪的间接表达。这个词由于简短生动，被越来越多的网友使用，逐渐成为一种网络热词。又如网络流行语"芭比Q了"，这是源自一名游戏博主常常在视频里说的一句话，转化成电音的口头禅来表示游戏失败或结束了，"完了完了完了，家人们，芭比Q了"。这种表达"人间惨案"意思的网络用语，经常被博主用来形容自己处境不妙的状况。另一个流行语"躺平"表达当代"内卷"精神压迫环境下的佛系生存方式。在这场网络大狂欢的背后，充盈着集体意识形式的网民实质上跟的并不是帖，而是传达着精神世界空落与落寞的讯息。网络流行词就是这样通过简短、幽默、夸张、生动的方式表达了网民的情绪状态，满足网民的内心需求，同时也以戏谑、调侃的方式减轻了压力。

还有以缩略词形式频频出现的流行套语。以"压力山大"为例，此套语取自古代外国人名"亚历山大"的谐音，又名"鸭梨山大"。与之相关的网络流行套语还有"鸭梨很大""毫无鸭梨"等，这里的"鸭梨"同为"压力"的谐音，顾名思义，它指的是身心上的压力重负宛若泰山压顶。追溯其产生的源头，是某贴吧中一才子将"压力"打成"鸭梨"，引得众人效仿。随后有人声称："我给自己起个英文名，叫鸭梨山大。"故随之走红。正所谓仪式套语能帮助人们记录一个时代，虽然套语背后意指年轻一代所负的生活压力像山一般巨大：例如不断涌现的"奔奔族""蜗居族""捏捏族"等；再如当今互联网"快节奏""高强度"的行为模式也令人身心俱疲，但在"压力山大"这一话语体系中，如此诙谐、俏皮的套语表达则规避了现实的严酷，增添了趣味性，解构了严肃性，亦与大众轻松幽默的娱乐心理产生了共鸣。

此外还有缩略语，如"活久见"，意思是活的时间长了什么事情都会看到；"人艰不拆"，意思是人生已这般艰辛，很多事情不应该拆穿它；"不明觉厉"，意为即使不知道对方在讲什么，然而却仍旧觉得对方非常厉害；"累觉不爱"，意为很累，感觉自己不会再爱了；"喜大普奔"，是说欢乐的事情要大家分享出去互相庆贺；等等。这类缩略语词不单单凝练着语词反映的事件信息，更蕴含着网友的观点和立场，并从宏观上生成了一种对现代社会心理认知的整体投射——它们大多从一定意义上解构了原有的语言文本规范，割断了人们与真实世界的直接联系。至此，网民所面对的不单单是他人的符码，同时也以自身的符码与他人照面，人人都是以"符号"面具自居的"虚拟人"。人们在人机交流网络模式中，因缺乏情感交互而创造出言简意赅又颇具调侃意味的具象语词。当这类打着自我主义与时代精神烙印的符码摇身一变，成为网络传播流行时尚的标签时，网络口语文化又迎来了一次仪式套语的革命。

第二节　电子时代套语的娱乐性特征

正如荷马史诗以英雄故事娱乐听众一样，电子时代媒体文化中的套语也深具娱乐性特征。活跃在网络上的次生口语呈现出无限的创造力。娱乐的流行，便也给了网络套语嬉皮化以更多可能。嬉皮化网络套语的个性化特征主要表现为：对主流思想的习惯性质疑与诘问、对正经严肃的传统媒体语言的调侃性搬用、打破既有的正规语法和句法成分的"洋文"化以及字词的异形等。

数字媒介时代的媒介承载了"网络视频语言"的重要表述结构，原因除了视频自身的媒介特质——其衍生的视觉文化本身就是对娱乐所指的意义厘定以外，更是因为这些社交媒介和娱乐视听媒介所具有的内涵已经远远超出了日常理解的工具的含义，而上升为一般意义上的"存在"的具体表现、语言形式，技巧和语义阐释、思维方式以及相关表达所体现出的娱乐趣味，建构了视频"娱乐化"的人文景观。视听媒介中口语音韵的改变拓展了语词意义。如网络流行语"栓 Q"是 thank you 的谐音，本出自广西桂林阳朔县的一名农民用一段中英文双语介绍桂林阳朔山水时的一句带有口音的英文，后被网友用来表达自己对某件事特别讨厌的情绪。又如"集美"（意为"姐妹"）等流行语也都是这种口语音韵拓展意义的现象。

如果说，上述网络套语反映的娱乐性来源于其特殊的口语音韵特征，主要是用于大众消遣、调侃，那么口头套语则是从其语词本义出发，在特定语境下传递反讽意味。网络给了每一个人展示幽默个性的机会：无论是红透半边天的名流抑或是名不见经传的平民百姓，素材的丰富（作品、新闻、名人及流行事物）和表达的自由（免费传播与自由共享），给人们进行娱乐并分享娱乐内容提供了便利。

近年来一直流行于网络的"吃瓜群众"就是一个典型套语。它描述了日常生活中的人们常一边嗑着瓜子，一边听人闲聊。在网络论坛中，人们发帖讨论问题，后面往往有一堆人排队跟帖。如果只看热闹，不发言，便称"吃瓜子"；为了加快输入速度，"吃瓜子"被简称为"吃瓜"；那些不发言只围观的普通网民，则被称为"吃瓜群众"；现在这一套语的使用范围正在扩大，凡是对某议题不了解或有意保持沉默的围观者都可称作"不明真相的吃瓜群众"，不限于网络论坛中的网民。由于它更多见于表情包当中，常常用来扮无辜，故也有娱乐调侃意味。哔哩哔哩（简称 B 站）上流行一句"我好不容易心动一次"，它的完整意思是"我好不容易心动一次，你却让我输得，这么彻底"，表达一种失望的态度。这个流行语出自一个短视频"哥谭噩梦"，画面中一个忧郁的男生突然变成了动漫故事中的人物小丑，表达了当代大多数人的尴尬生存境遇。

随着此类戏谑式网络套语的广泛使用，网络套语的魔力也早已溢出网络，成为日常口语的一部分，成为推动口语发展的力量。除了套语本身附带的娱乐调侃性，其拓殖出的次生口语文化，掀起的各种网络吐槽、网络围观，都使现实社会激荡起阵阵涟漪。如果说人们开展娱乐行为的主要动力是快感，那么显然，网络套语则具有产生快感的语言和文字层面的"驱动内核"。网络仪式套语的流行，促成了颠覆权威、突破束缚的快感获得和情绪宣泄的过程。

第三节　电子时代套语在解构中重构

网络时代的仪式套语多由自媒体传播发展壮大而成。所谓自媒体，也可称为"个人媒体"，这一理念所表示的是个人化、广泛化、自由化的传播人员以当前所具备的科技手段为媒介，向不特定的大多数或者特定的单个人传输各类信息的新媒体。它的到来使得传统意义上的线性、单向传播被多元、去中心化的传播模式所替代，"主-客"二元对立的思维模式被打破，网友从"受众"变为"阅听人"，开始摆脱被动的接收者的地位，甚至主动设置议程、原创网络套语。可以说，自媒体既开创了信息多元传递和言论自由的新局面，又推动了网络时代语词技术的进步与发展。在前两节讨论到的符号化和娱乐性特性的基础上，网络仪式套语还具有一个主要特征——在整体中消弭，在解构中重构。

"解构"，指的是在对现代主义的基本要求以及准则进行传承的过程中，应用现代主义的相关语词，将各种词汇之间的联系进行颠覆与重改，从逻辑上否定传统的基本设计原则，进而形成全新的定义。网络套语在发展壮大中，造就了诸如谐音、隐喻、借代、双关、通假、省略、会意、拆解、重组等全新的语言修辞和话语模式，体现着解构主义的特征。

一、良性互动与凝聚共识

近年来的网络仪式套语，绝大多数都借用了调侃、幽默的表达方式，可谓个性化和趣味性十足。每个网络套语的出现和走红几乎都在偶然中带着毋庸置疑的"必然性"，这种"必然性"引领人们由最初的精英创造时代转型为全新的大众智慧时代，其主要具备以下几种功能，即传输实时资讯、抒发社会民众的内心情绪以及体现社会各个阶层的心理状态等。

体现其良性互动与凝聚共识的除了零碎的网络流行套语，还有一个更为宏观而庞大的口语艺术体系，即 Rap 唱词。说它是黑人俚语，是因为 Rap 这种"旧式说唱乐"产自纽约贫困的黑人聚居区，以快速诉说一连串押韵的行话性语词为特征。在机械的节奏声背景下，DJ（Disco Jockey，即舞厅司仪或唱片骑士）通过刮擦唱片或播放连续的鼓曲从而产生多变的和节奏感极强的音乐，伴着这种音乐，MC（Microphone Controller，即最能带动气氛的喊麦人）在一旁极富节奏感地用语言诠释着自己对生活的感悟或精神状态。说唱乐就是这样默默地，却是极其生动地开启了它发展的征途。

对于中国人而言，这种"说唱""饶舌"艺术则是一种广泛流行于民间的文学表现形式，可单口说唱，可多口说唱，可乐器伴奏，可无伴奏。据考证，藏民族的文化艺术瑰宝《格萨尔王传》就是以说唱形式来表现并在民间广泛流传的说唱史诗。它诞生于至少 15 世纪前，除散文部分外，据学者初步的研究统计，仅史诗部分就有 100 万行以上，分章本和分部本共超过 200 部，已经译出来的史诗估计 35 部，如果将其全部翻译出来，将有约 2400 万字（王沂暖，2017）。塑造了以格萨尔王为首的一群英雄人物勇敢机智地同邪恶势力进行斗争的形象，篇幅宏大，情节奇特。《格萨尔王传》语言丰富，很有特点。

学者张卉分析总结了它唱词的特色。首先，唱词具备口语化的自然流畅和通俗易懂的特点，与时下流行的歌词相似。如下面的唱段：

> 心里惦念你，吃饭没有味。
> 心里惦念你，喝茶象白水。
> 心里惦念你，马儿不抬腿。
> 妃子珠茉呵，我哪会忘掉你！
> 珠茉你想想呵，快快回家去！
>
> （《格萨尔王传》贵德分章本）

这段"心里惦念你"的结构套语式唱词将格萨尔和珠茉之间难分难舍的爱情充分地表达了出来。

其次，"唱词语言丰富多彩，语汇领域宽广"。如以下唱段：

> 独行的太阳遇天狗，群星一起无灾难。
> 独行的羊羔遇野狼，群羊同行才安全。
> 英雄也要结队行，单人出战会象小偷般。
>
> （《卡切玉宗》）（张卉，2009）

这段唱词将"独行"与"结队行"进行对比，表达了英雄要结队同行的重要性的战争策略，朗朗上口，易于记忆。

套语体现了文化兼容。在翁看来，西方文化语境中的后现代解构主义文化致力于对先验性结构进行消解，使其逃离权力中心的控制和话语制约，最终使得社会从创造支配性话语的知识权威的观念束缚中挣脱出来（翁，2008），诞生于西方文化语境中的 Rap 一般都体现了亚文化群体的文化反叛精神和与主流文化进行的对话，从而创造了具有时尚感的属于亚文化群体的流行文化样式。这种流行文化样式发展起来并流传到全世界，成为一种可利用的形式，不同地区的人们可以采用其套语结构来表达不同的主题故事，包括主旋律歌曲和与民族地区流行文化结合后产生的新的形态歌曲，体现了套语的文化兼容性。

套语体现了移情参与。所谓"移情"，就是指以将对象的审美特性同人的思想、情感相互契合为客观前提，以主体情感的外扩散和想象力、创造力为主观条件，是对象的拟人化与主体情感的客体化的统一，是审美认同和引发共鸣的重要心理基础（费斯克，2001）。公众心理反映了社会现实，观察个体或群体心理都可能看出当下社会的发展现状，而有关公众心理的媒介热词是现状的显像。同理，通过观察媒介热词也能了解公众心理，感受他们的生活理想和态度。

正如哈夫洛克所说的那样，对于口语文化而言，学习或认知的意思是贴近认识对象，达到与其共鸣和产生认同的境界（梅罗维茨，2002），是"与之共处"，这也是形成互动与共识的前提条件。《"一带一路"之歌》Rap 歌词里有一句"'一带一路'，坐下来我们一起喝茶；'一带一路'，朋友圈就会越来越大；'一带一路'，互联互通有商有量；'一带一路'，去哪里都像是回家"，《"一带一路"之歌》唱出的不仅是"移情"效应，更是社会大众心理共同构建的多元文化与凝聚共识。

网络语言的"良性互动"，主要体现在其透露出公平与正义的时代呼声、希望与焦虑的轮番登场，以及喜悦共忧患的艰辛行进；而"多元生态"一方面拓宽了自身的应用范畴，从日常幽默调侃，到国家顶层设计的讨论，从花边娱乐俚语，到时政套语热词，都无不呈现出社会各领域的多方互动；另一方面，"多元生态"则主要基于网络套语本身所承载的后现代主义特征。从这个意义上来说，它消解和抛弃了传统语词的整体性观念，转而强调适用于各个社会领域分化的多元性，而非寻求整个社会历史的规律性和一致性。

二、符号重构与话语对抗

网络仪式套语通过对语词符号不断地解构与重构，以产生全新的话语对抗体系。正如米哈伊尔·巴赫金（Michael Bakhtin）所说，后现代语境下的网络套语所遵循和使用的是独特的逆向、反向和颠倒的逻辑，是上下不断换位的逻辑，是各种形式的戏仿和滑稽改编、戏弄、贬低、亵渎、打诨式的加冕和废黜（巴赫金，1998）。从这个意义上讲，话语对抗体系构建的形式更为丰富多样，场景更为灵活，一般产生在比构建良性互动、多元文化更为宏大的叙事视域中。它不仅仅受限于严肃的政治话语体系，在娱乐领域，网友通过对某些歌词、台词的解构，同样可能引发全新的认知效应。

一句出自歌曲《布拉格广场》中的歌词"画面太美我不敢看"，其内容层面的所指意向原本为美景，但是当网民将这句歌词的意思进行重新理解之后，它则表示不能够正视一些特殊事物。例如在欣赏一张丑陋的照片时，网民可以评论"那画面太美，我不敢看"来表达自己的心情，并表露出这张照片对自己所造成的影响，更多情况下是出于一种调侃心理。可见，这样的网络套语不仅建构了其使用、调侃的行为，而且还重构了语境本身。

除了活跃在娱乐领域、充满人情味和纯趣味的民生新闻和娱乐新闻，一些新闻事件也能通过套语的创造来解构其文本意义，从而产生专属于草根群体的网络表达。网络套语的重构，不仅呈现出社会现状的表征，与此同时，也为时政新闻提供了很多参考依据，可产生传输新闻信息、表达人们情感、体现社会多种心理的效果，并具有重要的现实意义，充分展现出了当前社会的发展状态。

此外，流行网络套语"被××"式语言结构中"被"字所指的建构过程也是媒体和民间话语表达体系中的一部分。通过对"被××"一系列说法进行分析后发现，其主要具备四种词性，即名词、动词、介词以及助词。当"被"作为助词应用时，则是放置于动词之前，组成被动词组，例如"被教育"等；当"被"作为介词应用时，代表的是主语为动作的承受者。在文章中，被字句的应用次数较之把字句要显著更少，然而在网络用语中，被字句则比较常见，并且广为流行，一时间带火了诸如"被自杀""被剥削""被增长"等词。这种网络流行语就是以这种看起来不合理且荒诞的语法形式充分表达其在一些社会现象面前的被动感和无力感。

"被"字句成了网络流行用语，并得到了广泛的应用，针对一些在新闻中所出现的能够引起人们质疑的事件均可用"被"字句表达，并达到二次传播的效果。这里的"被"已经不仅仅是叙述被动事件，也充分体现出了民众和媒体对于现实社会事件的态度和情绪反应。

综上所述，一个词，记录的是一个时代。作为一种囊括政治、民生、娱乐等宏大叙事范围的客观存在，网络流行套语，正是这个时代的缩影。活跃在网络时代的口头仪式套语可视为社会文化的显示屏、生活时尚的风向标、民众心态的晴雨表。网络套语有助于促进民间话语良性互动，构建多元生态，凝聚社会共识。同时，通过对语词符号重新赋予意义，套语在表达民众心声时能起到很好的传播效果。

小　　结

　　本编内容以书面记录的口头文化传承研究史为参照体系，阐述电子时代交融着书写文化的次生口语文化的发展特征。通过对比研究原生口语和次生口语的特点，分析了部分原生口语的传统特征在电子网络社群里也同样有所体现。原生口语和次生口语的区别在于：从口语传播的技术手段和参与模式上看，原生口语相较于次生口语而言更多地诉诸人的"无意识"、"非理性"和"重参与"的文化范式。次生口语文化时代，文明的群体心态是自觉的，是在电子媒介一套按部就班的数字化程序中产生的。网络时代的口语也可视为"言语图像"，"言语图像"演变为一种真实可感的如视觉、触觉等多种感知模式交织的媒介，并且在不知不觉中形塑我们的思维方式。本编在此基础上探讨了网络媒体口语文化中仪式套语的发展与革新，希望能以此为次生口语文化的探索带来新的思考。

　　本编在翁提出的"原生口语"与"次生口语"的理论基础上，讨论口语文化中古希腊荷马史诗传承经典文本、从口头到书写再到数字媒介时代的口语文化的网络仪式套语特征。当口语时代过渡到书写时代，在媒介认知的视域下，拼音文字因其固有的特征促进了听觉经验和视觉经验、个人主义和集体意识的分离；而当人类的媒介技术发展到电子时代后，这一阶段的"次生口语"与"原生口语"既相互区别又相互关联。

　　从两个时期口语文化对比的异同来看，其内在趋同性主要体现在三个方面。第一，两个时期的口语文化皆反映了"临在性"和"模式化"的特征。第二，以荷马史诗著作《伊里亚特》和次生口语文化中的视频节目为例，分析印证了原生口语文化时期古代史诗的传诵及电子时代的次生口语文化中呈现出的"聚合性"和"叙事性"的特点。第三，原生口语和次生口语的传播都是一种"开放"的形式，即时变化，流动不居，并且与"外部现实"相互作用、相互渗透。

但是，由于次生口语和原生口语均处在不同的文化史分期和媒介史分期，二者也存在着表征差异性。其一，诞生于两个时期的受众群体规模不一；其二，技术手段和参与模式不同；其三，从心理认知趋向来说，原生口语时代下的群体心理是外化而开放的，而次生口语文化则是在预设的电子口令中所催生出的一种带着自觉意识的分析性反思，是书写文化内在化之后，经过理性认知思维塑造之后，再次带着自觉理性意识的同时又结合了原生口语时代非理性、无意识、重参与互动的外化表达。

在电子网络时代，二度口语的"文字-口语"应用模式逐步取代了过去初级口语向书面语转化的"口语-文字"发展模式。这一时期的次生口语意在通过网民编辑创建交互评论文本，来延展语境的范围。至此，语境构成了一个意义交互、时空无界的语义场，词语在其中纵横捭阖，产生了丰富的言外之意，其衍生出的次生口语文化，不仅有助于形塑出注重参与、躬身自省的文化范式，还能改造媒介环境中人的心理认知状态，进一步催生传播方式的变革及大众文化和草根文化的开放与博弈。

在对"网络时代口语文化"的研究中，本编以风靡当下的网络套语、流行广告以及说唱歌曲的歌词为例，结合口语文化"仪式观"、"叙事性"和"符号化"等特征进行综合分析。

对比原生口语和电子时代的口语文化，可以摸索出口语文化和书写文化的各自特征，即口语表述特征是递增的、总合的、重复的、保守传统的、接近人类生活的；语气是论战的、参与的、理解的、自我平稳的、情景对话式的；而书写则是从属的、分析的、线性的、实验的、抽象的、超脱的、客观的、远离的、动态的、语境自由的。次生口语和古老的口语文化有一脉相承之处，即参与的神秘感、社群感的养成、专注当下的一刻甚至套语的使用。但它又是经过理性滋养过的自觉的交流互动。

第四编

视频字幕与认知效应

　　影视视频字幕从传统的语音转文字的字幕发展到了今天流行于各种媒介、多种视频节目中的常规字幕、花式字幕和弹幕，已经更新了视频制作、观赏、分享的固有观念。尤其是东方国家的几种文字字幕已经先于西方国家的希腊罗马体系的拼音文字字幕而得到蓬勃发展。这些东方文字体系包括象形文字的中文体系、拼音文字的韩国文字体系、由汉字（象形文字）和假名（音符）两套符号构成的日本文字体系。对于不同地区的文字在字幕的使用和发展中是否对人的认知形成不同的影响，从而影响影视视频制作和文化的发展，以及视频字幕配合口语在内容理解上将起到什么样的作用，本编内容分别从常规字幕、花式字幕和网络视频弹幕等三个类别来开展研究。

　　在认知科学领域，已有一些研究团队对汉字和西方拼音文字的阅读进行对比研究，并且发现了实验对象在阅读不同文字时脑活动有明显差异。但是这些研究很少被运用于电子媒介时代的字幕体系的认知研究，本编在此方面尝试进行探讨，追溯中西文化环境中媒介发展的源头，即文字媒介，以象形文字和拼音文字的视频字幕为研究对象，分析当代视频字幕的分类以及不同的信息处理方式，结合具体案例研究其产生的认知效应。

　　本编内容主要分析中文视频字幕与英文视频字幕、韩文花式字幕、日文弹幕对视频内容理解的影响。这样做的目的是将论述范围加以限定，以我国的象形文字体系作为主要的参照对象。花式字幕和弹幕较少或者几乎没有在希腊-罗马书写体系的文化中出现，难以形成对比，所以本编选择了作为拼音文字的韩文和部分拼音文字构成的日文来作为比照对象。

第十一章
两种文字形态及其认知效应

第一节　两种文字形态的信息处理方式

一、象形文字的信息处理方式

　　人的记忆短暂而零散，为了帮助记忆，人类发明了很多种方法，比如在人类早期，可以用绳子打结、堆放石子、在树木上刻痕来记住数量或种类。但是这些方法有很多不足，比如不能用来标记事物的质量或性质等，人们迫切需要一种可以表达丰富信息的图形符号，用线条或笔画，把要表达物体的外形特征，具体地勾画出来，由此象形文字应运而生。

　　我国的文字体系始于象形文字。"汉字最初的字形是'文'，即'字符'。同两河流域苏美尔人的楔形文字和古埃及的圣书字一样，古汉字的发音由具体事物形象的草图而来。"（费希尔，2012）在此，中国美学家张法对汉字的审美价值也有很多研究。比如在中国古代，对汉字的造字法有"六书"的提法：象形、指示、会意、形声、转注和假借。象形文字最明显的特征就是象形，也就是说不需要借助发音就可以传递非常复杂的信息。如图 11.1 所示，"水"就用几条平行的曲线来表示，"山"就用三个锐利的三角形来表示等。象形文字一般不用来表音，而是表意，通过图像来表明含义。甲骨文最初是用于占卜，以后随着时代演进，表现字体有所不同。

图 11.1 部分商代文字书写变体的发展过程

资料来源：费希尔.（2012）. 书写的历史. 李华田，李国玉，杨玉婉译. 北京：中央编译出版社.

　　西周产生了中国最早的铜器铭文，用蜡制技术将文字刻在泥板上，这种汉字后来就演变为大篆。到秦始皇统一了六国，日益增多的各类书写形式阻碍了交流，他推行"书同文，车同轨"，实施了文字改革，取消了其他的六国文字，将繁复的大篆改为小篆，创制了统一文字的汉字书写形式。接下来，隶书取代了小篆，成为长时间内被广泛使用的字体。1913 年，清政府被推翻后，新的政府出台了注音字母法，这是在推行汉语拼音方案以前，用来标注汉字字音的音标，采用笔画简单的汉字，有的加以修改，共 39 个字母。1949 年新中国成立后政府决定简化汉字，并且使用字母注音，推行汉语拼音方案，以提升所有国民的汉字读写能力。

　　象形文字的听觉信息处理模式，以汉字为例，如图 11.2 所示，可以分为以下几个阶段。

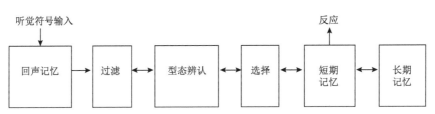

图 11.2　象形文字听觉信息处理模式阶段图

资料来源：陈佩真．（2008）．电视字幕对语言理解的影响——以"形系"和"音系"文字的差异为切入点．
台北：秀威资讯科技股份有限公司．

　　观众在接收到象形文字的听觉符号，经过感官的储存和过滤后，在型态辨认阶段就可以直接根据声音来解码信息，然后进入短期记忆阶段。比如观众在厨房做饭，听到客厅里的电视传来"退化"两个字，通过声音就可以知道意义。但是，象形文字因为有大量的同音字和多音字或者是方言存在，所以容易造成词语的混淆，比如听到的"退化"也许是"蜕化"两个字。如果在影视作品中，只有听觉符号的输入，而没有视觉符号的输入，比如字幕等信息，很可能导致信息传播得不准确。

　　所以接下来探讨象形文字体系的视觉信息处理模式，以汉字为例，如图11.3 所示，可以分为以下几个阶段。

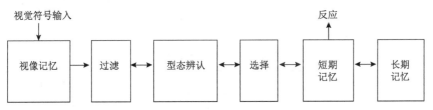

图 11.3　象形文字视觉信息处理模式阶段图

资料来源：陈佩真．（2008）．电视字幕对语言理解的影响——以"形系"和"音系"文字的差异为切入点．
台北：秀威资讯科技股份有限公司．

　　当观众收到象形文字的视觉符号时，比如电视上出现"退化"两个字的字幕，观众就可以直接将其和"退化"两个字的意义相连接，不用纠结是"退化"还是"蜕化"。汉字至今还保留着象形、指事、会意等成分，"形与意"相连接。所以，在使用象形文字的国家，不用听声音，只要根据视觉符号的意义，就可以解读信息。

　　综合以上对象形文字的听觉和视觉信息处理的分析，可以知道象形文字的听觉符号和视觉符号与意义相连接。这也是在中国电视节目、电视剧、电影等要配合字幕播放的原因之一，二者相互配合，可以更为有效地传达准确的信息。

二、拼音文字的信息处理方式

拼音文字是用字母来记录语音的文字。虽然地处东亚文化圈的韩国也使用的是表音文字，但是本章讨论的拼音文字主要是指希腊罗马体系的拼音文字，即英文，不包括韩文。"拼音字母表是一种独特的文字系统，用若干字母或视觉符号（22—40 个）代表一种口语里的最基本语音或音位。字母被用来为每个词语编制代码。"（洛根，2012a）最早的字母表起源于古埃及，那些辅音夹杂着象形文字和一些限定符号一起使用。在当地工作的迦南人从古埃及将字母表带回自己的地区。迦南是一个古代繁荣地区，位置大概在今天的巴勒斯坦、叙利亚和黎巴嫩地区。因为迦南人觉得古埃及的象形文字太复杂，他们没有古埃及人抄书的传统，于是借用了古埃及人的单一辅音系统来创造出自己的字母表，那些字母从最早的象形文字发展而来，仅仅包含了 22 个辅音字母。如表 11.1 所示，这就是最早的较完整的字母表，它成为英语、法语、拉丁语、希腊语等数以百计的其他字母表的范式。

表 11.1　闪米特字母表

罗马字母	希腊字母	希伯来字母
a	Alpha	aleph／牛
b	Beta	bayit／房
c（g）	Gamma	gimmel／骆驼
d	Delta	daleth／门
e	Epsilon	heh／祈祷人
f	Digamma	vav／钉，钩
h	Eta	het／栅栏
i	Iota	yod／手
k	Kappa	kaf／手掌

续表

罗马字母	希腊字母	希伯来字母
l	Lambda	lamed／赶牛的刺棒
m	Mu	mem／水
n	Nu	nun／蛇
o	Omicron	ayin／眼
p	Pi	peh／嘴
q	Koppa	koff／猿
r	Rho	rosh／头
s	Sigma	shin／齿
t	Tau	tav／记号
u, v	Upsilon	vav／钉，钩
x	Xi	samek／梯
z	Zeta	zayin／武器

资料来源：洛根.（2012a）. 字母表效应：拼音文字与西方文明. 何道宽译. 上海：复旦大学出版社.

在实际运用中，人们发现，光有 22 个辅音字母是远远不够的，无论是书写还是口语交流，都存在着很多问题。于是，希腊人把希伯来字母表加以适当的修正，将 5 个元音 a、e、i、o、u 引入了字母表，如表 11.2 所示。从此以后，希腊人将 22 个辅音和 5 个元音结合使用，使口语词和书面词实现了一一对应，更忠实地再现了口语。

表 11.2　英语、希伯来语和希腊语中的元音字母

英语	希伯来语	希腊语
a	Aleph	Alpha, α
e	Hey	Epsilon, ε
i	Yod	iota, ι
o	Ayin	Omicron, o
u	Vav	Upsilon, υ

资料来源：洛根.（2012a）. 字母表效应：拼音文字与西方文明. 何道宽译. 上海：复旦大学出版社.

元音在使用拼音文字体系的国家中发挥着以下几种至关重要的作用。

一是可以辅助发音，区别词义。例如 bag、beg、big、bug 四个词虽然有的发音相似，如 bag 和 beg，但是它们的含义完全不同，这里就可以借助元音来区分。

二是元音可以用来表语词的详细特征：词类、语气、语态和时态等。仅仅依靠辅音而没有元音符号，对文本的解读多半是靠猜测，例如在 sing、sang、song、sung 四个词中，sing、sang、sung 可以表示动词"唱歌"的现在时、过去时和过去分词的时态。sing 和 song 可以表示动词"唱歌"和名词"歌曲"的含义，在这里元音起到了区分词类的作用。

三是元音可以增加词语的多产性和能产性。在英语中，如果只是辅音的组合，词语是很有限的，但是加入了元音后，会形成更多的排列组合，赋予词汇更多的意义，字母化的意义组合可以完全脱离外界形象的依据。例如 moral 可以表示名词"道德"或形容词"道德上的"，amoral 表示形容词"不道德的"，加上元音 a 这个前缀，就成为反义词，这在英语中是很常见的。

追溯拼音文字在西方的发展，从迦南人发明的 22 个辅音字母表，到希腊人加入 5 个元音实现了完全意义上的拼音字母表。之后，古罗马人把他们的字母表传遍欧洲。最后，除了皈依希腊东正教的东欧国家之外，所有的欧洲国家都采纳了罗马字母表，只是略有小的修正而已。所以，现在世界上大部分国家，尤其是欧洲国家，普遍使用的是拼音文字体系，它已经成为幼儿进入学校学习的第一课，是人与人之间有效沟通的基础，更是通向学习和知识的钥匙。随着双语学习的普及，我们可以看到现在很多事物的分类都按照字母来区分，比如字典里的词语、图书馆的书籍、计算机里的文档等。由于书写简单容易辨识，拼音字母表发挥了比象形文字更广泛的作用：不仅是读文识字的工具，也是分类系统的扩张。

拼音文字的听觉信息处理模式，如图 11.4 所示，以英语为例，可以分为以下几个阶段。

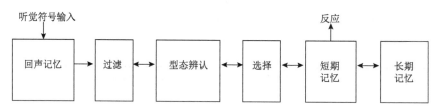

图 11.4　拼音文字听觉信息处理模式阶段图

资料来源：陈佩真．（2008）．电视字幕对语言理解的影响——以"形系"和"音系"文字的差异为切入点．台北：秀威资讯科技股份有限公司．

当人们接收到拼音文字的听觉符号信息时，和象形文字接收听觉符号信息一样，具有相同的信息处理方式，不用经过大脑中的"记忆层"，通过感官的储存和过滤后，在型态辨认阶段就可以直接根据声音来解码信息，然后进入短期记忆。并且，拼音文字的"形与音"比象形文字的"形与意"连接更密切。我们发现虽然英语也会出现同音字词现象，但是和汉字相比较少，所以不一定非要借助视觉符号即字幕传达信息。

但是，当观众接收到拼音文字的视觉符号时，出现了不同。拼音文字的视觉信息处理模式，如图 11.5 所示，以英语为例，可以分为以下几个阶段。

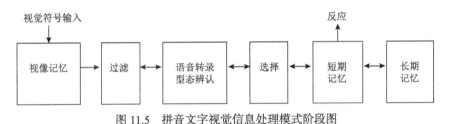

图 11.5　拼音文字视觉信息处理模式阶段图

资料来源：陈佩真. （2008）. 电视字幕对语言理解的影响——以"形系"和"音系"文字的差异为切入点.
台北：秀威资讯科技股份有限公司.

在使用拼音文字电视字幕的国家，视觉符号经过视像记忆、过滤之后，还有一道程序——将视像转化为语音，再进行型态辨认。最后进入和其他模式一样的选择、短期记忆和长期记忆。例如，观众在看美剧时，电视字幕出现 computer 这个词，在进入型态辨认之前，必须先将文字转换为语音，然后再和 computer 这个词语的含义"电脑"相连接。这样一来，观众反应的时间就慢了很多。然而，电视画面的内容是一幕接着一幕的，所以，在使用拼音文字的国家，对于没有听觉障碍的人来说，或者在电视内容的生僻字和专业术语较少的情况下，看字幕反而是一种延缓内容理解的过程。

三、两种文字形态在信息处理方式上的差异

本部分内容主要围绕中文、日文、韩文和英文四种语言的视频字幕进行分析。虽然日本和韩国都地处东亚文化圈，自身的语言体系都深受中国汉字的影响，但是随着社会历史的变迁，逐渐去除了中国汉字的影响，形成了独

具一格的文字体系。

韩国文字看起来像中国汉字的方块字，实际上是模仿西方拼音字母表，以字母的形式组成的方块字。汉字在公元前 5 世纪传入朝鲜，后来逐渐扩散影响到日本，直到公元前 400 年，日本人才接触到汉字（费希尔，2012）。在朝鲜没有本国文字之前，一直借用中国的文字，后来慢慢发生改变，在汉字的基础上创制了自己的文字，但是此时汉字仍然在朝鲜社会中发挥着重要的作用。1443 年，在朝鲜世宗大王的领导下，朝鲜人创制了本土特色的拼音文字体系，随后，朝鲜政府决定废除汉字，全部使用拼音字母表的文字，类似希腊罗马体系的拼音文字，其中包含 21 个元音和 19 个辅音，元音相当于汉语拼音的韵母，辅音相当于汉语拼音的声母，元音和辅音结合构成音节。

和韩文全盘摒弃了象形文字相比，日本较多地保留了中国汉字的影响。目前，日文由两个文字体系组成：汉字和假名。汉字属于象形文字体系，用来表意；假名是假借汉字的音和形，用来表音，本身没有意义。因此，日文是一种既包括象形文字又包括拼音文字的复杂文字体系。

将以中文为代表的象形文字和以英文为代表的拼音文字进行对比举例，两种文字系统在功能上的区别主要有以下三点。

首先，在语言的学习上，拼音文字比象形文字更容易快速掌握。随着全球人口的流动和贸易往来的增加，英语已经成为全世界的通用语言，很多国家把它作为官方语言或者第二语言。

拼音文字和象形文字的不同形态决定了掌握难易程度不同。汉字和西方的字母表文字代表着完全不同的文字形式，在象形文字体系中，传统的看法是汉语尤其是古汉语属于单音节语言，一个音节就是一个字，在大多数情况下，已经是一个完整的字，虽然从型态上容易辨认，但是，大量的同音字和多音字容易造成歧义。比如"成""乘""呈""承"等，虽然发音完全相同，但是表达的意思不同；再比如"差"有 4 种发音，"差（chā）错""差（chà）劲""出差（chāi）"和"参差（cī）不齐"，在发音的时候容易混淆。汉字虽然可以表意，但是只有大约 1%的汉语字用形象来表征，只用一个独体字来表征。大多数字是由偏旁构成的合体字，一般由两个偏旁构成，一个提供该字的发音，另一个用作类别标记，表示该字的语义范畴。比如"们（mén）"，左边的人字旁"亻"用来分类，表示一个群体性的表述，右边的"门（mén）"

用来表示这个字的发音。虽然英文也有同音词，比如 meat/meet、bare/bear、flower/flour 等，但是同音词在英文中并不多见，并且两个字彼此的关联不大，一般从上下文的语境中就可以区别开来。由此可见，象形文字因为使用象形符号和会意符号，远远没有拼音文字来得抽象，所以用汉字来读书写字，需要花费大量工夫去记忆和训练。

拼音字母表最早由迦南人发明，因为在社会交往的过程中，他们发现古埃及人用象形文字来抄书实在太复杂，短时间内很难掌握，并且认为这是古埃及人为了维护知识垄断和自身利益的结果。在拼音文字体系中，词语被分解为基本的音素，音素用视觉符号来表示，用作视觉符号的字母有20～30个。音素分为辅音和元音两大类，由于拼音文字体系是表音体系，所以文字本身就和发音有关。比如 read 由两个辅音 r、d 和两个元音 e、a 组成。

其次，在实际的用途上，拼音文字比象形文字更简单实用，易于分类。洛根在《字母表效应：拼音文字与西方文明》这本书中，讨论最多的就是拼音字母表对西方文化产生的影响，他认为字母表是用于分类的天然工具，因为拼音字母表一目了然，容易拼写也易读易记。象形文字笔画复杂，尤其是中文繁体字，一般会用到更多的笔画。比如 read 的中文简体字为"阅读"，繁体字为"閱讀"。所以，字母表被广泛用来分类。也正因为如此，西方人培养了科学、逻辑、抽象的思维方式。洛根在书中反复强调了他的这个观点，这也是促成现代科学在西欧起源的主要原因。即使是在使用非拼音文字体系的国家，如中国、日本、韩国等，也经常用字母来分门别类。

最后，在书写的呈现上，象形文字和拼音文字相比，更具有艺术性，有利于文化的保留和传承。书法是一种优美的书写艺术，笔画的数量、笔顺、走向都是一种美的体现，也是书法家自身技艺和修养的体现。宗白华先生认为，中国人写的字能够成为艺术品，有两个主要因素：一是中国字的起始是象形的，二是中国人用的笔（宗白华，2015）。在古时候，书法家写字之前，通常要仔细观察字的结构，给静止的字体赋予生命力。东汉书法家蔡邕说："凡欲结构字体，皆须像其一物，若鸟之形，若虫食禾，若山若树，纵横有托，运用合度，方可谓书。"（转引自宗白华，2015：161）中国书法家在字的笔画、结构和章法中，生动地显示对象的形象甚至是动作，可以从最早的甲骨文开始。后来从象形到谐声，二者相互映照，使文字更加丰富、具体而生动。比如"江""河""湖""海"等，让人仿佛身临其境，目睹了奔腾不息的水流，耳闻到滔滔不绝的水流声。中国书法使汉字没有停留在作为语言符号的阶段，而是成为表达美感和民族文化的载体。

学者陈佩真利用"两种文字形态：象形文字和拼音文字"的分析结果，根据象形文字表意和拼音文字表音的两种不同特性，同时引入斯蒂芬·里德（Stephen Reed）在《认知：理论与运用》（*Cognition: Theories and Applications*）中的"信息处理模式阶段图"，如图 11.6 所示，来分析两种文字形态的信息处理方式各有什么特色和差异。

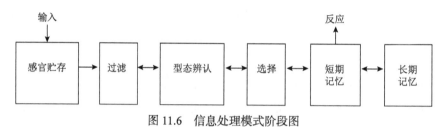

图 11.6　信息处理模式阶段图

资料来源：陈佩真. （2008）. 电视字幕对语言理解的影响——以"形系"和"音系"文字的差异为切入点. 台北：秀威资讯科技股份有限公司.

里德的"信息处理模式阶段图"显示：来自环境中的信息，经过感官器官输入后，将作短暂的储存，保留 1～2 秒钟，如果个体没有辨认出来，输入的这个信息就会消失，被后面的信息所取代，这个阶段称为感官贮存；过滤和选择阶段都是为了限制，并决定这些信息是否可以进入下一个阶段；型态辨认阶段是指个体可以认出进入的信息是什么，如果是熟悉的信息，个体就会调取已经储存在记忆中的信息，如果是陌生的信息无法辨认，个体就可以储存在新的记忆中；短期记忆和长期记忆是两种人类储存记忆的方式，短期记忆的主要功能是提供最初的登录，以便为人希望记住的信息提供短暂的储存。长期记忆通常可以持续终身，是从感官记忆和短期记忆所获得的所有经验、事件、信息、情感、技巧、文字、范畴、规则和判断的储藏室（津巴多、格里格，1997）。

以下要讨论的两种文字形态的信息处理方式基于"信息处理模式阶段图"，也包含了以上的几个阶段。值得一提的是，在信息输入阶段，包括各种各样感官器官的输入：视觉、听觉、味觉、触觉、嗅觉等，这些都是信息的来源。但是，此处探讨的是"视频字幕的认知效应"，影视字幕的作用依靠人的视觉和听觉产生，所以，以下探讨的象形文字和拼音文字的信息处理方式，将仅仅以观众收看电视或网络视频时视觉和听觉产生的反应来分析。

通过上文"象形文字的信息处理方式"和"拼音文字的信息处理方式"的对比，可以发现以下几点。

在听觉符号的信息处理上，象形文字和拼音文字是一样的，都可以通过听音辨义。但是，由于象形文字体系具有大量的同音字、多音字等，所以听觉符号在型态辨认阶段容易产生混淆，这个时候就需要视觉符号如电视字幕来辅助理解。

在视觉符号的信息处理上，象形文字和拼音文字有所不同。在使用拼音文字的国家，当观众接收到视觉符号时，必须先将文字转换为语音，才能进行解码，理解意义。象形文字是表意的，不需要转化为语音就可以直接进入型态辨认阶段。因此，在视觉符号信息的处理上，使用拼音文字的国家要比使用象形文字的国家耗费多一些的时间理解意义。

综上所述，在使用象形文字的国家中，电视中人物的对话、旁白、解说等听觉符号以及字幕等视觉符号进入观众的耳朵或视野后，都可以直接产生意义，语言和文字的关系是相辅相成的。所以在看电视的时候，如果加上视觉符号，如字幕、弹幕等，将有助于观众对电视内容的理解。在使用拼音文字的国家中，电视中人物的对话、旁白、解说等视觉符号进入观众的耳朵后，先必须转化为听觉符号才能进入型态辨认阶段，文字只是语音的再现，对于理解电视内容并没有帮助，反而会耗费更多时间，将降低观众对电视内容理解的效率。举例来说，在使用拼音文字的国家中，如美国、英国等，不需要借助字幕就可以充分地传达意义。韩国的电视字幕丰富多彩，尤其是在真人秀和综艺节目中，大量地使用花式字幕，这样的字幕形式逐渐辐射到周边的中国、日本等国家，广受欢迎。那么，韩国作为使用拼音文字体系的国家，为什么会大量借助视觉符号来传达信息呢？下面的章节将做讨论。

第二节　文字媒介对认知的不同影响

一、认知科学纳入媒介研究的视野

认知科学的发展比较晚，兴起于 20 世纪 70 年代以后，主要是研究人认识外部世界的能力的科学，也就是研究人类大脑是怎样认识外部世界的科学（常艳、邓红风，2015）。它包括六大科学领域：哲学、心理学、计算机科学、脑神经学、语言学和人类学。认知科学不但为语言的研究提供了新的视角，而且更重要的是，语言的研究也成为认知科学中不可或缺的部分。

过去，科学家普遍认为人脑从出生的那一刻开始，就是固定不变的，不会随着年龄的增长和外界环境的变化而改变。直到加州大学旧金山分校的默策尼希奇通过著名的"猴子实验"证明了大脑是具有可塑性的。之后，随着西方脑科学的发展，科学家借助脑电图（EEG）、脑磁图（MEG）、功能性磁共振成像（fMRI）等技术来研究神经系统，证实了大脑具有可塑性和偏向性：在人的一生当中，新的神经回路可以不断形成，旧的回路则可能强化，也可能弱化，甚至会彻底萎缩（卡尔，2015）。

人的认知处理中心主要集中在大脑，感觉、知觉、运动都是直接或间接传入大脑的。媒介环境学致力于思考人与技术的关系，早期学者包括麦克卢汉、伊尼斯、芒福德、波兹曼、翁等。即使今天来看，他们的观点仍然极具启发性。"媒介环境学"诞生于 20 世纪 60 年代，认为"媒介即是环境"，把环境当作媒介来研究，试图揭示它们对人的感知、理解和感情的影响。麦克卢汉借助神经科学领域的研究成果综合讨论了大脑两半球的感知偏向：文字和言语，特别是拼音文字的主要功能区位于大脑左半球，左半球的认知特征表现为线性和序列性。相对而言，大脑右半球最主要的认知特征是同步性、整体性和综合性，所以有充分的理由说明它是大脑听觉的（定性的）那一个半球（麦克卢汉，2021）。此外，麦克卢汉还在《理解媒介：论人的延伸》中将媒介理解为人的延伸，表明了人对于媒介的依赖，反过来媒介逐渐重新塑造了人的感知偏向。麦克卢汉将电子媒介理解为感官的向内延伸，即内爆，从印刷时代媒介的向外延伸和扩张，转入到电子媒介向内、向人体的中枢神经系统延伸。总体而言，媒介环境学强调人和媒介的关系及相互的影响，认为不同的媒介会以不同的方式影响人的生理-感知层面，包括对周围环境的认识、理解和思考等。

二、不同文字形态的认知对比

语言功能区对不同文字形态的认知有很重要的作用。如图 11.7 所示，人脑的语言系统主要由两个区域组成：布罗卡氏区和韦尼克区。布罗卡氏区位于人脑的前叶，主管语言信息的处理和话语的产生；韦尼克区位于人脑的左后叶，属于听觉区，对语言理解起到重要的作用。两个区域是共同起作用的，如果韦尼克区受损，人或许还可以说一口流利的语言，但是都是些无意义的词语。

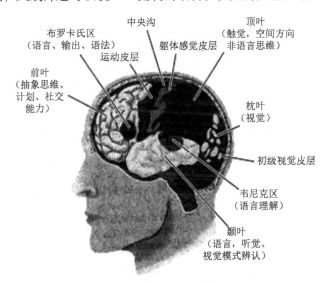

图 11.7　人类大脑的各个分区及其主要感知功能

资料来源：沃尔夫. （2012）. 普鲁斯特与乌贼：阅读如何改变我们的思维. 王维芬，杨仕音译. 北京：中国人民大学出版社.

以日语为例，它由汉字和假名两套文字符号组成，假名是借用汉字字形的部分笔画作为符号来表示日语的音节单位的文字体系（何九盈等，1995）。有数据显示，当人脑受损，忘记汉字的时候，但仍然记得假名，或者情况相反。这说明日本汉字体系和假名体系采用的是两种不同的神经系统，二者彼此不相关，拥有着不同的信息处理方式。

认知神经科学家玛丽安娜·沃尔夫（Maryanne Wolf）通过观察大脑的活动，展示了人在阅读英文、中文和日文时，大脑功能区被激活的情况。在三种文字中，英文属于拼音文字体系，中文属于象形文字体系，日文比较特殊，由日文假名（平假名、片假名）和日文汉字组成，阅读者需要同时调动以上两种文字体系。阅读假名的时候，大脑使用类似拼音字母表阅读脑的神经通路；阅读日文汉字的时候，大脑使用类似中文阅读脑的神经通路（沃尔夫，2012）。

阅读各种文字的时候主要有三个区域在活动：（背/腹）额叶区环绕在布罗卡氏区，作用是识别音位和了解词义；颞顶叶区是听觉、视觉模式辨认的区域，作用是处理语音及语义的各种元素，这是阅读拼音字母表文字的重要区域；枕颞叶区是视觉处理的区域，有学者曾推测这一区域是神经再利用区域，使人们无论阅读哪种文字，都是熟练的视觉专门化专家（沃尔夫，2012）。

在处理不同的文字体系时，大脑会采取不同的组织方式。三种阅读脑最大的差异是：在阅读中文时，左右脑的视觉区同时被激活；在阅读英文和日文假名时，主要依靠左脑的视觉区，右脑的激活程度很低。这种差异形成的原因是：汉字属于象形文字体系，拥有大量的表意符号，需要积极调动视觉区域的运作，而右脑能更好地提供阅读表意文字所需要的空间分析和整体处理的能力。这也是根据心理生物学家斯佩里的左右脑分工理论：左半脑偏向逻辑性的线性思考，而右半脑偏向空间处理，是无序性的。麦克卢汉在对"大脑两半球"分析的基础上指出，文字和言语的区别反映在大脑两半球的区别之中（麦克卢汉，2021）。

阅读拼音文字的时候具有连续性，因为它最接近于同形、同音的结构和解码的言语。象形文字的读者，需要不断地发挥想象力，去填补符号的空隙，是非连续性的。所以，不同的文字体系对认知效应产生不同的影响。洛根也认为拼音字母表培育了西方人不同于东方人的思维习惯，包括分析能力、编码和解码能力、将语音转写为视觉符号的能力、推理能力、信息分类能力和音序排列能力等（洛根，2012a）。从宏观上来说，使用象形文字的国家属于右脑导向，认知是非线性的，不注重因果关系，偏向从整体上来把握事情；使用拼音文字体系的国家属于左脑导向，认知是线性的，注重因果关系，更具有逻辑性，偏向分割肢解地认识事物。

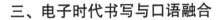

三、电子时代书写与口语融合

人类社会尤其是西方社会经历了以印刷为主导的媒介社会之后，进入了电子媒介主导的时代。印刷时代主导的线性思维方式也逐步被干扰，因为电子媒介是以视听语言作为其基础，而不是单一的偏视觉的文字媒介。以口语文化和印刷文化为例，口语社会的关键是记忆，而文字尤其是印刷文字是为了帮助人们记忆应运而生的。麦克卢汉和波兹曼分别谈到了媒介更替带来的深刻影响。麦克卢汉认为，印刷文化长期占据社会的主导媒介，会使人偏向视觉化的感官特征，减弱其他的感官特征，如听觉、触觉。20世纪后半叶，电视的出现使人们可以积极地调动听觉和触觉，这样可以使人的感知系统回归到印刷术之前、文字之前的一种"部落平衡态"。这种平衡正好符合媒介环境学派提倡的"平衡"或"健康"的社会环境状态。自20世纪50年代开始，在西方社会，电视得到了前所未有的发展，电视走进千家万户后，人们可以及时地获取新闻信息、休闲娱乐，还可以观看总统选举辩论，参加社会议题的讨论等。在全球范围内，当时的电视已然取代广播、报纸等媒介，成为社会的主导媒介。

然而，波兹曼却在《娱乐至死》中深刻地批判了电视及其文化带给人们的负面影响，人们会逐渐习惯并爱上以电视为代表的娱乐媒介，并最终丧失反思的能力（波兹曼，2011）。在他看来，人们的生活紧紧围绕着电子媒介展开，印刷媒介越来越边缘化，长此以往造成了媒介环境的不平衡。电视上的语言是碎片化和感性的（娱乐的语态），偏向听觉；印刷文字的语言是偏有序性和理性的，注重逻辑推理，偏向视觉。二者的传播偏向会形塑不同的思维方式。所以单单一种媒介成为社会主导媒介，不利于个人心态、精神和思想生活的平衡。

翁致力于研究口语文化和书面文化的关系，他高度评价了文字在人类社会中发挥的重要作用，认为文字不只是言语的附庸。它把口耳相传的世界推进到一个崭新的感知世界，这是一个视觉的世界，所以文字使语言和思维也为之一变（翁，2008）。翁的观点说明口语文化和书面文化代表着不同的思维方式，在历史发展的过程中，这两种文化都独立地存在过，并且长期成为社会的主导媒介，或倚重听觉，或倚重视觉。

在电子时代，口语文化与书面文化实现了融合。对于影视作品而言，电视字幕就是二者融合的表现：影视字幕最初是把视频语音转录成文字，或者是一种为听障者提供的服务。后来，人们发现口语化的表达常常出现使用方言、语词模糊、表达不清等情况。所以，在这种情况下，影视字幕又可以起到解释、补充视频内容等作用。目前，随着全球化跨文化的发展，字幕已经成为影视作品不可或缺的一部分，发挥着越来越重要的作用。

通过上文对不同文字体系的研究可以发现，象形文字体系和拼音文字体系有着不同的信息处理方式。对影视作品的理解包括视觉符号和听觉符号输入，符号越晦涩，它自身包含的意义就越丰富，解码过程的非连续性就越高，感知系统参与挑选正确意义的程度就越高。在这样的情况下，符号的序列变成了一种提醒或辅助记忆的手段，它需要记忆之中的辅助知识基础，去完成这个获取意义的过程。所以，不同文字体系的影视字幕对人们理解视频内容或许会产生不同的影响。影视字幕配合口语在内容理解上将起到什么样的作用，下文将分别从常规字幕、花式字幕和网络视频弹幕三个类别来分析。

第十二章
常规字幕对视频内容理解的影响

第一节 视频字幕对语言理解的影响

本章主要围绕以中文为代表的象形文字视频字幕和以英文为代表的拼音文字视频字幕，分析常规的视频字幕对视频内容理解的影响。

学者陈佩真所著的《电视字幕对语言理解的影响——以"形系"和"音系"文字的差异为切入点》深入研究了常规电视字幕的认知，为研究电视字幕的认知效应提供了非常好的参考。作者通过研究发现，除了在美国、日本、韩国、英国、德国、法国等国家，非汉语国家的电视节目几乎没有字幕的呈现。带着这个疑问，研究者假设决定电视字幕有无的原因是语言和文字之间的关系，并认为它应该是最大的决定性因素，而且，使用拼音文字的电视字幕对语言理解的帮助比象形文字更加深入（陈佩真，2008）。

为了验证这个假设，陈佩真以两种文字体系的形、音、义为基础，首先对比分析了象形文字和拼音文字，其次对比分析了二者的信息处理方式的相同点和不同点，及其对阅读理解的不同影响，最后根据以上分析结果，举例说明了两种文字体系的电视字幕，对语言理解会产生不同的正影响和负影响。

通过分析，这项研究有力地证明了之前的假设是正确的。研究者希望利用这次研究的理论建构和实务印证来规定相关的认知途径和运用推广的方案，探究电视字幕在语文教育上可以如何运用与推广，回馈给更多的教学者或者父母，让更多的人知道该如何善用电视媒体进行聆听、识字和阅读图像训练（陈佩真，2008）。

在此研究思路基础上，本章结合国内外的具体案例来分析两种文字体系的常规视频字幕对视频内容的理解会产生怎样的影响。

视频字幕主要是指传统意义上的一般样式的电视字幕，当然也包括当前流行于网络的影视视频节目的字幕。这种字幕一般用于将语言录成文字，排列在屏幕下方作为音频的揭示和补充，这是传统字幕的一般样式。在电影和电视节目中都很常见，特别是在一些方言节目和引进的非本国语节目中是必备的。

电视字幕在各个国家的影视作品中都很普遍。但是，如果比较中文和英文字幕，那么中文字幕更加丰富。当前影视作品基本上都会打上字幕，而在美国等英语国家，影视字幕不如中国的多。目前比较常见的是将一个自动听音识别转文字的系统，嵌入正在播出的电视节目的屏幕一角，帮助听觉有障碍的观众了解节目内容。这个听音识别然后转文字的系统常常会出现一些错误，这类错误在电视上播出的节目中和在 YouTube 这样的视频网站上都较常见。那些视频较少像中文视频那样重视字幕，也不会在美观等方面精益求精。

字幕属于电视节目的三大要素之一，其他要素为画面、声音。电视字幕诞生于 20 世纪 60 年代的美国，制片人唐·休伊特（Don Hewitt）突发奇想将文字搬到了电视屏幕上。这就是最初的电视字幕形态——将语音转换成文字。根据《广播电视词典》中对"电视字幕"的定义，"屏幕文字是电视画面上叠印的文字。其可以增加画面的信息量，对画面有说明、补充、扩展、强调等作用。它常用来介绍画面的人物身份、姓名，说明时间、地点等"（赵玉明、王福顺，1999）。

对视频内容的理解，主要从视频的文字信息、声音信息和图像信息获得。但是，这种理解又是多元化的，根据个体的不同而不同，正如那句古老的名言："一千个读者就有一千个哈姆雷特。"本章的研究把范围缩小，因为是关于视频字幕的研究，可以将影响阅读理解的因素划分为语言类因素和非语言类因素，语言类因素主要包括字形、字音、字义等，这是比较固定的。非语言类因素包括社会环境、教育背景、心理因素等，这会因为个体的不同而不同，具有变量性，涉的范围和因素非常复杂。因此，本章对视频内容理解的研究主要针对语言类因素展开，非语言类因素暂时不作考虑。

一、象形文字对视频内容理解的影响

象形文字对视频内容理解的影响主要体现在以下几个方面。

一是为听障者提供服务。目前，全世界有 3.6 亿听力障碍者无法像其他人一样欣赏视频内容。听障者因为无法听到声音，所以字幕可以帮助他们理解。现在，不仅在电视上，很多主流视频网站，也陆续推出了视频字幕。例如，2006 年谷歌首次推出了视频字幕，三年后，YouTube 也正式上线了自动字幕功能。该功能可以将视频上的声音符号转换成视觉符号，变成字幕。这一举措为全球大量有听力障碍的用户提供了便利。

二是可以帮助观众正确地理解语言的含义。通过上文的分析，汉字和英语相比，具有大量的谐音字、同音字等，由于我国幅员辽阔，是多民族的国家，又存在着上百种方言。谐音字是指发音相同或相近的字词，可以由一个词语联想到另一个词语，如果单靠电视里的发音，容易曲解其中的含义。比如电视剧里经常出现的"这是我对你的思念"，或许人们会听成"这是我对你的私念"。同音字更是不胜枚举，比如"人身"和"人参"，"反攻"和"返工"等。在观看电视时，观众对视频内容的理解是持续不断进行的，尤其在观看视频直播时，没有办法让视频停顿去反复理解。当观众听到不熟悉或模棱两可的字词时，或许不能及时作出正确的判断，从而曲解了视频的内容。所以，这个时候需要视频字幕的帮助。

三是突出汉字的对仗美和音韵美，更能引起观众的共鸣。对仗是指按照字音的平仄和字义的虚实做成对偶的语句，它可以使语句更具韵味，增加词语表现力，这也和电视字幕所起的"强调"作用不谋而合。对偶句不仅仅出现在印刷文字作品中，在电视、电影等荧幕上也广为使用。中央广播电视总台的《中国诗词大会》节目赢得了高收视率和好的口碑，多次登陆微博热门话题。在每期的节目中，主持人都会使用诗词作为开场白或结束语。例如主持人的开场白用"数风流人物，还看今朝"来形容现场的参赛者人才济济，用"指点江山，激扬文字"来形容总决赛的如火如荼。结束语用"从大漠孤烟塞北，到杏花春雨江南；从山水田园牧歌，到金戈铁马阳关"和"海内存知己，天涯若比邻"来形容中国诗词的凝聚力和跨越古今的永恒魅力。出现在字幕中的这一类型的主持词不仅高度契合了节目的主题内涵，而且在短小精悍的排比、对偶句中，最大限度地引发了观众的情感共鸣，加深了观众对视频内容的理解。

二、拼音文字对视频内容理解的影响

拼音文字的字幕主要作用是为听障者提供定制化服务。对于听障者来说，比起手语，电视字幕是他们理解电视内容最有效的途径。欧美国家一直提倡并推行隐藏式的字幕（closed captioning），简称 CC，是利用电视信号垂直遮没区（Vertical Blanking Interval，VBI）来传输文字信息的，观众通过控制字幕解码器的开关来决定是否收看字幕（王俊杰，1997）。从 1993 年以来，美国销售的每一台电视机，只要尺寸大于 13 英寸，都可以解码和显示模拟字幕。在使用拼音文字的国家，虽然看字幕比听声音理解视频内容的效率要低，但是这种隐藏式字幕可谓是听障者的福音，而且后来发展为，很多非英语母语国家的人通过打开隐藏式字幕来学习英语。例如，网易将 TED 大会的经典演讲，纳入网易公开课栏目中，人们在观看视频的时候，可以自由选择开启或关闭中英文字幕，也因此吸引了大量的英语学习者使用这个平台。

相较于象形文字而言，拼音文字电视字幕对视频内容理解的影响不大。根据上一章的内容可知，听觉符号和视觉符号的输入是不同的：听觉符号输入可以直接通过型态辨认来解码信息，而视觉符号输入要经过语音转录才能进入型态辨认阶段，会导致观众的理解时间变慢。所以，在使用拼音文字的国家，通过听语音就可以较为快速、准确地理解视频内容，不需要借助视频字幕的帮助。如果观众看视频的时候，一边听声音一边看字幕，会使理解的过程更复杂，耗费更多的时间，不利于观看的连续性。如果在底部加上字幕，观众需要通过大脑先将英语字词转换为英语语音，再将语音进行型态辨认从而解码信息。综上所述，在使用拼音文字的国家，电视字幕基本不会对视频内容的理解产生影响。

拼音文字的电视字幕的呈现通常会更复杂。普通的电视字幕一般固定于屏幕的底部，尽量不遮挡画面的主要内容。在使用拼音文字的国家，如英、美两国，英语中有大量的功能词，又称为结构词，指那些没有单独完整的词汇意义，更多是语法意义或语法功能的词。比如代词 it、that、she、what，介词 to、with、in、at，冠词 a、an、the，连词 but、not、and、or，数词 one、 two、three，助动词 do、can、have、should、would 等。虽然这些功能词和实义词相比数量较少，但是在实际运用中的频率却非常高。在英语字幕中，单词之间要用空格隔开，以免字母连在一起，混淆含义。所以，在大多数情况下，同样的一句话，汉字电视字幕可能只需要一行就能表达完，而英文字幕需要两三行才能表达清楚。

三、两种文字视频字幕在视频内容理解上的差异

上文分别论述了两种文字的视频字幕对内容理解的影响，通过比较可以发现，二者的共同点是都可以帮助听障者理解视频内容，不同点有以下几点。

一是象形文字视频字幕比拼音文字视频字幕更具有审美性，体现在汉字的对仗美和音韵美上。这种形式可以有效地引发观众的共鸣，从而加强对视频内容的理解。拼音文字字幕由于形式单一，不具有这种审美性。

二是字幕在使用象形文字电视字幕的国家对内容理解的影响，比在使用拼音文字电视字幕的国家对内容理解的影响深。虽然从书写的方面来看，象形文字的笔画较多，书写更烦琐，但是从汉字阅读的方面来看，结构越复杂的汉字识别度更高，可以加快阅读的速度。使用拼音文字的国家，听音辨义比仔细阅读字幕要来得快。除此之外，由于拼音文字如英语中的功能词较多，并且使用频繁，所以，在大多数情况下，英语字幕的长度比汉字字幕长，汉字一行能呈现完的内容，在英语中或许需要两三行来呈现，如表 12.1 所示。简而言之，使用象形文字的国家，电视字幕起到非常重要的辅助作用，可以帮助观众更准确地理解视频内容；使用拼音文字的国家，电视字幕对观众理解视频内容的影响不大。

表 12.1　中文、英文、韩文、日文文字对比

象形文字体系	拼音文字体系		象形 + 拼音文字体系
中文	英文	韩文	日文
第二件会被人们想当然的事，就是我有很多诀窍和小窍门，来节省各种零散的时间	The second thing they assume is that I have lots of tips and tricks for saving bits of time here and there	두번째 사람이 인정하는 것이 바로 제가 분산한 시간을 아낄 수 있는 비법이 있어요	人々にとって当たり前な第二のことは、私が多くの秘訣や方法で零細な時間を節約することができます

第二节　中文视频字幕的认知效应案例分析

一、语言与字幕的对话提升小品节目的幽默效果

　　语言与字幕的对话提升小品节目的幽默效果。如央视春晚的小品节目在直播的时候没有字幕，重播时会加上字幕，可以让观众对比字幕有无对内容理解的影响。歌唱类等节目会有歌词字幕，而小品节目是口语化的，具有临场应变性，所以直播的时候没有字幕显示，但是重播的时候会加上字幕。小品节目往往会出现大量的谚语、谐音、方言甚至流行的网络词语等。前文讨论了在使用象形文字的国家中，字幕起到非常重要的辅助作用，可以配合口语传递更准确的信息。汉语有着大量的同音字、多音字和方言，在观看小品的时候，一幕一幕的剧情又是连续的，不能停顿，没有字幕的辅助将使观众对内容的理解大打折扣。在下文中，笔者将列举一段小品中的对话来说明。

　　央视春晚小品《扰民了您》讲述的是三个年轻人追求梦想的故事。他们为了参加音乐选秀，每天在出租房里练习唱歌，结果打扰了楼下的老奶奶。在和三个人争论过程中，老奶奶被他们追求梦想的精神感动。由于房租上涨，他们三个决定搬出去，后来得知房东是老奶奶的亲孙子，老奶奶命令孙子不要涨房租，让他们继续住下去。虽然他们每天吵吵闹闹，但是因为老奶奶平时都是一个人住，觉得很孤独，所以她反而要感谢他们三个人带来了热闹。这个小品原本是三位年轻人追求梦想的故事，后来升华到亲情：人们应该多多关爱留守老人，不让他们的晚年感到孤独无助。

　　以下摘取小品《扰民了您》的部分台词来分析。

　　（1）

　　　　年轻人一："冷静。"

　　　　老太太："都活着呢？"

　　　　三人一起："啊。"

　　　　老太太："今天你们可是太闹腾了，简直是厕所里跳高——过

分（粪)!"

（2）

年轻人二："谁吃你丸子了，我的粉丝不叫雪纳瑞。我的粉丝叫雪（血）栓。"

老太太："啊!"

年轻人二："象征着我六月雪和他们的心，紧紧地拴在一起，所以叫雪（血）栓。"

老太太："哎呀，你的粉丝得堵成什么样啊!"

（3）

年轻人二："我不允许你这么说我粉丝，他们对我可好了。你看，他们都给我送礼物了。"（拿出大蒜）

老太太："大蒜？"

年轻人二："啊!"

老奶奶："什么意思？"

年轻人二："象征着他们喜欢我，像大蒜一样，洁白的外形，完后火辣的台风。"

老太太："你想多了，他们的意思是让你算（蒜）了吧。"

（4）

年轻人三："我追了十年的铁锤啊，十年呐……"

老太太："唉，真是十年磨一剑（贱）人。"

年轻人三："老太太，你干吗老往我们伤口上撒盐呢？"

老太太："你想加点孜然吗？"

（5）

年轻人二："飞上天，和太阳肩并肩，世界等着我去改变。"

年轻人一："想做的梦，从不怕别人看见，在这里我都能实现。"

年轻人三："大声欢笑让你我肩并肩，何处不能欢乐无限。"

老太太："抛开烦恼，勇敢地大步向前，我就坐在舞台中间。"

（合唱）："我相信我就是我，我相信明天，我相信伸手就能碰到天，有你在我身边，让生活更新鲜，每一刻都精彩万分，I do believe（我相信）……"

（1）至（4）段的对话，他们都利用了谐音产生幽默、诙谐感："过分"和"过粪"；"雪栓"和"血栓"；"蒜"和"算"；"剑"和"贱"。二者之间虽然有相同的发音，但是表达的意义完全不同。这种谐音字的表现一般可以结合上下文推测意义，但是小品的台词是日常对话式的，比较口语化，是一幕接着一幕，需要对它们在语言方面作出快速反应，不然会发生意思模糊，造成模棱两可，增大人们对内容理解的难度。这种情况在中文的对话中经常出现，谚语、成语、谐音等也是汉字博大精深的魅力所在。字幕可以帮助对内容的理解，特别能加强小品想要传达的幽默、诙谐、讽刺等效果。当然，字幕还有翻译的基本功能。如第（5）段对话。

由于谐音所产生的幽默感，这些年出现了使用的泛滥，特别是综艺节目和网络视频。考虑到中华文化的传承，特别是一些随意滥造对于青少年学习知识的影响，2014 年底，国家新闻出版广电总局下令，广播电视节目和广告不得随意更换文字、变动结构或曲解内涵，不得在成语中随意插入网络语言或外国语言文字，不得使用或介绍根据网络语言、仿照成语形式生造的词语，如"十动然拒""人艰不拆"等。[1]因为这种形式会增加语言和字幕的趣味性，很多电视节目尤其是综艺节目仍然多有使用，比如"稀饭"等于"喜欢"，"杯具"等于"悲剧"等。但是，视频内容底端的常规字幕严格按照正统的形式呈现，即使观众不懂这些替代词的新内涵，也能根据常规字幕来正常理解内容。

二、经典电视剧《红楼梦》之书法字幕的艺术

1987 年首播的央视版《红楼梦》是由中央电视台和中国电视剧制作中心摄制，根据中国古典文学名著《红楼梦》改编的一部古装连续剧。导演王扶

---

[1] 总局发布《关于广播电视节目和广告中规范使用国家通用语言文字的通知》. http://www.nrta.gov.cn/art/2014/11/27/art_31_747.html（2017-11-27）.

林忠于原著，将小说中很多晦涩难懂的内容，通过视听语言来展现，使之成为中国电视史上的经典之作。这一版本的《红楼梦》没有完整的听音转字的字幕，而是将每一集的标题、背景音乐、人物吟唱的古诗词等带有字幕。这些字幕都出自中国书法家李纯博和沈尹默之手，本身就含有极高的审美价值，提升了整部电视作品的艺术性，是中国早期电视剧中较为常见的书法字幕。文字用作交际工具，是符号化的，是物质的。书法是艺术，可供美的观赏，是精神的（何九盈等，1995）。宗白华先生曾谈到书法可以构建一种意境，意境作为艺术家思想情感的审美观点在其作品中的体现，爱与恨、喜与怒、哀与乐、悲与欢都会自觉不自觉地渗透到作品里。如表 12.2 所示。

表 12.2　经典电视剧《红楼梦》书法字幕截图及字幕分析

书法字幕截图	字幕分析
	片头字幕：红楼梦 题写：书法家沈尹默
	片头字幕： 满纸荒唐言 一把辛酸泪 都云作者痴 谁解其中味 题写：书法家沈尹默
	片头字幕：电视连续剧 题写：书法家李纯博

续表

书法字幕截图	字幕分析
	片头字幕：宝黛钗初会荣庆堂 题写：书法家李纯博 作用：总结本集主要内容
	字幕：（背景音乐节选） 一个是阆苑仙葩 一个是美玉无瑕 若说没奇缘 今生偏又遇着他 若说有奇缘 如何心事终虚化 题写：书法家李纯博 作用： 辅助观众对文言文歌词的理解
	字幕：（人物台词节选） 漫揾英雄泪 相离处士家 谢慈悲剃度在莲台下 没缘法转眼分离乍 赤条条来去无牵挂。 那里讨烟蓑雨笠卷单行 一任俺芒鞋破钵随缘化 题写：书法家李纯博 作用： 和剧中人物的对白相区别； 辅助观众对清代散曲的理解； 提升作品的文学性和沟通能力

相对于小说原著而言，这一版电视剧虽然整体上在对白上采用翻译原著的方式，对其中一些文言字词进行了现代口语化处理，如将"明岁"改为"明年"，将"再晤"改为"再见"等，但是，纵观全片，观众还是可以感受到浓厚的书面文学气息。1987 年前后正值我国高雅文化流行的时期，追求的是一种高雅的、具有中国传统文化又有现代艺术表现手段的电视文化。《红楼梦》在此时应运而生，因此整部剧具有较高的艺术性，剧中出现了很多忠于原著的文学化表达，需要观众具备一定的文学知识，如果不借助电视字幕的辅助，可能更加难以理解词中深层含义。

例如，贾宝玉在剧中用多种词句表达过对林黛玉的喜爱，其中有一句"任凭弱水三千，我只取一瓢饮"广为流传。这句话源起佛经中的一则故事，警醒人们"在一生中可能会遇到很多美好的东西，但只要用心好好抓住其中的一样就足够了"。故事背景是，贾府的主子们对宝玉的婚姻已经统一了看法，即薛宝钗为最佳人选，并正式地告知薛姨妈。宝玉和黛玉似乎感觉出气氛的异样，陷入迷茫。为相互测试对方的心境，宝黛二人盘腿打坐，模仿佛家参禅的形式以机锋语表达自己爱得忠贞不渝。首先由黛玉发问："宝姐姐和你好你怎么样？宝姐姐不和你好你怎么样？宝姐姐前儿和你好，如今不和你好你怎么样？今儿和你好，后来不和你好你怎么样？你和她好她偏不和你好你怎么样？你不和她好她偏和你好你怎么样？"宝玉思索半晌大笑道："任凭弱水三千，我只取一瓢饮。"宝玉用此典来回答黛玉的发问，意思是说宝钗的好与不好皆与我无关，世上美丽的女子虽多，而我心中只有你一个人。剧中曾两次出现"弱水"，第一次是形容跛足道人："一足高来一足低，浑身带水又拖泥。相逢若问家何处？却在蓬莱弱水西。"是指神仙出没遥遥而不可即的去处。这样半文半白的语言配合书法字幕，进行了准确的并且充满艺术性的表达，能够帮助观众理解并且感受到剧中人物命运那种缥缈不可把握的意味。

第三节　英文视频字幕的认知效应案例分析

一、TED 演讲全球口音与字幕

TED 的宗旨是"借思想之力，改变世界"。每年，登上 TED 大会演讲台的，都是来自世界各地不同领域颇有建树的人，他们前来分享自己的经历、研究和思想。在中国，TED 受到越来越多人的追捧，人们不仅可以通过它扩展知识面，了解各个领域的前沿，更重要的是，把它当作英语学习的有效途径。

虽然登上 TED 大会演讲台的演讲者来自不同国家、不同种族，但是他们演讲所用的语言都是英语，即使带着各自不同的口音。例如，杨澜在 2011 年登上 TED 大会演讲台，发表全英文演讲 "The Generation That's Remaking China"（重塑中国的一代）；日本建筑家 Takaharu Tezuka 登上 TED 大会舞台，发表全英文演讲 "The Best Kindergarten You've Ever Seen"（你见过的最好幼儿园）。演讲的时长较短，演讲者通常不会和台下的观众对话或者互动。对现场的观众来说，除了幻灯片上的简要字幕，其他的内容只能靠"听音"来理解。演讲视频会由字幕组人员加上字幕传到网络，所以，电脑前的观众可以边听音边看字幕来理解演讲的内容。中国观众还能看到中英文双语字幕内容，更加方便内容的理解和接收。

在使用拼音文字的国家，通过听语音就可以快速、准确地理解视频内容，不需要借助视频字幕的帮助。如果观众看视频的时候，一边听声音一边看字幕，会使理解的过程更复杂，浪费的时间更多，不利于观看的连续性。按照这个分析结果，TED 大会演讲本不需要借助字幕就可以让观众理解内容。

但是，像 TED 的演讲者来自世界各地，他们的英语口音各式各样，如果没有字幕就很难达成很好的传播效果。通过声音传递信息，经由听觉符码的转换，接收信息，然而听觉信息稍纵即逝，缺乏字幕的视觉辅助，大脑在费力地理解内容之时，这种无字幕视频就会成为"干扰"。在口音难辨识的状况下，准确的中英文字幕就能很好地帮助观众来更好地接收视频信息。

二、美国情景喜剧《生活大爆炸》的中文字幕创作

《生活大爆炸》（*The Big Bang Theory*）是一部典型以人物对白为亮点的影视作品，是当代情景喜剧的典型佳作。故事讲述的是两个拥有超高智商的科学家莱纳德（Leonard）和谢尔顿（Sheldon）的故事。所以，这部情景喜剧到处充满着物理学、心理学等常人难以明白的专业词汇，加之科学家的科学化的语言表达方式，此剧语言风格独特。在此剧引进中国时，字幕组人员对

其进行了非常有创意的二次创作，加入了大量中国对应的俚语、适应网络视频用户观看并理解的网络草根语言，并对台词进行了中式幽默处理，使得中国观众可以几乎没有任何隔阂地接收到视频想要传达的幽默信息。

《生活大爆炸》主人公谢尔顿跟朋友学中文，通过中英文对比可以更好地理解视频字幕的特征。谢尔顿正好拿着书本学习如何跟别人打招呼。他想对刚进门的朋友说"美的日子"，但是发音不标准变成"梅毒驴子"。于是另一个朋友说这样会被别人误解为他是"得了梅毒的驴子"，这是典型的因为口音产生歧义的现象。谢尔顿想表达食物很美味，用中文说"猴子睡在里头"，他想传达的正确含义应该是"好滋味在里头"，"很多很多朋友"也发音"很多很多蛮牛"，中英文词语转换中产生了幽默效果。

在英文视频中，虽然通常情况下听音比看字幕辨义更有效率，但是在很多美剧尤其是美国情景喜剧中，由于剧情节奏快，频繁用模糊口音营造幽默感等因素，所以也非常需要英文字幕来对内容进行辅助理解。

中文翻译字幕不仅对内容进行了中文翻译处理，还对其进行了非常有创意的语言再创作。《生活大爆炸》的主人公大多是高智商的科学家，里面还会出现很多专业名词，如果不具备相关专业背景就很难理解。所以，翻译字幕一方面要忠实表现具体内容，另一方面要适当表现出它们的幽默之处，既要体现美国文化式的幽默，又要考虑中国观众的文化期待和语言环境。在忠实英语原文的基础上，字幕翻译者还要结合中国文化和语言习惯，考虑网络视频用户的草根语言习惯，创作能被本土网络观众接受的创意字幕，使得字幕不仅仅是一个被动的视频语言记录的角色，而是充当了一个可以直接到前台和观众进行再互动的"第三人"。例如，时下流行的"梗"这个字，网络上人们喜欢"造梗"和"玩梗"，"梗"指的就是人们喜闻乐见的段子，它通常是一个字、词或句子。比如"天选打工人""emo""彩虹屁"等，成为一个个的"梗"。之后被广泛地运用到脱口秀、综艺节目中等，给节目制造了幽默的效果。

《生活大爆炸》的字幕翻译擅用中国传统俗语语言和时下网络流行语对字幕进行再创作。比如主人公谢尔顿说"Oh my god"，原意为"哦，我的上帝啊"，中文意译成"吓死我了"；"No guts, No glory, man"夸张译为中国俗语"人有多大胆，地有多高产"；"You get what you get, and you don't get upset"则意译为"命里有时终须有，命里无时莫强求"；"See? I can't do it"

"看吧，我做不到"借用流行电视剧文本的夸张表达，译为"臣妾做不到啊"；"We are shocked"译为流行网络语"好雷人"。在符合具体语境、传达的意思相符的情况下，用中国本土化的网络草根文化用语意译英语表达，不仅保持了节目中幽默的语句，还使观众在理解西式与中式幽默表达方式之间形成有趣的张力，使人不禁赞叹"字幕君"这个二次创作群体的创意与智慧，这样的中英文字幕不仅完成了不同语言之间的翻译，还带来了不同文化之间语言内涵的对话。

有学者通过对 B 站的个人字幕现象进行实证研究发现，B 站个人字幕的制作者群体呈现出年轻化和高素质的特征。"其字幕视频传播以圈层文化为基础，同时采取多种方式拓宽传播渠道和增强受众黏性"（周猛、陈琬倩，2021），从而进一步带来跨文化语言文字的对话。

现在，观众已经习惯有字幕的影视节目，哪怕是视频语言是中文，也会下意识去看屏幕下方的字幕，这是人们在经常接受字幕的过程中形成的新的认知习惯，即看视频与看字幕同时发生，两者认知同时进行。这就是为什么有时候一些中文视频没有字幕时，观众会感觉到看视频不习惯。媒介在潜移默化中塑造着人的感知，它从认知层面创造了新的信息接收方式。

第十三章
花式字幕对视频内容理解的影响

第一节　花式字幕对语言理解的影响

本章主要围绕以中文为代表的象形文字花式字幕和以韩文为代表的拼音文字视频字幕，来分析花式字幕对视频内容理解的影响。

之所以选择中文和韩文花式字幕作对比分析，是因为韩国文字是拼音文字，而且花式字幕在韩国得到了充分应用，出现在大量的韩国综艺节目中。随着中国不断引进韩国电视节目，购买相关版权，花式字幕的制作方法也被引进。花式字幕以其丰富多彩的形式受到中国观众的追捧。相对而言，欧美国家几乎没有出现花式字幕，难以形成对比分析。

目前国内对电视字幕的研究大多集中在电视字幕的分类、功能、制作等方面，尤其对电视字幕的分类和功能，很多研究者已经做过比较详尽的总结。中国电视从 1958 年诞生以来，已经走过了 60 多年的历程，电视字幕也发生了很大的变化。尤其在近几年，我国陆续从韩国购买了不少综艺节目的版权，字幕制作无论是从颜色的选择、背景的设计、字体的选择、字号的大小、排列方式上，都有了全新的设计。现在，在各大综艺节目中，可以看到不仅有普通的、置于屏幕底部的字幕，还有大量的图文结合的字幕出现在电视内容的各个位置，有的甚至完全遮挡了电视节目的内容。电视字幕的表现形式越来越丰富多样，它已经不仅仅是一种辅助电视画面内容的文字符号，而成为一种艺术创作的手段。

关于"花式字幕"的定义，目前还没有具体的界定，但是可以从前人研究的基础上做总结。第一种是张婧按照电视字幕和电视节目的相关性，分为直接相关字幕和非相关字幕；或者按照电视字幕与声音、画面的配合关系划分为声画协同字幕、声画空缺字幕、独立字幕（张婧，2014）。按照张婧的分类法，电视字幕并不仅仅是传统意义上对画面起补充、强调等作用。这里所说的"花式字幕"，既可以跟内容相关，又可以跟内容不相关；既可以和声音配合，又可以独立于声音呈现。比如综艺主持人在开场的时候，画面上出现一个卡通图案，附加一个"哇"字的对话框。字幕"哇"和电视内容没有关系，也独立于主持人的开场白之外，只是依靠它表现节目开场的热闹氛围。

第二种是一些学者将花式字幕看作是"潜台词字幕"，并举例说明了它在电视娱乐节目中起到的重要作用。"潜台词字幕"是指在电视节目中人物产生关系、互动的时候，有一些不方便说出来的话或者被观众遗漏的表情、动作等，节目组可以用字幕的形式加以补充，放置于屏幕的任意位置。作用是弥补节目不足的信息、提示观众观看的重点、激发观众的参与等（孙振虎、刘影慧，2015）。"潜台词字幕"这一概念的表述更加注重字幕功能的层面，而"花式字幕"从字面来说更加注重字幕形式层面。

本书将字幕视为一种媒介表达形式，所以更加认同"花式字幕"的概念。在电视节目中，字幕的分布和设计影响人的感知方式。尤其是当节目的表现对象是儿童时，由于他们年纪还小，所思所想未能很好地表达出来，节目组可以通过多种形式的花式字幕赋予影像叙事更丰富的潜台词及内涵，起到提示信息和丰富情感的作用，达成文字及符号游戏的幽默及狂欢效果。

因此，这里所指的"花式字幕"就是指出现在视频屏幕上，通过具象化和涂鸦式等自由创作的文字或图案，表现节目中已有的内容或补充未被发掘的内容，其大小和位置可以自由安排的字幕。花式字幕参与内容叙事，综艺节目中添加花式后期字幕就是在故事叙事逻辑的基础上的又一次创作，其作用在于进一步丰富叙事和塑造人物角色。花式字幕在听音识别的基础上，用各种图像化的形式丰富了画面内容和故事的叙述，方块字的艺术设计调整、补充、优化画面内容，充分调动了观众的空间感知体系。花式字幕对于视频的功能包括补充画外音信息、对口语作图像化处理、优化图像的画面布局、增加观众或用户与视频画面内容对话的第三人视角等。

花式字幕的发展与媒介融合效应有关。人们不再仅限于使用文字来传播信息，而是通过图片、颜文字、语音等多种信息符号系统来交流。随着全球社交网络的发展，人们可以随时随地用社交媒体分享信息，这种传播方式具有即时互动性和多种类符号信息并用的灵活多变的特点，受到人们特别是年轻一代的追捧。随之而来的，是人们也需要在爆炸式的信息中快速浏览，从中过滤和选择有用的信息。麦克卢汉的著名论断"媒介即讯息"就表明了媒介形式即内容，不同的媒介形式带来的影响不止于传统意义上内容层面的影响，而是会带来一种认知层面的改变，这种改变作为一种新的"信息"潜移默化地影响意识、人们的感知方式和行为模式，甚至是大脑结构。

媒介的发展变化，从生理-感知层面改变了人类的认知模式。过去线性的、注重因果关系的认知模式，正逐渐变成一种模式识别的认知模式，这种模式就是图文结合的模式。花式字幕就是在影视字幕创意中出现的一种新的介于图像和文字之间以及对图像和文字进行非常有效地补充表意的表达形式。

图文关系很早就被大家广泛地讨论过，因为在文字还没有诞生之前，人们只能通过结绳记录，或者在甲骨上、洞穴里镌刻记录来传递信息。但是，这样的记录方式存在着很多的不足之处，比如图像的画法因人而异，有的人具有娴熟的画工，可以准确地还原信息，但有的人不擅长绘画，图像的形式常常会使人曲解本来的信息。为了消除这种传播形式的模糊性和不确定性，文字应运而生了。印刷时代来临后，文字渐渐替代图像，成为占据社会主导地位的媒介。

但是，文字媒介并没有长期成为主导媒介，在电子时代，图像和文字的关系也悄然发生着变化。电视诞生后，文字又退居次要地位，视觉文化得到了前所未有的发展，人类社会进入了一个"图像化"的时代。如新浪微博这样社交属性的媒介，从最开始只能使用 140 字符以内的纯文字和表情符号，到现在可以发表长微博文字、视频等。有数据显示，微博平台上带图像的微博达到 90%以上，美国的最大社交网络 Facebook 曾做过一项数据调查，数据显示，网民更喜欢通过发布图片与粉丝分享，图文结合的形式比纯文字的形式会增加阅读量。和电视的收视率一样，网络的阅读量是一种关注度的体现。

所以，现在人们越来越倾向于使用表情、图片等符号进行交流，图文并茂的形式繁荣发展，也深刻影响着花式字幕的发展。在下文中笔者将分析象形文字体系和拼音文字体系的花式字幕对语言理解的影响，并举例说明。

一、象形文字花式字幕对语言理解的影响

一是象形文字花式字幕可以辅助口语和图像表达，传达有效信息的同时还可以使节目更生动、活泼。在电视综艺节目和真人秀中，经常大量地使用象形文字花式字幕，这是因为花式字幕契合了这些节目的特征，不像新闻报道那么严肃、客观。真人秀是一种纪录式的表达，大部分都不设置主持人，这时候花式字幕就扮演了主持人的角色，用来点评或串场，这时候是内容大于形式。当口语表达和图像表达的信息不够充分的时候，带有幽默感或导向性的花式字幕能够补充信息的表达，引导观众对内容的理解，或者只是编导想通过花式字幕打断沉闷和冗长而与观众互动调剂一下而已。

二是和普通字幕相比，花式字幕重在挖掘人物的内心等不易被发现的信息，可以丰富节目内容，加强观众对视频内容的理解。在镜头前，人物不可能完全表达自己的所思所想，尤其众多的真人秀节目是一种二十四小时的全景式记录，很多时候需要节目组补足信息。另外，对于儿童来说，他们还不具备完整的、良好的语言表达能力，通常会用动作来表达。比如刚刚吵架的两个人，拥抱一下，电视上出现粉色字体的"和好"和一个爱心的符号，就表示他们重归于好了。人物虽然没有用语言表达，但是电视字幕作了补充，并且营造了一种美好的氛围。传播学中将人类使用的符号分为语言符号和非语言符号，其中非语言符号又可以分为语言符号的伴生符、体态符号和物化、活动化、程式化的符号。花式字幕就常常将这些非语言符号搬上电视屏幕，表现人物的所思所想，这是对普通电视字幕的一种补充，更有利于传达丰富的信息。

三是花式字幕充分利用了象形文字"表意"的特征，增强了左右脑的视觉识别能力，更有利于语言理解。中国汉字又称为"方块字"，具有图像的意蕴，可以用来表意，这是区别于拼音文字表音的本质属性。所以，从视觉上来说，象形文字比拼音文字更容易快速识别和理解。例如，"囧"字被称为"21世纪最牛的古汉字"，指窗口，原本用来表示光明。它是古代常用而现代字典中已经消失的一个象形文字。通过强大的网络平台，这个已经离开人们的视野，不常被人们使用的生僻字，被网名赋予了新的生命力，"囧"字从象形的层面上看，活脱脱像一个难过的人，一张人脸上耷拉着眉毛，这也与

网络时代人们热爱的表情包中"难过"的表情神似。因此,"囧"字现在被用来表示无语、窘迫、悲伤、无奈、郁闷、尴尬、困惑等。

上文通过脑显影图片比较了中文阅读脑、英文阅读脑和日文音节阅读脑的区别,前一种属于象形文字体系,后两种属于拼音文字体系。三种阅读脑最大的区别在于,象形文字对信息的处理需要同时调动左右半脑的视觉识别区,而拼音文字对信息的处理更多的是仰赖左半脑的视觉识别区。花式字幕凭借五颜六色的图文形式来呈现,具有更明显的图像化特征,因而左右半脑的视觉识别区被激活的程度更高,更有利于观众对视频内容的理解。

二、拼音文字花式字幕对语言理解的影响

一是从内容上来说,拼音文字花式字幕和象形文字花式字幕一样,也可以表现那些未被挖掘的信息。但是,尤为重要的是,无论在使用拼音文字的国家还是在使用象形文字的国家,花式字幕对那些对语言文字理解能力较弱的人来说,都有助于他们对视频内容的理解。因为花式字幕具有图像化的特征,所以人们在认知方式上偏向于右脑的识别。研究显示,年龄越大,左半球的功能发展越好,相对而言,幼儿多半依靠整体的方式处理讯息,是一种相互作用模式(Smith,1983)。也就是说,在幼儿时期,左半脑的功能还不是很发达,这时候需要借助右半脑的功能。左半脑的功能随着年龄的增长而发展得越好,这时候对于语言的理解更流畅。所以,象形文字花式字幕将文字和图片结合,相互发生作用,更有利于儿童对内容的理解。

二是从文字形式上来说,使用拼音文字花式字幕对内容理解产生的影响不大。上文分析过,拼音文字是表音的,仅仅由简单的线条组成,文字本身没有任何意义。通过第十一章的图 11.5"拼音文字视觉信息处理模式阶段图"也可以知道,拼音文字的听觉输入比视觉输入更有效率:听觉输入直接进入型态辨认阶段,可以直接听音辨义;视觉输入要先经过语音转换,再进入型态辨认。所以,如果使拼音文字的视觉形象更复杂,观众观看花式字幕的时候,对视频内容理解的过程就会更复杂,降低了效率。但是,在一些节目特别是真人秀节目的无对话表达的影像上加上花式字幕能够使过程看起来更加丰富,花式字幕在很多时候可以被看作制作者的出场,制作者这个时候

扮演的是调节视频气氛的角色，与观众互动，增加娱乐性的效果。

三是从表现形式上来说，既然文字本身的变化不会对语言理解产生影响，那么在表现形式上就只能力求多彩，使用更多的符号系统和图画系统来调节画面气氛。以韩国为例，大量的综艺节目，将花式字幕做得丰富多彩，包括在文字中加入很多有趣的图案，在人物的脸上加上生动的表情符号等。用图像代替文字是他们使用花式字幕的特色，比如"爱"用"❤"的图案表现，"钱"用"$"来表现，"睡觉"用"zzzz"来表现等，以文图结合的方式大大丰富了视频的表现力。

三、两种文字花式字幕在视频内容理解上的差异

两种文字的花式字幕和普通字幕相比，都利用图文结合的形式传播信息，二者都可以有效地增强观众对视频内容的理解。这是因为，视听形象的表现形式和象形文字具有的表意功能一样，相比拼音文字更加形象和具体。图像可以使人们不论什么文化背景、知识结构都能进行快速阅读，可以实现跨国家、跨文化的交流，使地球真正变成一个"地球村"。文字传播的门槛较高，无论是象形文字还是拼音文字，如果人们想较好地掌握这种语言交流的工具，需要经过一系列的学习和频繁的训练。传播的效果会因为编码者和解码者的不同而不同，尤其是二者所拥有的文化背景，这决定了他们的理解能力。

在电子时代，图像传播比文字传播的范围更广，更有效率，传播者和接收者只要有一定的生活经验，而无须经过长时间或者系统的学习，就可以很好地理解内容。比如在社交网络上，图像以具体和直观的形象出现，更有利于网民对其内容的快速识别和理解。所以，在使用象形文字和拼音文字的国家中，花式字幕都可以增强观众对视频内容的理解，这是图文结合的传播优势。两种文字的花式字幕都可以有效地激活右脑功能，使左右脑的功能相互作用，形成流畅的阅读脑。脑成像的研究显示：流畅的阅读脑会在推理、分析与批判评价等理解过程中，激活两个半脑的额叶、顶叶与颞叶等新扩展出的皮质层。

但是二者在利用花式字幕进行传播的时候，也存在不同之处。象形文字花式字幕可以充分利用文字本身的特色，拼音文字主要依靠图片。德克霍夫

提出中国人和西方人在信息处理方式中有着极大的心理差异，文字认知以及书写体系方面都有着不同之处（德克霍夫，2020）。在《汉字认知大脑两半球平衡加工证》中，研究者戚微微做了半视野识字实验，研究结果表明：语言大部分功能定位于大脑左半球，左脑擅长加工语言素材。右脑也具备一定的语言功能，但右脑的功能是有限的，右脑主要还是擅长加工图形及空间刺激（戚微微，2005）。

象形文字从诞生之初开始，就具有图像化的特征，可以通过外形来表意，容易识别，是一种偏向视觉的文字。拼音文字仅仅依靠 20 多个字母组成，是简单的线条排列，字母本身没有意义，但是可以表音，是一种偏向听觉的文字。所以，象形文字花式字幕可以充分利用象形文字的特征，对文字进行精心的设计，放大它的图像化特征。拼音字母的设计本身比较难改变，无非是调整颜色、大小、字体等。所以，对于拼音文字花式字幕来说，更多的是将图片引入其中，增加它的具象性和可视性。

第二节　中文花式字幕的认知效应案例分析

综艺节目由于形式活泼，语言轻松幽默，所以越来越多地使用花式字幕。中文的花式字幕也主要集中在综艺节目中，近年来，中国从韩国购买了众多节目的版权，随之而来的是对节目包装的意识的增强。2013 年，湖南卫视从韩国引进版权节目《爸爸！我们去哪儿？》，改名为《爸爸去哪儿》。据央视索福瑞收视调查，第一集播出收视率为 1.10%，收视份额 6.45%，而第十期的收视率和市场份额高达 5.67% 和 22.99%。与此同时，网络的搜索量也在迅速增长，在各大排行榜上其搜索指数稳居第一，并从第一期播出之后创下了"零差评"的收视影响（李慧、王勇，2014）。

另外一个值得分析的是《奇葩说》，这档网络自制节目由央视的前著名主持人马东主持，节目捧红了很多口才出众的平凡人，他们在舞台上分为两队辩论，在唇枪舌剑中发表自己的独特观点。作为一档创新型的语言类节目，《奇葩说》自开播以来就带着鲜明的网络化的特点，点击率节节攀升，尤其是在节目制作上，《奇葩说》团队针对网络受众年轻化的特征做了很多努力和尝试。

两档节目的特色除了契合网络时代人们的心理和观念变化的新颖题材和轻松幽默的语言风格，字幕也是一大亮点。为避免纯文字字幕的单一化，节目组在字幕上搭配使用图案、符号、数字等，和节目整体的主题相吻合，不时还为观众增加美的享受，深化人物形象，活跃气氛。在下文中，笔者将花式字幕分为三种形式来讨论，分别是纯文字形式的花式字幕、图案形式的花式字幕、图文结合形式的花式字幕。

一、纯文字形式的花式字幕

纯文字形式的花式字幕类似常规字幕，仅仅用文字来表示，但是这种文字和常规字幕相比，可以被放置于屏幕的任意位置，字幕的颜色、大小、字体可以结合具体语境随意设置。

纯文字形式的花式字幕可以起到"议程设置功能"。根据传播学相关理论，传播效果可以分为认知、态度、行动三个层面，"议程设置功能"就是这个过程最初的阶段——指的是认知层面上的效果。以告诉人们"想什么"的方式，来把他们的注意力引导到节目组选择的问题上。节目组借助花式字幕的醒目特点，通过调整字幕的字体、形式、颜色和位置，起到强调、补充电视内容，改变节奏等作用。也就是说，电视花式字幕可以有效地影响观众的认知，让观众在看电视时，不是盲目地观看，而是将"怎么想"换成"想什么"。尤其在真人秀节目中，全景式的记录过程不免冗长和枯燥，在整体节目叙事主线的基础上，花式字幕形成了第二层叙事，引导观众的视线和注意力，与主线叙事形成对话。电视字幕不仅是对内容的文字呈现，而且是参与画面叙事的再创作，达到了补充和参与叙事的效果。

纯文字形式的花式字幕善于运用幽默来调节叙事气氛，较常使用的方法包括运用谐音的语音修辞手段来达到戏仿和双关等效果。灵活运用成语、网络流行语、拟声词等来提升趣味性和时尚性，达到与观众互动的心理效果。有学者归纳了《爸爸去哪儿》幽默字幕语言的生成机制，其表现为：利用"岔断"（关联情景的切换）生成幽默、利用情感释放生成幽默和利用矛盾冲突生成幽默。节目打破字幕语言的组合方式，利用特定的情景语境同时结合电视观众特殊的心理过程来强烈凸显节目的幽默氛围（袁薇，2016），花式字幕的适时出现与视频内容互为对话，丰富了视频信息量，起到了调节视频情感张力的互动效果。

二、图案形式的花式字幕

图案形式的花式字幕通常摒弃文字，采用标点符号、数字、图片等来代替，具有一目了然、简洁易懂的特点。通过放大、叠加、色彩、动态设置等创意来制作图案形式的花式字幕，可以使节目层次更加丰富，图像化的信息也更有利于全球化跨文化的传播。图案形式的花式字幕能有效地体现编导的创意，这是对视频内容的再创作，也是一种构建新型视频文化的有效手段。

《爸爸去哪儿》节目较多采用符号或数字形式的花式字幕，虽然符号和数字本身没有意义，但是结合前后的电视内容，可以替代纯文字字幕，增强观众对视频内容的认知。

在《爸爸去哪儿》节目中，一个小朋友展示她的牛奶被一口气喝光，另两个小朋友在得知要收玩具的时候一脸茫然，表示惊讶和疑问。虽然他们都没有用语言表达出来，但是节目组用符号的形式，表现了他们内心的所思所想。这些符号可以根据节目内容，调整颜色、大小和形状等，使节目形式丰富多彩，也表现了人物的内心变化。在《奇葩说》节目中，主持人的一段独白中，数字"6"表示"牛"，指某个人或物很厉害的意思，节目组用竖版的形式，重复显示"666666"，吸引了观众的眼球。

这种仅仅使用符号或数字的花式字幕，经常重复、叠加使用。使原本没有意义的符号和数字，在内容上可以替代纯文字，用以强调内容，吸引眼球，增加趣味性。

三、图文结合形式的花式字幕

图文结合形式的花式字幕将文字和非文字符号相结合，如图案、数字、标点符号等。它既可以弥补纯文字形式的单调和跨文化传播的语言障碍，又可以弥补图案形式传达信息的偏差，实现字幕观赏的趣味性和信息传达的准确性。

文字的诞生可以消除图像传播的模糊性和不确定性，而图文结合的形式，互相补充以消除可能产生的歧义，可以实现跨国家、跨文化的交流，图文结合形式的花式字幕，可以有效地增强观众对视频内容的理解。

第三节　韩文花式字幕的认知效应案例分析

有两个电视和网络节目将中文花式字幕运用得灵活自如，一个是真人秀节目《爸爸去哪儿》，另一个是综艺脱口秀节目《奇葩说》。对拼音文字的花式字幕分析，笔者选取了韩国的综艺节目《黄金渔场》。这是一档综艺脱口秀节目，由一位固定的主持人和五位嘉宾，再加上一或两位不同的嘉宾组成，根据该节目网络调查、网民投票选择的两个烦恼，节目将其分别编成不同主题的搞笑短剧，由邀请的所有嘉宾表演。

中国电视节目的花式字幕深受韩国花式字幕的影响。但是二者又有不同之处，这是由于象形文字和拼音文字具有不同的文字特点和信息处理方式。拼音文字的花式字幕大多采取图文结合的模式，如节目组形容嘉宾唱歌声音的花式字幕是"西伯利亚雪橇犬也要哭着走的声音"，在字幕的左边还加上了雪橇犬的表情头像，使文字的表达更加形象而具体。又如嘉宾唱歌的时候，字幕显示的歌词字幕是"爸爸是出租车"，并且将文字放置于五线谱上，加上了音符的图案。节目中一位女嘉宾听到了关于自己的一些消息，文字字幕是"再次颤抖　开心消失"，节目将女嘉宾的头像放大，并且加上了兔子的图案，全身被黑白波浪线环绕，形象化地表达女嘉宾在颤抖的意思。

在如韩国这样使用拼音文字的国家，因为文字本身不具备表意的特征，所以电视字幕本身在外形上不具有太多变化空间，主要变化在于调整颜色、大小、字体等，从各档综艺节目可见一斑。上文已经分析过，电视字幕的字体、颜色、大小都会对人们的认知产生影响，只是这种影响在使用象形文字的国家更明显。所以，拼音文字花式字幕大多会采用图文结合的形式，在文字上加入一些图片，这些图片可以跟节目内容相关，也可以不相关。根据图11.5"拼音文字视觉信息处理模式阶段图"，在使用拼音文字的国家，靠听音辨义比靠看字辨义更有效率，所以在使用拼音文字花式字幕的国家，以图片来补充文字本身不具备的表意特征，既可以增强对内容的快速理解，又可以在很大程度上增强节目的形式感和可视性，赋予视频影像叙事更丰富的潜台词及内涵。

第十四章
弹幕对视频内容理解的影响

第一节　弹幕对语言理解的影响

弹幕是一种新兴的评论性字幕，是电子时代网络视频发展的产物。网络改变了以往的传播方式，人类由单向度的传播进入到多向互动式的传播。网络视频用户可以边观看视频边评论，这些评论及时在屏幕上滚动出现，大量的评论同时出现时就像子弹射击一样，形成一种参与评论的氛围。于是，弹幕这种新的文字字幕备受年轻人的追捧。

弹幕最早在 2006 年的日本出现，原来是游戏用词，后来运用到视频领域。随着弹幕黏合度的增强，越来越多的视频网站都开通了弹幕功能。Niconico 是日本流量最大的弹幕在线视频分享网站，弹幕在 2007 年传入中国，但是当时仅在一两个网站流行，属于小众范围内的传播，并未引起学界和业界的重视。随着网络的发展，弹幕网站从几个固定的网站扩展到 B 站、优酷、土豆、腾讯视频等主流视频网站，成了国内几大视频网站的标配。在腾讯视频等网站中，观众在观看视频节目的时候，如果给弹幕点赞，弹幕的颜色会因为点赞的数量而发生变化。

社会学家兰德尔·柯林斯（Randall Collins）在《互动仪式链》（*Interaction Ritual Chains*）一书中指出，社会生活的很多层面都是通过互动仪式形成和维持的，仪式是人们的各种形成姿势相对模式化的结果，形成仪式的核心是情境的组成，它需要时间、空间、个体等因素同时存在，互动的情境在不断模式化的过程中形成新情境。仪式是多种要素组合建构的成果，个体在仪式中，获得包括形成群体符号、获得个体的情感能量、产生团结感等。在仪式互动的过程中，参与者彼此感受对方的节奏，分享暂时的集体兴奋，实现情感共享（柯林斯，2009；周瑞，2016）。持续互动的弹幕在认知过程中有助于形成"情感能量"，形成具有社区感的群体符号，进而形成"互动仪式链"。弹幕参与者意不在接收信息和讨论议题，而是在瞬间飞逝的信息流中感受意识的流动和与人交流的社交感。

中文弹幕对内容的理解，主要有以下几个方面的影响。

一是逐渐改变了"意见领袖"式的"两级传播"模式。弹幕因为具有转瞬即逝的特点，一条评论被看见的概率大小不取决于发送者所拥有的粉丝数量，主要取决于该视频被观看的次数。也就是说，即使你是一个拥有众多粉丝，有很强话语权的"大 V"，在视频弹幕的评论中，也常常会被忽略，并不能引起某种广泛而深入的讨论。"领袖"的身份在弹幕评论中并不受用。

电视主导时代的视频节目是一种单向度的传播，为了使大众更好地理解视频内容，节目组一般会请嘉宾进行评论，而这些嘉宾往往是某个专业领域的人，他们的发言有自己的立场和态度。著名的传播学家拉扎斯菲尔德提出了"两级传播"，意思是：大众传播并不是直接"流"向一般受众，而是要经过意见领袖这个中间环节，即"大众传播→意见领袖→一般受众"。这种传播模式，也体现在网络时代的社交媒体上。"大 V"其实就是两级传播概念中的"意见领袖"，在某种程度上，他们的意见会左右网民的认知。

可以说，弹幕就是缩微型的信息爆炸的现实图景，即麦克卢汉所提出的，当电子时代来临，信息"全球村"不再是过去机械时代拓展和延伸人类社会的物理空间，而是出现向内的"内爆"，对社会和人的影响不再是爆炸性地向外延伸，而是向内的"意识的延伸"，是"中枢系统的延伸"。爆炸式的电子信息直接影响的是感知的模式，人们不再是运用过去电子时代整体感知带来的"模式识别"的认知方法，而是在这种瞬间飞逝的信息流中感受自己意识的流动和与人交流的社交感和存在感，使得什么人在网络发表什么意见、谁是"意见领袖"变得不再重要。

二是弹幕具有社交属性。弹幕互动仪式的发生需要满足四个条件：即时共身的拟同步性、会员门槛与圈层语境的局外人区隔、关注内容收敛形成共同焦点以及情感信息共享实现集体兴奋（王一雄，2022）。这些条件在视频网站尤其是以 B 站为典型代表的社区中明显存在。大量由各种文字、表情、特殊符号等组成的弹幕带动了一种集体情绪，并进一步引发共同造"梗"的集体兴奋感，制造了情绪共鸣。因此，弹幕体现了电子媒介传播时代的"重新部落化"特征。电子时代形成的内爆使得社会打破了几百年来由于印刷媒介主导而形成的分割的社会，社会各领域重新融合，这是一种新的社群组成方式。麦克卢汉认为，每一种新媒介的产生与运用，都宣告着文明进入一个新时代（洛根，2012b）。信息传播技术的突破性变革和发展往往会催生新的社会结构变革。在原始的部落社会中，人们主要依靠口语接收和传播信息，在以听、说为主导交流方式的社会，人们几乎不通过其他的媒介感知社会。工业时代来临后，印刷技术崛起，印刷文字得到了大量的传播，视觉信息输入取代了听觉信息输入，成为社会的主导。这时候，传播是单向度的，不再是原始部落化的双向或多向的传播。

三是弹幕是翁所谓的"次生口语文化"的代表性交流方式。次生口语文化是相较于原生口语文化而言的，他认为，这种新的口语文化和古老的口语文化有惊人的相似之处：参与的神秘感、社群感的养成、专注当下的一刻甚至套语的使用（翁，2008）。电子技术使媒介生态进入"次生口语时代"，和"原生口语时代"相比，过去群体性的心态变成现在突出了自发性和主体性的。

电子时代重新部落化和原始部落化区别最明显之处在于时间和空间关系的不同。有学者认为，电子时代的社交媒体是"在场的吟唱"，意味着社交媒体时代重回口语文化（马锋、张峰，2021）。田月在《数字媒体时代"部落化"的回归与转变》中谈道，数字媒体时代的人们已经回归到麦克卢汉所说的"部落化"的社会形态，但是这种"重新部落化"不同于原始的"部落化"（田月，2014）。原始的部落社会受到时间和空间的限制，因为人们只能依靠听、说来接收和传递信息，所以他们必须在真实的空间里，面对面地进行交流，这样才能形成信息的互通有无。电子时代消除了这种时空的限制，只需在网络技术的允许下，并以文化、个人兴趣，以话题和内容、共同的经历等为聚集纽带随时形成部落（田月，2014）。

弹幕是观众在看视频的时候即时发出的评论，这些评论都会显示在屏幕上，也就是说，观众不仅可以发表自己的言论，还可以对别人的言论表示支持或反对，这就形成了一种交流和互动。另外，这些评论又像子弹一样，是转瞬即逝的。这表明，弹幕不仅具有社会交往的属性，还类似部落社会口语的交流方式。只是在电子时代，这是一种可以跨越时间和空间的"重新部落化"时代的互动。

第二节　弹幕的认知效应案例分析

B 站初期主要服务对象是动漫游戏的爱好者。随着 B 站内容的多元化发展和用户群的扩大，其内容也扩展到了网络视频所涵盖的其他诸多领域，如番剧、影视、动画、舞蹈、游戏、鬼畜，还有逐渐壮大的生活、知识、数码等领域的内容。近年来 B 站自制的综艺节目和纪录片，找准了年轻网络用户的特点，也获得了良好的口碑和市场反应。还逐渐引入了当下流行的日韩综艺、电视剧等。越来越多的年轻人从爱奇艺、搜狐、优酷、土豆等主流网站转移到 B 站，其力量日益发展壮大，在国内市场上与动画网站 Acfun（简称"A 站"）分庭抗礼。B 站是聚集人数最多的专业弹幕网站。弹幕所营造的氛围区别于传统观看方式，聊天分享的欢乐交互模式让人感受到浓厚的社区气氛。

《欢乐颂》是一部都市职场女性剧，这部电视连续剧根据同名小说改编，讲述了同住在欢乐颂小区 22 楼的五个来自不同家庭、性格迥异的女孩，从陌生到熟悉再到互相体谅、互相帮助、共同成长的故事。这部剧在 2016 年的浙江卫视和东方卫视首播，引发了一阵收视热潮，备受年轻人的追捧。

由于这部剧的五位女主角性格迥异，代表着不同的女性群体，所以在网上引起了观众的热议，出现了"表白曲筱绡""表白安迪""小美美眉，爱你""蛐蛐我的"等弹幕。这种像飞弹一样转瞬即逝的评论，使在线网络视频平台具有了一种社交的属性，塑造了一种公共论坛似的氛围，通过表达对剧中某个人物的喜爱，可以获得其他用户的点赞或者引起更多人的讨论。例如，剧中的人物之一曲筱绡是一位魅力超群的富家女，有观众发弹幕点评她任性、炫富、不学无术等，但也有很多观众认为她对朋友很讲义气，喜欢拔刀相助等。

网络群体对弹幕的依赖，源于他们可以在这里找到和自己价值观一样的群体，学者赵越讨论了"数码原生代"这个概念，因为他们从出生的那一刻起，就伴随着数字时代的发展。他指出这个群体一方面吸纳着时代巨变发散出的孤独气息，一方面又习惯了被电子设备和网络文化所塑造的交往方式，两者的反复叠加导致了他们对网络社交的深度依恋（赵越，2016）。

第三节　日文弹幕的认知效应案例分析

拼音文字弹幕在西方国家中几乎没有出现，在拼音文字弹幕的认知效应案例分析上，这里将以日文为例，它包含了象形文字和拼音文字两种文字体系。

日本 Niconico 动画网站诞生于 2006 年，最开始与 YouTube 等网站相似。2007 年，该网站宣布可以通过"移动设备上传影片"。随着业务的扩张，以往静止呈现在视频下方的网友评论，改为放置在视频的画面上，在影片上留言并以弹幕的形式出现在影片上。

有些弹幕多次出现的 wwwwww 就是日文中 warau（笑）的缩写，可以从外形来判断，重复使用就是强调很好笑的意思。人们聚集在某个视频在线网站，观看视频的时候可以及时地发表自己的观点，这些观点还会出现在屏幕上，只要开启了弹幕功能，所有的在线观看者都能看到。在很多情况下，人们会使用数字、英义缩写、表情符号等，以口语化的语言表达来支持或反驳别人的观点，在屏幕上可以形成对比和交流，就像在使用微博、微信类的社交软件一样。

象形文字弹幕已经在中国和日本得到了迅速的发展，从最开始的两个小众的弹幕视频网站，已经扩展到几个主流的视频网站，影响力逐渐扩大。但在使用拼音文字的国家，弹幕却几乎没有多大发展，除了非语文面的因素（心理条件、社会环境、文化背景等），在此从语文面因素（形、音、义等）着手，分析两种文字以弹幕的形式出现的特点和差异。

一是弹幕语言更替快，没有固定的形式。弹幕的特色是紧紧跟随流行文化，人与人之间传播的大量的网络流行语，成为一种广泛使用的新造词，甚至进入传统媒体，这是弹幕语言创新性的体现。例如，GG 是网络游戏的一个流行用语，它原本是指在线游戏对战中，输的一方说的话语，即 Good Game 的缩写，表示虽然输了，但是是一场好的对战。日本的传统媒体为了提升娱乐性，也将 GG 一词用于对谈性的节目中，这个术语在短时间内被大部分的群众了解，导致受众在流行过程中从众效应，产生了共同的群体记忆。但是GG 很难与相关的英文常用词缩写进行联结，随着其他的弹幕语言使用群体的扩展，一旦被问到 GG 一词背后的缘由，没有玩过网络游戏的民众难以进行联结，因而 GG 的使用频率也逐渐降低，慢慢退出弹幕群体共同语。

二是弹幕具有很强的社交属性，但是密集化的弹幕交流会干扰观众对视频内容的理解。弹幕最早诞生在日本，而且主要以日本动漫、游戏等为主要播放内容。于是，大量爱好动漫的二次元群体，聚集在这类平台上。在观看视频的时候，他们可以找到一种群体性的归属感。但是，随着弹幕网站的流行与延伸，很多观众为了吸引别人的眼球，弹幕语言呈现恶搞吐槽、娱乐化倾向，很多时候都是无意义的话语，体现的是一种社会交往的性质，和内容本身没有关系。所以，有些观众为了观看流畅，舍弃过多信息干扰，只好选择关闭弹幕。

拼音文字的弹幕更有"另类"的色彩。弹幕最早在日本兴起，通过播放动漫和游戏影片把大家集合在某一平台，使平台成为"御宅族"的天堂，也是宅文化的象征。只有联系到"御宅族"这一点，才能理解为什么弹幕经常会布满屏幕，干扰观众对视频内容本身的理解，但是"御宅族"还是选择开启弹幕功能。因为他们拥有共同的喜好或类似的价值观，可以将原有的文本进行重构、颠覆或者恶搞等，形成一种群体性的交流和共享。

弹幕信息转瞬即逝，众多弹幕信息同时在视频上出现又瞬间消失，人们无法用线性阅读的方式去接受它，因为那样既无法看完信息，也影响观看视频。它需要启动右半脑感知系统的模式识别，大脑在弹幕数量、颜色、接力词、话题点之间随机抓取形成印象，感受情绪。虽然弹幕是文字信息，但是它的表达方式几乎是口语的，或者可以说是次生口语，是有书写自觉的口语，或者是口语表达的书写。因此，弹幕的感知方式类似口语时代对听觉的依赖。听觉世界是同步的电子世界，一切都在变化之中。印刷时代是视觉主导的社会，视觉世界是静态的世界，事物在这里静止不动，弹幕充分体现了电子时代次生口语文化的特征。

小　结

　　本编内容通过比较象形文字和拼音文字在信息处理方式上的差异，发现不同的文字媒介特别是以中文为代表的象形文字体系与以希腊-罗马文字为代表的西方文字体系在视频字幕的认知上会有差异性表现。视频字幕在中国、日本、韩国等国家繁荣发展，呈现出越来越多样化的特点，发展出了花式字幕和弹幕等特色字幕，字幕越来越多地参与视频内容的建构和表达。但是在西方国家却变化不大，本编从不同文字系统在视频内容表达时形成的认知特征来解析视频字幕感知现象。

　　汉字在东方文化中发挥了重要的作用，在漫长的发展过程中逐渐辐射到周边的其他国家，如韩国、日本、越南等。虽然后来各国都创制了属于自己的一套文字系统，但是汉字可见于大量的书面文化中。韩国普遍使用其独特的拼音字母体系也是百年来的事情，此前的长时期都是以汉字为书写之正统。直到现在，韩国图书馆中绝大部分历史书籍都是用汉字撰写的。现在，汉字书写仍然可以见于人名、身份证、正规文书、法律文件、书法等大量的书写文本中，而且主要使用古代繁体（崔有镇，2015）。韩国文字虽是拼音文字，但其重新发明的文字在字形上还是采用了汉字的方块字，也说明了韩国书写文化深受中国的影响。日本文字更是本身就由汉字系统与音符文字组成。中、日、韩同属东亚文化圈，整体上来说，东方文化是一种偏于整体感知的、将人与世界融合为整体而非切割方式来看待的文化，在字幕感知方面的表现趋同。

　　相较于英语拼音文字，象形文字的信息处理方式是：听觉符号和视觉符号输入后，经过记忆、过滤阶段，可以直接进入型态辨认阶段，二者直接与意义相连接，相辅相成。象形文字的听觉符号和视觉符号与意义相连接。视像与字幕相互配合，可以更有效地传达准确的信息。

拼音文字的听觉符号和视觉符号输入后，信息处理的模式有所不同。拼音文字听觉符号输入后，和象形文字一样，可以经过记忆、过滤直接进入型态辨认。但是视觉符号输入后，经过记忆、过滤完还要进入语音转录阶段，再进行型态辨认。所以，在使用拼音文字的国家，通过声音就可以直接辨别意义，增加文字字幕的话，反而会让观众对视频内容的解码多一道程序，影响认知的效率。

除了以上两种文字本身的认知差异之外，在三种常见的字幕形式中，两个书写体系的认知表现为以下特征。

（1）常规字幕中的视频字幕属于普通的文字字幕，文字本身没有太多设计感，大多仍然保留着印刷文字的特点，以视觉感官偏向为主。象形文字比拼音文字拥有更多的同音字、多音字、谐音字等，再加上二者对听觉和视觉符号有不同的信息处理方式，所以象形文字字幕可以有效地增强观众对视频内容的理解，拼音文字字幕对视频内容理解的影响不大。根据两种文字信息处理方式上的差异可得知，象形文字视频字幕比拼音文字视频字幕可以更有效地辅助观众对视频内容的理解。在使用象形文字的国家，视频字幕发挥着更加重要的作用。

（2）花式字幕改变了过去字幕单一的文字形态，加入了丰富多彩的颜色、符号、图像等。中国和韩国综艺节目中的花式字幕在听音识别的基础上，用各种图像化的形式丰富了画面内容和故事的叙述，方块字的艺术设计调整、补充、优化画面内容，充分调动了观众的空间感知体系。花式字幕对于视频的功能包括补充画外音信息、对口语作图像化处理、优化图像的画面布局、增加观众或用户与视频画面内容对话的第三人视角等。无论是使用象形文字还是拼音文字（韩文）花式字幕，这种图文结合的字幕形式，都可以增强观众对视频内容的理解。符合电子媒介培养出的图像人的认知特点。

（3）网络视频弹幕。弹幕的发源地是日本，所以，中日在弹幕认知上更多地表现趋同。日文阅读脑在阅读假名时，同英文阅读脑一样使用左脑的神经通路；阅读日文汉字时，则与中文阅读脑一样左右脑两侧都被激活。弹幕完全打破了传统电视字幕静态的特点，以开放的、流动的、随时更新等特点改变了字幕的基本功能，即从过去帮助理解视频内容到用户参与视频内容生产和表达的基本功能的转变。弹幕削弱了"意见领袖"的作用，社交属性突出，弹幕参与者意不在接收信息和讨论议题，而是享受即兴的、未完成的

（开放的）、非连续性的参与和互动的过程。弹幕具备口语文化的临在性，开放性，即时变化，流动不居等特点。弹幕体现了电子时代的"次生口语文化"的特征，即它既是口语的，又是经过书写文化影响的。相较于印刷时代的书写文化，原生口语文化和次生口语文化都更偏向"非理性"和"重参与"。弹幕就是缩微型的信息爆炸的现实图景。弹幕将电子时代的书写赋予了口语文化感知临在性、开放性的内涵。持续互动的弹幕在认知过程中有助于形成"情感能量"，形成具有社区感的群体符号，进而形成"互动仪式链"。弹幕参与者意不在接收信息和讨论议题，而是在瞬间飞逝的信息流中感受意识的流动和与人交流的社交感。

总之，中文字幕经过常规、花式、弹幕的发展，大大丰富了视频内容，增加了视频艺术表达的手段，在认知上激发了用户的互动和参与热情，在参与建构新型视频文化方面起到了至关重要的作用。韩国文字和日本文字的字幕与中文字幕一样发展充分，这或许与其同属东方文化受到汉字体系影响大的原因相关。

在全球化文化和全球化媒介过程中，新的跨文化传播问题不断出现，本书的研究不仅可以帮助提升人们对当代字幕文化在构建新型视频文化方面作用的认识，为影视视频制作、传播和发展提供文献参考。更为重要的是，可以使人深入理解使用不同文字系统的人感知世界的方式，了解其在新媒体时代的认知效应，帮助减少因文化差异而产生的误会与隔阂，增进文化间的沟通和理解。

结　语

　　本书通过对比中西书写体系，包括两个文字系统的形构方法、媒介形态、书写款式，分析其在不同主导媒介时期的艺术观念和认知效应，进一步借鉴认知科学领域的研究成果，论证了不同媒介中的书写体系的脑认知表现。特别考察了新媒体中的口语文化是经历书写与印刷文化影响之后的"次生口语文化"。本书同时研究了中西书写体系在当代的应用，包括电子书法、电子水墨等新型书写形态，以及影视文化中的视频字幕，对其认知效应进行了深入探讨，论证了作为媒介的书写体系深刻地影响了中西认知思维模式。

　　本书首先探讨了媒介形态的演进与艺术形态和观念变化之间的关系问题。媒介的变化的确对艺术的发展产生了深刻的影响。不同的媒介阶段拥有不同的美学观念，从而各个阶段不同的艺术形式具有不同的艺术观念。在书写媒介阶段，书写体系形成了由汉字及其书写发展而来的书法艺术。传统中国艺术"书画同源"，书画用笔及内在美学趣味相似，用笔的方式是两者得以展现内在韵味的重要造型方式。中国画中体现的书法精神包括线条的造型、笔墨韵味，这些特点表现出了抽象之美的美学价值。

　　印刷媒介阶段，获取信息时对于视觉的倚重在印刷术发明后达到了巅峰。整齐、统一、完整的视觉特征，强化了印刷术线性的视觉感知。电子媒介阶段，电子水墨和电子书法在传统水墨与书法的基础上，借助数字技术的发展，摆脱了对于物理载体的依赖，以一种虚拟的、数字化的形态存在。书画艺术在数字技术条件下，其存在形式由原先纸质笔墨承载的物理形态走向了交互式电子虚拟形态。媒介的改变使得人们的感知方式转变为虚拟空间化。

　　本书综合梳理了神经科学领域的大脑可塑性理论与媒介使用的关系，从纸质和电子两种阅读媒介以及看电视与看网络视频两种视频媒介对脑认知的影响，来探究印刷媒体和新媒体的不同认知效应。

　　神经科学的研究表明，视觉活动主要发生在西方拼音文字阅读时的左半脑，左半脑的额前叶主要执掌线性排列的大脑中枢，即数学和科学思维的中枢。线性思维不仅是一种比方，而且是左半脑的一种活动方式，而这就是印刷媒介带来的认知效应。相比而言，人们在观看包括电视以来的电子媒介时，右半脑更为活跃。科学研究表明，电子媒介对人的右半脑产生影响并使之塑造大脑中的意象，以此影响观看者的行为和观点。大量的实验研究表明，新媒体的使用使得人的大脑被重构，再次被媒介使用行为反复塑造，从而使大脑越来越适应扫描式阅读和略读，难以进行深度阅读和思考。这种阅读接收模式与印刷媒介主导时代不同，从悲观处看，它会带来所谓"浅薄"的智力后果和文化后果。从麦克卢汉的视角来说，这种新的接收方式不再是线性认知方式，而是模式识别，是更为人性化地回归人与世界关系的更为自然的整体感知。

　　通过对比纸质阅读和电子阅读两种阅读方式，利用外显生物电的变化推测受试者在接受不同媒介信息时的心理活动，得出信息在人脑中所产生的微观效果，笔者用研究阅读脑的方式研究媒介对人的影响，总结出了不同媒介介质所产生的认知差异：纸质阅读和电子阅读在阅读效果上不存在显著的差异，但两种阅读方式对读者大脑认知的影响存在差异。原因是阅读纸质书籍是线性的左脑活动，在阅读过程中，可以充分调动左脑的逻辑思维对文本进行深入理解和分析；看视频则是非线性的右脑活动，光脉冲的马赛克模式必须靠右脑重组，电子屏幕发射出的电子光有碍于人们的阅读，直接在电子屏幕上阅读涉及左右脑固有的冲突，所以人们无法使用看视频的右脑系统去处理阅读信息。

　　创意之所以产生，正是因为不按线性的逻辑顺序思考，在不经意间跳脱出原来的思考路径。创意倾向于横向联想、散点式发散思维，这与新媒体思维所强调的模式识别的、非线性的、感知的思维模式相同；即"创意之父"博诺提出的，从讲求线性的、序列的、分析的岩石逻辑到非线性的、整体的、模式识别的灵魂的水的逻辑。新媒体这种非线性的、发散式的思维模式为影视文化创作提供了创意的形式和内容，使用户参与和互动成为新型媒体内容的传播模式，改变了创意节目生产传播机制。娱乐元素也为影视文化的内容创意、形式创意提供了新思路。

　　从视觉感知到视听感知直至全息感知，人体感知的变化预示着文化转变的开端，人们正处于转变中的媒介环境，即从书写文化环境到视觉形象日增和数字媒介的超链接化媒介环境。在这个历史的节点上，媒介技术的变迁不仅改变了人类社会的传播方式、生活方式和学习方式，更是深深地影响了人类的思维认知方式。新媒体时代，新兴技术的发展丰富了人们的娱乐生活，也重新塑造了人们的大脑。在新旧媒介融合重组的过程中，不能只用旧媒体提供的单一逻辑思维去看待新媒体所带来的多元文化，而是需要充分理解新媒体的内涵，利用其特点，认识新媒体偏好的非线性思维模式来促进创意的开发，打造更多具有创新性的影视娱乐等创意产业。

本书运用学者翁的口语文化理论，阐述了电子时代交融着书面文化的次生口语文化的发展特征，对比原生口语时代和电子时代的口语文化，摸索出口语文化和书写文化的各自特征，即口语表述特征是递增的、总合的、重复的、保守传统的、接近人类生活的，语气是论战的、参与的、理解的、自我平稳的、情景对话式的；而书写则是从属的、分析的、线性的、实验的、抽象的、超脱的、客观的、远离的、动态的、语境自由的。次生口语和古老的口语文化有一脉相承之处，即参与的神秘感、社群感的养成、专注当下的一刻甚至套语的使用。但次生口语文化又是经过理性滋养过的自觉的交流互动。

本书最后一编比较了象形文字和拼音文字在信息处理方式上的差异，讨论了不同的文字媒介特别是以中文为代表的象形文字体系与以希腊-罗马文字为代表的西方文字体系在视频字幕的认知上会有差异性表现。视频字幕在中国、日本、韩国等国家繁荣发展，呈现出越来越多样化的特点，发展出了花式字幕和弹幕等特色字幕，字幕越来越多地参与视频内容的建构和表达。但是，字幕在西方国家却变化不大，该编内容从不同文字系统在视频内容表达时形成的认知特征来解析视频字幕感知现象。

相较于英语拼音文字，象形文字的信息处理方式是：听觉符号和视觉符号输入后，经过记忆、过滤阶段，可以直接进入型态辨认阶段，二者直接与意义相连接，相辅相成。象形文字的听觉符号和视觉符号与意义相连接。视像与字幕相互配合，可以更有效地传达准确的信息。

拼音文字的听觉符号和视觉符号输入后，信息处理的模式有所不同。拼音文字听觉符号输入后，和象形文字一样，可以经过记忆、过滤直接进入型态辨认。但是视觉符号输入后，经过记忆、过滤完还要进入语音转录阶段，再进行型态辨认。所以，在使用拼音文字的国家，通过声音就可以直接辨别意义，增加文字字幕的话，反而会让观众对视频内容的解码多一道程序，影响认知的效率。

在三种常见的字幕形式中，两个书写体系的认知表现为以下特征：常规字幕中的视频字幕中，根据象形文字与拼音文字信息处理方式上的差异可得知，象形文字视频字幕比拼音文字视频字幕可以更有效地辅助观众对视频内容进行理解。在使用象形文字的国家，视频字幕发挥着更加重要的作用。中国和韩国综艺节目中的花式字幕在听音识别的基础上，用各种图像化的形式丰富了画面内容和故事的叙述，方块字的艺术设计调整、补充、优化了画面内容，充分调动了观众的空间感知体系。无论是使用象形文字还是拼音文字（韩文）花式字幕，这种图文结合的字幕形式，都可以增强观众对视频内容的理解。中日在网络视频弹幕认知上更多地表现为趋同。日文阅读脑在阅读假名时，同英文阅读脑一样使用左脑的神经通路；阅读日文汉字时，则与中文阅读脑一样左右脑两侧都被激活。弹幕完全打破了传统电视字幕静态的特点，以开放的、流动的、随时更新等特点改变了字幕的基本功能，即从过去帮助理解视频内容转变到用户参与视频内容的生产和表达。弹幕参与者意不在接收信息和讨论议题，而是享受即兴的、未完成的（开放的）、非连续性的参与和互动的过程。弹幕将电子时代的书写赋予了口语文化感知临在性、开放性的内涵。持续互动的弹幕在认知过程中有助于形成"情感能量"，形成具有社区感的群体符号，进而形成"互动仪式链"。

总之，本书首次从媒介研究的角度梳理了中西书写系统的历史演进、媒介演进在不同时期对艺术观念的影响，通过引入脑认知研究，分析了新媒体环境下书写体系在文化创意领域的认知效应，有助于从书写体系在不同媒介阶段的发展的视角来理解转变中的媒介环境，为跨学科的媒介研究提供新的思路。在应用层面，本书的成果也可以为创意领域包括口语文化、视频文化等应用和发展提供指导思路。

最后，国际纷争当前，文明之间的敌意和冲突不断，本书讨论文化交流中的媒介环境和认知思维方式的问题，可以帮助我们深入理解使用不同文字系统的人感知世界的方式，了解其在新媒体时代的认知效应，从而有利于减少因文化差异而产生的误会与隔阂，增进文化间的沟通和理解，为跨文化传播和全球媒介研究提供理论参考。

主要参考文献[①]

埃尔默. (2018). 米尔曼·帕里口头文学特藏的数字化: 成就、挑战及愿景. 李斯颖, 巴莫曲布嫫译. 民族文学研究, 36(2): 114-120.

爱森斯坦. (2010). 作为变革动因的印刷机: 早期近代欧洲的传播与文化变革. 何道宽译. 北京: 北京大学出版社.

巴比耶. (2005). 书籍的历史. 刘阳等译. 桂林: 广西师范大学出版社.

巴赫金. (1998). 巴赫金全集(第六卷). 钱中文, 白春仁, 晓河等译. 石家庄: 河北教育出版社.

本雅明. (2004). 迎向灵光消逝的年代: 本雅明论艺术. 许绮玲, 林志明译. 桂林: 广西师范大学出版社.

波兹曼. (2011). 娱乐至死. 章艳译. 桂林: 广西师范大学出版社.

博诺. (2008a). 我对你错: 从岩石逻辑到水的逻辑. 冯杨译. 太原: 山西人民出版社.

博诺. (2008b). 水平思考法. 冯杨译. 太原: 山西人民出版社.

常艳, 邓红风. (2015). 语言与认知. 北京: 科学出版社.

陈佩真. (2008). 电视字幕对语言理解的影响——以"形系"和"音系"文字的差异为切入点. 台北: 秀威资讯科技股份有限公司.

陈卫民. (2009). 字符元素在电视中的应用及存在的问题. 视听纵横, (6): 108-110.

楚小庆. (2016). 技术进步对艺术创作观念与审美价值取向的影响. 艺术百家, 32(1): 130-156, 163.

崔有镇. (2015). 中韩常用汉字比较研究. 中国社会科学院研究生院硕士学位论文.

德克霍夫. (1998). 文化肌肤: 真实社会的电子克隆. 汪冰译. 保定: 河北大学出版社.

德克霍夫. (2020). 文化的肌肤: 半个世纪的技术变革和文化变迁. 何道宽译. 北京: 中国大百科全书出版社.

[①] 外国人名中译名只保留姓, 姓相同时加名以示区分。

狄汉. (2013). 大脑与阅读. 洪兰译. 台北: 信宜基金出版社.

杜书瀛. (2008). 艺术哲学读本. 北京: 中国社会科学出版社.

方汉奇. (1992). 中国新闻事业通史(第一卷). 北京: 中国人民大学出版社.

费斯克. (2001). 理解大众文化. 王晓珏, 宋伟杰译. 北京: 中央编译出版社.

费希尔. (2012). 书写的历史. 李华田, 李国玉, 杨玉婉译. 北京: 中央编译出版社.

弗里. (2000). 口头诗学: 帕里—洛德理论. 朝戈金译. 北京: 社会科学文献出版社.

弗里德曼. (2016). 世界是平的: 21世纪简史(内容升级和扩充版 3.0). 何帆, 肖莹莹, 郝正非
    译. 长沙: 湖南科学技术出版社.

盖茨. (1996). 未来之路. 辛正冲译. 北京: 北京大学出版社.

高慧芳. (2016). 论麦克卢汉的声觉空间与视觉空间——对麦克卢汉媒介思想的一种新理解.
    国际新闻界, 38(4): 79-93.

龚维忠. (2008). 中外早期期刊出版探究. 湖南师范大学社会科学学报, (4): 135-140, 144.

郭丽, 任向实, 丁怀东. (2002). 电子书画系统中毛笔笔型的模拟研究. 昆明理工大学学报
    (理工版), (6): 83-87.

郝大维, 安乐哲. (2005). 期望中国: 对中西文化的哲学思考. 上海: 学林出版社.

何道宽. (2002). 加拿大传播学派的双星: 伊尼斯与麦克卢汉. 深圳大学学报(人文社会科学
    版), (5): 93-99.

何九盈, 胡双宝, 张猛. (1995). 中国汉字文化大观. 北京: 北京大学出版社.

侯增选, 杨广卿, 郭超, 等. (2015). 虚拟毛笔建模研究现状与展望. 计算机应用研究, 32(9):
    2572-2577.

胡翼青, 姚文苑. (2022). 重新理解媒介: 论界面、内容、物质的三位一体. 新闻与写作, (8):
    5-16.

黄国声. (1980). 古代题跋概论. 中山大学学报(哲学社会科学版), (4): 97-105.

黄椒. (2004). 错把"后蔡"作"前蔡". 咬文嚼字, (8): 40.

黄伟迪, 印心悦. (2017). 新媒体内容生产的社会嵌入——以梨视频"拍客"为例. 新闻记
    者, (9): 15-21.

讲谈社, 宫原照夫. (1998). 多媒体商业成功的关键. 陈旻译. 中国电子出版, (2): 34-36.

津巴多, 格里格. (1997). 心理学导论. 游恒山译. 台北: 五南图书出版公司.

卡尔. (2015). 浅薄: 你是互联网的奴隶还是主宰者. 刘纯毅译. 北京: 中信出版社.

卡罗尔. (2007). 语言心理学(第四版). 缪小春, 等译. 上海: 华东师范大学出版社.

凯利. (2011). 科技想要什么. 熊祥译. 北京: 中信出版社.

凯利. (2016). 失控: 全人类的最终命运和结局. 张行舟, 陈新武, 王钦, 等译. 北京: 电子工业出版社.

凯瑞. (2005). 作为文化的传播. 丁未译. 北京: 华夏出版社.

柯林斯. (2009). 互动仪式链. 林聚任, 王鹏, 宋丽君译. 北京: 商务印书馆.

昆明理工大学. (2002-06-12). 信息化中国钢笔(含毛笔)手写楷书计算机模拟系统. [2023-06-25]. https://www.tech110.net/portal.php?mod=view&aid=5035932.

莱文森. (2007). 莱文森精粹. 何道宽译. 北京: 中国人民大学出版社.

莱文森. (2014). 数字麦克卢汉: 信息化新千纪指南(第 2 版). 何道宽译. 北京: 北京师范大学出版社.

赖黎捷, 李明海. (2014). 从"人体延伸"到"思维延伸": 麦克卢汉与凯文·凯利技术哲学述评. 重庆师范大学学报(哲学社会科学版), (6): 99-105.

赖声川. (2011). 赖声川的创意学. 桂林: 广西师范大学出版社.

李成岁. (1992). 教到生时是熟时. 人民教育, (4): 43.

李慧, 王勇. (2014). 解读《爸爸去哪儿》的中国模式——以受众选择心理为角度. 中国报业, (6): 71-73.

李昕揆. (2015a). 印刷媒介的视觉偏向及其美学后果. 烟台大学学报(哲学社会科学版), 28(3): 58-66.

李昕揆. (2015b). "感知操练": 麦克卢汉的媒介文艺思想. 贵州社会科学, (6): 79-84.

李颖娟. (2008). 印刷术发明前中国诗歌的传播媒介初探. 华夏文化, (4): 41-43.

李约瑟. (2018). 中国科学技术史 第一卷 导论. 袁翰青译, 北京: 科学出版社.

廖基添. (2010). 邸报是古代报纸吗?——中国古代报纸发展线索再梳理. 新闻与传播研究, (1): 9.

林文刚. (2019). 媒介环境学: 思想沿革与多维视野(第二版). 何道宽译. 北京: 中国大百科全书出版社.

林昱成, 林沛颖. (2010). 阅读的脑科学研究能告诉我们什么?从认知神经科学的观点谈中文阅读障碍儿童的神经机制. 应用心理研究, (47): 213-236.

林正龙. (1991). 小中见大 尺幅千里——杜诗通过典型形象反映时代盛衰变化的方法. 喀什师范学院学报, (2): 64-69, 80.

刘纲纪. (2006). 中国书画、美术与美学. 武汉: 武汉大学出版社.

刘界儒. (2017). 资讯短视频平台"梨视频"的问题与建议. 新媒体研究, 3(12): 94-97.

刘渝生. (1994). 中国文字的起源与使用. 华东交通大学学报, (3): 93-98.

罗宾逊. (2015). 让思维自由: 用创造力应对不确定的未来. 闾佳译. 杭州: 浙江人民出版社.

罗斯. (2005). 电视类型研究. 吉晓倩译. 世界电影, (2): 4-8.

洛根. (2012a). 字母表效应: 拼音文字与西方文明. 何道宽译. 上海: 复旦大学出版社.

洛根. (2012b). 理解新媒介——延伸麦克卢汉. 何道宽译. 上海: 复旦大学出版社.

马锋, 张峰. (2021). 复返口语文化的社交媒体——以 Snapchat 为个案的讨论. 现代传播(中国传媒大学学报), 43(4): 147-152.

马显彬. (2004). 汉字起源年代推论. 古汉语研究, (3): 67-69.

麦戈尼格尔. (2016). 游戏改变世界: 游戏化如何让现实变得更美好. 闾佳译. 北京: 北京联合出版公司.

迈克尔·埃默里, 埃德温·埃默里, 罗伯茨. (2009). 美国新闻史: 大众传播媒介解释史. 展江译. 北京: 中国人民大学出版社.

麦克卢汉. (2006). 麦克卢汉如是说: 理解我. 何道宽译. 北京: 中国人民大学出版社.

麦克卢汉. (2011). 理解媒介: 论人的延伸. 何道宽译. 南京: 译林出版社.

麦克卢汉. (2014). 谷登堡星汉璀璨: 印刷文明的诞生. 杨晨光译. 北京: 北京理工大学出版社.

麦克卢汉. (2021). 麦克卢汉精粹: 第二版. 何道宽译. 北京: 中国大百科全书出版社.

芒福德. (2009). 技术与文明. 陈允明, 王克仁, 李华山译. 北京: 中国建筑工业出版社.

梅罗维茨. (2002). 消失的地域: 电子媒介对社会行为的影响. 肖志军译. 北京: 清华大学出版社.

莫小不. (2012). 电子时代与书法审美. 美育学刊, 3(4): 63-69.

彭锋. (2008). 从艺术的新定义看艺术的多学科研究. 天津美术学院学报, (3): 52-55.

彭锋. (2021). 之间与之外——兼论绘画的类型与写意画的特征. 南京大学学报(哲学·人文科学·社会科学), 58(5): 125-135.

彭吉象. (2014). 中国艺术学. 北京: 北京大学出版社.

彭吉象. (2017). 舞: 中国传统艺术的乐舞精神——灵的空间. 美术大观, (5): 56-60.

戚微微. (2005). 汉字认知大脑两半球平衡加工证. 华东师范大学硕士学位论文.

奇普·希思, 丹·希思. (2014). 让创意更有黏性: 创意直抵人心的六条路径. 3 版. 姜奕晖译. 北京: 中信出版社.

邱振中. (2005). 书法的形态与阐释. 北京: 中国人民大学出版社.

尚俊杰, 张露. (2017). 基于认知神经科学的游戏化学习研究综述. 电化教育研究, 38(2): 104-111.

沈锦惠. (2006). Walter Ong 看话语的科技史. 新闻学研究, (88): 173-181.

史莱因. (2001). 艺术与物理学——时空和光的艺术观与物理观. 暴永宁, 吴伯泽译. 长春: 吉林人民出版社.

斯蒂芬斯. (2014). 新闻的历史(第三版). 陈继静译. 北京: 北京大学出版社.

孙济洲, 孙美君, 王秀锦, 等. (2006). 基于毛笔和宣纸的水墨传输模型与仿真算法: 200510115184.7.

孙逊, 谢久书, 王瑞明. (2017). 双语语言转换的神经机制. 外语教学, 38(2): 27-32.

孙振虎, 刘影慧. (2015). 国内真人秀节目中潜台词字幕的互文性. 中国电视, (6): 68-72.

汤筠冰. (2011). 视频投影的视觉传播研究——以世博会"清明上河图"展项为例. 现代传播(中国传媒大学学报), (2): 93-95.

田月. (2014). 数字媒体时代"部落化"的回归与转变. 南京艺术学院硕士学位论文.

童岩, 姜申. (2013). 新媒体艺术观念的趋向. 中国人民大学学报, 27(1): 52-58.

涂先智. (2010). 数字化情境下动漫艺术观念的思考. 新美术, 31(5): 101-103.

王冬龄. (2004). 中国"现代书法"论文选. 北京: 中国美术学院出版社.

王俊杰. (1997). 欧美国家发展隐藏式字幕的策略. 中国广播电视学刊, (7): 79-80.

王柯月. (2017). 跨界、融合和多重叙述数据库思维下的新媒体艺术作品. 北京电影学院学报, (1): 63-69.

王天德. (2010). 现代书法的水墨形态. 中国美术学院博士学位论文.

王文斌. (2013). 论英汉表象性差异背后的时空特性——从 Humboldt 的"内蕴语言形式"观谈起. 中国外语, 10(3): 29-36.

王小娟. (2010). 大脑视觉词形区及其在阅读神经网络中的作用. 北京师范大学硕士学位论文.

王新蕾. (2013). 论麦克卢汉媒介理论中媒介与技术、艺术、受众的关系. 山东大学硕士学位论文.

王炎龙. (2009). 网络语言的传播与控制研究: 兼论未成年人网络素养教育. 成都: 四川大学出版社.

王一雄. (2022). 基于弹幕互动的 PUGC 视频用户选择行为及参与促进研究. 四川师范大学硕士学位论文.

王沂暖. (2017). 格萨尔研究论集. 北京: 中国藏学出版社.

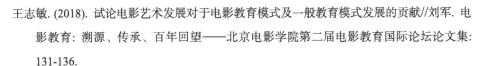

王志敏. (2018). 试论电影艺术发展对于电影教育模式及一般教育模式发展的贡献//刘军. 电影教育: 溯源、传承、百年回望——北京电影学院第二届电影教育国际论坛论文集: 131-136.

翁. (2008). 口语文化与书面文化: 语词的技术化. 何道宽译. 北京: 北京大学出版社.

沃尔夫. (2012). 普鲁斯特与乌贼: 阅读如何改变我们的思维. 王维芬, 杨仕音译. 北京: 中国人民大学出版社.

吴畅畅. (2022). "人人都是一台精神机器": 麦克卢汉媒介观隐藏的线索. 新闻与传播研究, 29(5): 5-23, 126.

吴思佳, 白云. (2019). 甲骨文与玛雅文字的书写体系比较. 中国书法, (22): 189-191.

吴思淼. (2016). 可视化: 新媒体语境下的数据, 叙事与设计研究. 艺术与设计(理论), 2(4): 85-87.

伍蠡甫. (1983). 中国画论研究. 北京: 北京大学出版社.

徐军英, 张康华, 张怿. (2015). 手机阅读与纸质阅读实验效果的对比分析. 情报资料工作, (6): 92-96.

徐颂华, 徐从富, 刘智满, 等. (2004). 面向电子书画创作的虚拟毛笔模型. 中国科学(E 辑: 信息科学), (12): 1359-1374.

许进雄. (2010). 许进雄古文字论集. 北京: 中华书局.

许鹏. (2007). 论新媒体艺术研究的特殊内容与方法. 中国人民大学学报, (1): 148-154.

许全兴. (2008). 中国哲学直觉论思想的形成与发展. 河北学刊, (4): 41-46.

杨秋生. (2007). 古代汉字书写行款考辨. 泉州师范学院学报, (1): 74-78.

伊格尔顿. (2014). 后现代主义的幻象. 华明译. 北京: 商务印书馆.

伊尼斯. (2021a). 帝国与传播. 3 版. 何道宽译. 北京: 中国大百科全书出版社.

伊尼斯. (2021b). 传播的偏向. 3 版. 何道宽译. 北京: 中国大百科全书出版社.

易前良. (2010). 美国"电视研究"的学术源流. 北京: 中国传媒大学出版社.

尹虎彬. (2002). 在古代经典与口头传统之间——20 世纪史诗学述评. 民族文学研究, (3): 3-9.

喻国明. (2017). 娱乐与游戏: 一种未被正确认识的价值媒体. 新闻与写作, (11): 58-59.

喻国明, 焦建, 张鑫. (2015). "平台型媒体"的缘起、理论与操作关键. 中国人民大学学报, 29(6): 120-127.

喻国明, 李彪, 丁汉青, 等. (2010). 媒介即信息: 一项基于 MMN 的实证研究——关于纸质报纸和电纸书报纸的脑认知机制比较研究. 国际新闻界, 32(11): 33-38.

喻国明, 汤雪梅, 苏林森, 等. (2007). 读者阅读中文报纸版面的视觉轨迹及其规律———一项基于眼动仪的实验研究. 国际新闻界, (8): 5-19.

余志为. (2014). 新媒体: 最"冷"的"冷媒介". 编辑之友, (8): 66-69.

余志为. (2018). 论新媒体知识生产方式的转变与电影教育的转型. 当代电影, (10): 148-152.

余志为. (2019). 转变中的媒介生态与认知. 北京: 中国传媒大学出版社.

余志为, 彭吉象. (2014). 从观看到体验——转变中的 3D 电影美学观念. 当代电影, (9): 176-179.

袁薇. (2016).《爸爸去哪儿》字幕语言的幽默生成机制. 萍乡学院学报, 33(1): 64-66.

袁曦临. (2016). 网络数字阅读行为对阅读脑的改造及其对认知的影响. 图书馆杂志, 35(4): 18-26.

袁曦临, 王骏, 陈霞. (2012). 移动阅读与纸质阅读对照实验研究. 图书馆建设, (3): 74-76, 81.

张垣帛. (2022). 中西方写本诞生及发展的"地利人和". 文化创新比较研究, 6(13): 51-54.

张卉. (2009). 平易·细腻·深刻——《格萨尔王传》唱词的艺术魅力. 前沿, (2): 92-94.

张婧. (2014). 电视语体研究视角下的电视字幕分类. 现代传播(中国传媒大学学报), 36(9): 155-156.

张锦辉. (2013). 宋代雕版印刷传播对宋代诗歌的影响. 云南社会科学, (2): 183-187.

张杨. (2006). 从荷马史诗看口头诗学理论. 浙江大学硕士学位论文.

赵健. (2010). 试论中国书籍的传统范式. 美术观察, (8): 102-105.

赵玉明, 王福顺. (1999). 广播电视辞典. 北京: 北京广播学院出版社.

赵越. (2016). 醒来的观众与沉睡的主体: 以弹幕现象为例论电影观众主体性的转变与重定义. 北京电影学院学报, (6): 16-25.

郑如斯, 肖东发. (1987). 中国书史. 北京: 书目文献出版社.

周猛, 陈琬倩. (2021). 以圈层传播促文化公平——哔哩哔哩个人字幕现象实证研究. 青年记者, (14): 113-114.

周瑞. (2016). 基于互动仪式链理论的弹幕视频互动研究. 华中师范大学硕士学位论文.

周钰, 王娟, 陈憬, 等. (2015). 信息载体影响文本阅读的实证研究——基于数字阅读与纸质阅读的比较. 中国远程教育, (10): 21-26, 79-80.

朱青生. (2011). 艺术史在中国——论中国的艺术观念. 文艺研究, (10): 102-111.

朱青生. (2021). 书法作为人的问题的变现. 美术观察, (8): 20-22.

宗白华. (2008). 美学与意境. 南京: 江苏文艺出版社.

宗白华. (2009). 宗白华美学与艺术文选. 郑州: 河南文艺出版社.

宗白华. (2012). 宗白华全集(第二卷). 合肥: 安徽教育出版社.

宗白华. (2015). 美学散步. 上海: 上海人民出版社.

宗白华. (2017). 美学与意境. 南京: 江苏凤凰文艺出版社.

Sperry. (1982). 分离大脑半球的一些结果. 张尧官, 方能御译. 世界科学, 64(9): 1-4, 64.

Bolger, D. J., Perfetti, C. A. & Schneider, W. (2005). Cross-cultural effect on the brain revisited: Universal structures plus writing system variation. *Human Brain Mapping*, 25(1): 92-104.

Carte, E. T. (1998). Learning disabilities a to z. *Journal of Developmental & Behavioral Pediatrics*, 19(1): 56-57.

Cohen, L., Dehaene, S., Naccache, L., et al. (2000). The visual word form area: Spatial and temporal characterization of an initial stage of reading in normal subjects and posterior split-brain patients. *Brain*, 123(2): 291-307.

Coulmas, F. (1990). The writing systems of the world. *Journal of Linguistics*, 26(1): 275-276.

Coulmas, F. & Ehlich, K. (1983). *Writing in Focus*. New York: Mouton.

de Kerckhove, D. (1997). *The Skin of Culture: Investigating the New Electronic Reality*. London: Kogan Page.

Fink, G. R., Marshall, J. C., Halligan, P. W., et al. (1999). Hemispheric asymmetries in global/local processing are modulated by perceptual sallence. *Neuropsychologia*, 37(1): 31-40.

Foley, G. (2010). The written and the spoken word. *Journal of Public Health Dentistry*, 16(1): 3-5.

Gelb, I. J. (1963). *A Study of Writing*. Chicago: The University of Chicago Press.

Manovich, L. (2001). *The Language of New Media*. Cambridge: The MIT Press.

Perfetti, C. A. , Liu, Y. , Fiez, J. , et al. (2010). The neural bases of reading: The accommodation of the brain's reading network to writing systems. In Cornelissen, P., Hansen, P., Kringelbach, M., et al. (Eds.), *The Neural Basis of Reading*. Oxford: Oxford University Press. [2023-07-24]. https://www.researchgate.net/publication/253253894_The_Neural_Bases_of_Reading_The_Accommodation_of_the_Brain's_Reading_Network_to_Writing_Systems

Smith, C. R. (1983). *Learning Disabilities: The Interaction of Learner, Task, and Setting*. Boston: Brown.

Wolf, M. (2007). *Proust and the Squid: The Story and Science of the Reading Brain*. New York: Harper Collins Publishers.